平成23年3月期に
完全対応

最新会計基準と
決算実務の留意点

新日本有限責任監査法人 [編著]
公認会計士 林 一樹・田中計士

清文社

発刊にあたって

　わが国でIFRSの導入に向けた動きが急速に進んでいるのはご承知のとおりと思われます。

　平成19年8月には、企業会計基準委員会（ASBJ）と国際会計基準審査会（IASB）はコンバージェンスを加速化することに合意（「東京合意」）し、日本基準とIFRSとの間の重要な差異について平成20年までに解消し、残りの差異については平成23年6月30日までに解消を図ることとなりました。この東京合意に基づき、企業会計基準委員会は新たな会計基準を次々に開発・公表しています。また、平成21年6月には金融庁から「我が国における国際会計基準の取扱いに関する意見書（中間報告）」が公表されました。

　平成23年3月期決算では包括利益が連結財務諸表で開示され、平成23年4月1日開始事業年度から適用される「会計基準の変更及び誤謬の訂正に関する会計基準」（企業会計基準第24号）も公表されたことから、会計基準のコンバージェンスは一部を除きほぼ仕上げの段階に入ってきています。

　このようにわが国の会計基準はIFRSと同等のものと評価されるべく改正されてきているものの、決算実務の現場では新たな課題も発生してきています。それは、新たな会計基準が次々に開発・公表されるために、これらの会計基準を十分に理解したうえで決算手続を行うことは非常な努力を要する、と考えられる点です。

　経理担当者からすれば、日々の日常業務の負荷が増加する一方、キャッチアップすべき会計基準が次々に公表され、しかもそのボリュームは膨大で、適用時期も必ずしも一致していない各会計基準を十分理解し、適切に適用することは非常に困難なことです。

そこで、経理担当者、公認会計士等実務家を対象に、平易に理解できるような企業会計基準の解説書が必要と考え、本書を刊行することにいたしました。

　「信頼され、社会に貢献する監査法人」として、本書が企業の決算実務の一助となれば幸いです。

平成23年2月

新日本有限責任監査法人
理事長　加藤　義孝

はしがき

　金融庁からIFRSの直接適用（アドプション）までのロードマップが公表されたことにより、IFRSへの関心は一気に高まりました。多くの企業はIFRS導入の影響度調査を始める、あるいは実際に適用された場合の会計処理等の検討が進められています。

　一方、わが国の会計基準は、平成19年8月の東京合意により、コンバージェンスが加速化され、新たな会計基準が次々に開発・公表されてきています。企業はこの次々に公表される会計基準への対応もしていかなければなりません。

　わが国の会計基準への対応は将来の話ではなく、現時点で対応が必要なものであるにも関わらず、新たな会計基準が次々と公表されるため、経理担当者、公認会計士等実務家であっても、会計基準の内容をキャッチアップするために多大な労力を要する状況となっています。

　また、新たな会計基準は公表された後に改正がなされることも多く、どの会計基準のどの規定がいつから適用されるのかを把握することも容易ではありません。

　そこで、本書では以下の観点から企業会計基準委員会から公表されている企業会計基準を解説することで、会計基準の内容を平易に理解してもらうことを目的としています。

- 平成23年3月期決算に向けて、平成23年3月期から新たに適用される会計基準、従来から適用されている会計基準、平成23年3月期では適用されないが平成23年4月1日以降適用される会計基準に章立てをすることで決算実務の便宜を図ること

- 会計年度である1年間の中で、企業会計基準がどの時点、決算手続のどの段階で影響を与えるのかを次の段階に分類して一覧できるようにすること
    - 取引発生時の会計処理
    - 四半期の決算手続
    - 年度末の個別決算手続
    - 年度末の連結決算手続
    - 年度末の開示書類作成手続
- 会計基準がどのような内容を定めているかをポイントとして記載すること
- 会計基準の適用時期、同一会計基準の中で適用時期が異なるものがある場合は規定ごとの適用時期を明確にすること

　なお、平成23年3月期から新たに適用される会計基準については、実務にあたっての留意事項についても解説しています。

　本書がわが国の会計基準の理解の一助となり、誤謬の発生を抑え、わが国企業の決算精度の向上に貢献できれば幸いです。

　最後に、今回の出版にあたり、㈱清文社の永見俊博氏及び関係の皆様には大変なご尽力をいただきました。この場をお借りして関係の皆様に厚く御礼申し上げます。

　平成23年2月

新日本有限責任監査法人
パートナー　林　一樹

目次 Contents

序章 日本の会計基準の現況

第1節 日本の会計基準 ……………………………………………………… 3
 1－1　企業会計原則　3
 1－2　企業会計審議会　3
 1－3　企業会計基準委員会　4
 1－4　IFRSへの対応　6

第2節 平成23年3月期及び平成24年3月期から ………………………… 7
適用される会計基準
 2－1　平成23年3月期から適用される企業会計基準　7
 2－2　平成24年3月期から適用される企業会計基準　11

第1章 平成23年3月期から新たに適用される会計基準

第1節 企業会計基準第17号
セグメント情報等の開示に関する会計基準 ………………………… 15
 1－1　本会計基準の目的　17
 1－2　基本原則　17
 1－3　新旧会計基準の比較　18

1-4 セグメント情報　18
事業セグメントの識別／報告セグメントの決定／セグメント情報の開示項目／測定方法／開示項目の測定方法の開示／差異調整に関する事項／組織変更等によるセグメントの区分方法の変更

1-5 関連情報の開示　32
製品及びサービスに関する情報／地域に関する情報／主要な顧客に関する情報

1-6 固定資産の減損損失に関する報告セグメント別情報　35

1-7 のれんに関する報告セグメント別情報　35

1-8 四半期財務諸表の取扱い　36

1-9 セグメント情報の開示例　37

1-10 適用時期等　40

第2節 企業会計基準第18号 資産除去債務に関する会計基準　42

2-1 本会計基準の目的　44

2-2 本会計基準の適用範囲　44
有形固定資産／リース資産

2-3 用語の定義　45
資産除去債務／除去／通常の使用／法律上の義務に準ずるもの／法律上の義務とほぼ同等の不可避的な支出が義務づけられるもの

2-4 資産除去債務の対象についての論点　47
稼働を停止した工場用地の土壌汚染対策関連費用／フロン類やハロンの除去費用／建設工事に係る資材の再資源化等に関する法律／アスベストの除去（処理費用）／PCB

の処分費用／旧借地法の取扱い

2-5 会計処理　51
資産除去債務の負債計上／資産除去債務の算定／資産除去債務に対応する除去費用の資産計上と費用配分／資産除去債務が使用のつど発生する場合／時の経過による資産除去債務の調整額の処理／資産除去債務が複数の有形固定資産から構成される場合

2-6 資産除去債務の見積りの変更　55
割引前将来キャッシュ・フローの見積りの変更／変更による調整額に適用する割引率

2-7 除去に係る費用を適切に計上する方法がある場合　56

2-8 敷金を支出している場合の取扱い　57
会計処理／償却期間／合理的な金額を算定できない場合／適用初年度の会計処理／割引計算

2-9 連結会社間の賃貸借契約に関する取扱い　58

2-10 税効果会計の取扱い　59
資産除去債務及び対応する除去費用の税効果会計の取扱い／繰延税金資産の回収可能性

2-11 開　示　60
貸借対照表及び損益計算書の表示／注記／資産除去債務のキャッシュ・フロー計算書上の取扱い／四半期財務諸表における注記／注記例

2-12 適用時期等　63
適用初年度における期首残高の算定

第3節 企業会計基準第25号 包括利益の表示に関する会計基準 ……… 65

- 3−1 本会計基準の目的　67
- 3−2 包括利益　67
  その他の包括利益／その他の包括利益の内訳の開示
- 3−3 包括利益の計算の表示　68
- 3−4 その他の包括利益　69
  その他の包括利益の内訳項目に係る税効果の取扱い／その他の包括利益に含められた項目の当期利益の組替調整額／注記の省略／その他の包括利益の内訳の開示例
- 3−5 包括利益を表示する計算書　74
- 3−6 表示についての実務上の論点　75
  包括利益がマイナスとなる場合の科目表示／その他の包括利益の内訳項目の区分掲記／少数株主損益がゼロとなる場合等の表示／繰延税金資産・負債が変動した場合の取扱い
- 3−7 財務諸表の相関図　76
- 3−8 適用初年度の取扱い　78
- 3−9 四半期財務諸表の取扱い　79
- 3−10 適用時期等　79

第4節 企業会計基準第22号 連結財務諸表に関する会計基準 ……… 82

- 4−1 本会計基準の目的　84
- 4−2 用語の定義　84
- 4−3 子会社（支配力基準）　85
- 4−4 連結財務諸表作成における一般原則　86

4－5　連結財務諸表作成における一般基準　87
　　　在外子会社の会計処理

4－6　連結貸借対照表の作成基準　89
　　　連結貸借対照表の基本原則／子会社の資産及び負債の評価／投資と資本の相殺消去／少数株主持分／子会社株式の追加取得及び一部売却等

4－7　連結損益計算書等の作成基準　93
　　　連結損益計算書等の基本原則／連結会社相互間の取引高の相殺消去／未実現損益の消去

4－8　連結株主資本等変動計算書及び
　　　連結キャッシュ・フロー計算書の作成　94

4－9　表示方法　94
　　　連結貸借対照表／連結損益計算書等／連結財務諸表の注記事項

4－10　適用時期等　97

第5節　企業会計基準第16号 持分法に関する会計基準　99

5－1　本会計基準の目的　101

5－2　本会計基準の適用範囲　101

5－3　用語の定義　102

5－4　関連会社（影響力基準）　102

5－5　持分法の適用範囲　103
　　　重要な影響を与えない場合／関連会社の子会社または関連会社の取扱い

5－6　被投資会社の財務諸表　105
　　　適正な財務諸表／会計処理の統一／持分法適用会社の決算期と連結決算日が異なる場合

5 - 7　持分法の会計処理　106

5 - 8　関連会社等に該当しなくなった場合の会計処理　106

5 - 9　開　示　107
　　　表示／注記事項

5 - 10　適用時期等　107

第6節　企業会計基準第23号 『研究開発費等に係る会計基準』の一部改正　109

6 - 1　本会計基準の目的　111

6 - 2　改正内容　111

6 - 3　改正理由　111

6 - 4　適用時期等　112

第2章　平成23年3月期から一部改正が新たに適用される会計基準

第1節　企業会計基準第9号 棚卸資産の評価に関する会計基準　115

1 - 1　本会計基準の目的　117

1 - 2　用語の定義　117

1 - 3　棚卸資産の評価方法　118
　　　選択できる評価方法／最終仕入原価法／後入先出法の廃止にともなう評価方法の変更

1 - 4　通常の販売目的で保有する棚卸資産の評価　122
　　　売却市場において市場価格が観察されない場合／複数の売却市場に参加しうる場合／滞留または処分見込等の棚

卸資産／再調達原価が認められる場合／収益性の低下の有無に係る判断及び簿価切下／売価還元法を採用している場合／原価差異の取扱い／簿価切下額の会計処理

1-5 トレーディング目的で保有する
棚卸資産の評価　128

1-6 開　示　128
通常の販売目的で保有する棚卸資産／トレーディング目的で保有する棚卸資産／後入先出法の廃止にともない評価方法を変更した開示例

1-7 適用時期等　130

第2節 企業会計基準第12号 四半期財務諸表に関する会計基準　131

2-1 本会計基準の目的　133

2-2 用語の定義　133

2-3 四半期財務諸表の範囲及び開示対象期間　133
四半期財務諸表の範囲／四半期財務諸表等の開示対象期間

2-4 四半期連結財務諸表の作成基準　135
四半期特有の会計処理／四半期連結決算日／子会社のみなし取得日またはみなし売却日

2-5 四半期個別財務諸表の作成基準　137

2-6 簡便的な会計処理　138
個別財務諸表作成にあたっての簡便的な会計処理／連結財務諸表作成にあたっての簡便的な会計処理

2-7 開　示　141
四半期連結財務諸表の科目の表示／注記事項

2-8 適用時期等　145

第3節 企業会計基準第21号 企業結合に関する会計基準 ... 147

3−1 本会計基準の目的　149
3−2 用語の定義　149
3−3 取得の会計処理　151
取得企業の決定方法／取得原価の算定／取得原価の配分方法／のれん及び負ののれんの会計処理

3−4 逆取得における個別財務諸表上の会計処理　159
3−5 共同支配企業の形成の会計処理　159
共同支配企業の形成の判定／共同支配企業側における会計処理／共同支配投資企業側における会計処理

3−6 共通支配下の取引等の会計処理　161
共通支配下の取引／少数株主との取引

3−7 開　示　163
のれん及び負ののれんの表示／注記事項／平成20年改正会計基準の適用初年度に係る注記等

3−8 適用時期等　168

第4節 企業会計基準第7号 事業分離等に関する会計基準 ... 169

4−1 本会計基準の目的　171
4−2 用語の定義　171
4−3 本会計基準の範囲　172
4−4 分離元企業の会計処理　173
受取対価が現金等の財産のみである場合／受取対価が分離先企業の株式のみである場合／受取対価が現金等の財産と分離先企業の株式である場合

4－5　分離元企業の会計処理に関する開示　181
　　　　移転損益の計上区分／注記事項

4－6　資産の現物出資等における
　　　移転元の企業の会計処理　183

4－7　結合当事企業の株主に係る会計処理　183
　　　　被結合企業の株主に係る会計処理／受取対価が現金等の財産のみである場合／受取対価が結合企業の株式のみである場合／受取対価が現金等の財産と結合企業の株式である場合／結合企業の株主に係る会計処理／分割型の会社分割における分割会社の株主に係る会計処理／現金以外の財産の分配を受けた場合の株主に係る会計処理

4－8　結合当事企業の株主に係る会計処理に関する
　　　開示　195
　　　　損益の計上区分／注記事項

4－9　適用時期等　197

第5節　企業会計基準第5号　貸借対照表の純資産の部の表示に関する会計基準　198

5－1　本会計基準の目的　200

5－2　純資産の部の表示　201
　　　　連結子会社で計上されている評価・換算差額等の取扱い／評価・換算差額等

5－3　適用時期等　204

第3章 平成23年4月1日以後開始事業年度から新たに適用される会計基準

第1節 企業会計基準第24号 会計上の変更及び誤謬の訂正に関する会計基準 ……207

- 1-1 本会計基準の目的　209
- 1-2 本会計基準の原則的取扱い　209
- 1-3 用語の定義　210
- 1-4 会計方針の変更の取扱い　211

  会計方針の変更の分類／会計方針の変更の具体的範囲／会計方針の変更に関する原則的な取扱い／新たな会計方針を遡及適用する場合の取扱い／原則的な取扱いが実務上不可能な場合の取扱い

- 1-5 会計方針の変更に関する注記　215

  会計基準等の改正に伴う会計方針の変更に関する注記／その他の会計方針の変更に関する注記／同一期間に複数の会計方針の変更を行った場合の注記／未適用の会計基準等に関する注記

- 1-6 表示方法の変更　219

  表示方法の変更の取扱い／表示方法の変更に関する注記

- 1-7 会計上の見積りの変更　220

  会計上の見積りの変更の取扱い／引当額の過不足が計上時の見積り誤りに起因する場合／会計上の見積りの変更に関する注記／臨時償却の廃止

- 1-8 過去の誤謬　222

  過去の誤謬に関する取扱い／過去の誤謬を前期損益修正項目で計上する従来の実務／過去の誤謬に関する注記

1 - 9 　重要性の判断　　223

1 - 10 　適用時期等　　224

　　　　適用時期／適用初年度の取扱い

第4章　平成23年4月1日以後開始事業年度から一部改正が新たに適用される会計基準

第1節　企業会計基準第2号　1株当たり当期純利益に関する会計基準　　227

1 - 1 　本会計基準の目的　　229

1 - 2 　用語の定義　　229

1 - 3 　1株当たり当期純利益の算定　　230

　　　　普通株式と同等の株式が存在する場合／普通株式に係る当期純利益／普通株式の期中平均株式数

1 - 4 　潜在株式調整後1株当たり当期純利益　　234

　　　　潜在株式調整後1株当たり当期純利益の算定／ワラントが存在する場合／転換証券が存在する場合／子会社または関連会社の発行する潜在株式が存在する場合／親会社が発行する子会社等の潜在株式が存在する場合

1 - 5 　1株当たり純資産額の算定　　239

　　　　貸借対照表の純資産の部から控除する金額／連結財務諸表における1株当たり純資産額／「会計上の変更及び誤謬の訂正に関する会計基準」

1 - 6 　四半期財務諸表における取扱い　　241

1 - 7 　開　示　　241

　　　　株式併合または株式分割が行われた場合／1株当たり当期純利益または潜在株式調整後1株当たり当期純利益を

開示する場合／1株当たり純資産額を開示する場合の算定上の基礎

1-8 適用時期等　243
平成22年6月改正

第2節 企業会計基準第6号
株主資本等変動計算書に関する会計基準　246

2-1 本会計基準の目的　248
2-2 表示区分　248
2-3 表示方法　251
2-4 株主資本の各項目　252
2-5 株主資本以外の各項目　253
2-6 開　示　254
2-7 適用時期等　254

第5章 平成23年3月期以前から適用されている会計基準

第1節 企業会計基準第20号
賃貸等不動産の時価等の開示に関する会計基準　259

1-1 本会計基準の目的　261
1-2 賃貸等不動産　261
賃貸等不動産の対象範囲／賃貸等不動産の判定／連結財務諸表において開示を行う場合／リース取引／不動産信託

1-3 時　価　267
賃貸等不動産の当期末における時価の算定方法／容認されている算定方法／重要性が乏しい場合の算定方法／時

価の把握が極めて困難な場合

1-4　賃貸等不動産に関する注記事項　274
　　　開示例／四半期財務諸表の取扱い

1-5　適用時期等　277

第2節　企業会計基準第15号　工事契約に関する会計基準　278

2-1　本会計基準の目的　280

2-2　本会計基準の適用範囲　280

2-3　工事契約に係る認識の単位　280

2-4　工事進行基準が適用される場合　281
　　　工事収益総額の信頼性をもった見積り／工事原価総額の信頼性をもった見積り／決算日における工事進捗度の見積方法

2-5　見積りの変更　283

2-6　成果の確実性の事後的な獲得と喪失　284
　　　成果の確実性の事後的な獲得／成果の確実性の事後的な喪失

2-7　工事契約の変更の取扱い　285

2-8　工事契約に複数の通貨がかかわる場合　286
　　　原価比例法を用いて工事進捗度を見積もる場合／為替相場の変動により工事契約から損失が見込まれる場合の取扱い／工事進行基準における外貨建工事未収入金及び工事収益

2-9　四半期決算における取扱い　287

2-10　受注制作のソフトウェア　288

2-11　工事損失引当金　289

2-12　開　示　289

財務諸表の開示／注記事項

2-13 適用時期等　290

第3節 企業会計基準第13号 リース取引に関する会計基準　291

3-1 本会計基準の目的　293

3-2 用語の定義　293

3-3 ファイナンス・リース取引　294
ファイナンス・リース取引の判定基準／ファイナンス・リース取引の分類

3-4 ファイナンス・リース取引の会計処理　296
借手側の会計処理／貸手側の会計処理

3-5 オペレーティング・リース取引の会計処理　302

3-6 その他のリース取引　302
セール・アンド・リースバック取引の会計処理／転リース取引の会計処理

3-7 開示　303
貸借対照表の開示科目／ファイナンス・リース取引の注記／オペレーティング・リース取引の注記／ファイナンス・リース取引の貸手の注記／転リース取引に係る注記

3-8 適用時期等　305

第4節 企業会計基準第11号 関連当事者の開示に関する会計基準　306

4-1 本会計基準の目的　308

4-2 本会計基準の適用範囲　308

4-3 関連当事者の開示フロー　308

4-4 用語の定義　309
関連当事者とは／関連当事者以外の用語の定義

4-5 開示対象となる取引の範囲　314
開示対象／資本取引／関連当事者との取引の開示対象期間

4-6 関連当事者との取引に関する開示　316
関連当事者との取引に関する開示項目／資金貸借取引、債務保証等及び担保提供または受入れ

4-7 関連当事者の存在に関する開示　319
関連当事者の開示項目／親会社及び重要な関連会社に関する情報の開示例

4-8 重要性の判断基準　321
重要性の判断に係るグループ区分／開示の重要性判断基準の概要

4-9 適用時期等　327

第5節 企業会計基準第10号 金融商品に関する会計基準　328

5-1 本会計基準の目的　330

5-2 金融資産及び金融負債の範囲等　330

5-3 時　価　331

5-4 金融資産及び金融負債の発生及び消滅の認識　332

5-5 金融資産及び金融負債の消滅の認識に係る会計処理　333

5-6 金融資産及び金融負債の貸借対照表価額等　334
債権及び金銭債務／有価証券／運用を目的とする金銭の信託／デリバティブ取引により生じる正味の債権及び債務

5-7 貸倒見積高の算定　338
債権の未収利息の処理／破産更生債権等の貸倒見積高の処理

5－8 ヘッジ会計　339

ヘッジ会計の意義／ヘッジ取引／ヘッジ対象／ヘッジ会計の要件／ヘッジ会計の方法

5－9 複合金融商品　343

払込資本を増加させる可能性のある部分を含む複合金融商品／新株予約権付社債を区分する方法／払込資本を増加させる可能性のある部分を含まない複合金融商品

5－10 注記事項　345

5－11 適用時期等　346

第6節 企業会計基準第8号 ストック・オプション等に関する会計基準　347

6－1 本会計基準の目的　349

6－2 用語の定義　349

6－3 本会計基準の適用範囲　351

6－4 ストック・オプションに関する会計処理　352

権利確定日以前の会計処理／権利確定日後の会計処理

6－5 ストック・オプションに係る条件変更の会計処理　355

ストック・オプションの公正な評価単価を変動させる条件変更／ストック・オプション数を変動させる条件変更／費用の合理的な計上期間を変動させる条件変更

6－6 未公開企業における取扱い　356

6－7 親会社が自社株式オプションを子会社従業員等に付与した場合　357

6－8 財貨またはサービスの取得の対価として自社株式オプションまたは自社の株式を付与または交付する取引の会計処理　358

- 6-9 税効果会計に関する会計処理　359
- 6-10 開　示　359
- 6-11 適用時期等　360

第7節　企業会計基準第1号 自己株式及び準備金の額の減少等に関する会計基準 …… 361

- 7-1 本会計基準の目的　363
- 7-2 自己株式処分損益　363
- 7-3 自己株式の取得・保有・処分・消却の会計処理及び表示　363

    その他資本剰余金の残高が負の値になった場合の取扱い／自己株式の処分及び消却時の帳簿価額の算定／自己株式の取得及び処分の認識時点／自己株式の取得原価の算定（対価が金銭以外の場合）／自己株式の無償取得の会計処理

- 7-4 現物配当を行う会社の会計処理　367
- 7-5 資本金及び準備金の額の減少の会計処理　368
- 7-6 連結財務諸表の取扱い　368

    子会社及び関連会社が保有する親会社株式等と売却損益の取扱い／連結子会社が保有する当該連結子会社の自己株式に関する連結財務諸表における取扱い／持分法適用子会社及び関連会社が保有する当該持分法適用会社の自己株式に関する取扱い

- 7-7 開　示　371
- 7-8 適用時期等　371

第8節　企業会計基準第3号『退職給付に係る会計基準』の一部改正 …… 372

- 8-1 本会計基準の目的　374

8－2　改正点──年金資産が退職給付債務を
　　　　　超える場合の処理　374

8－3　適用時期等　375

第9節　企業会計基準第14号 『退職給付に係る会計基準』の一部改正（その2） ……376

9－1　本会計基準の目的　378

9－2　改正点──複数事業主の企業年金制度の注記　378

9－3　開示例　379

9－4　適用時期等　380

第10節　企業会計基準第19号 『退職給付に係る会計基準』の一部改正（その3） ……381

10－1　本会計基準の目的　383

10－2　改正点──退職給付債務の割引率　383

10－3　改正の理由　383

10－4　適用時期等　384

第11節　企業会計基準第4号 役員賞与に関する会計基準 ……385

11－1　本会計基準の目的　387

11－2　役員賞与の会計処理　387

11－3　役員賞与の支給決定方法　388

11－4　未払役員賞与の会計処理　388

11－5　適用時期等　389

索　引 …… 391

───【凡 例】───

■ 会計基準等の略記

(1) （4項）（5項）（7項）（9項）など
　　たとえば、第1章第1節「セグメント情報等の開示に関する会計基準」本文中にある「……（4項）。」は、同節で扱っている企業会計基準第17号「セグメント情報等の開示に関する会計基準」（企業会計基準委員会）第4項を意味します。
　　　例：第1章第1節「セグメント情報等の開示に関する会計基準」本文中「……適切な情報を提供するものでなければなりません（4項）。」
　　　　⇒　企業会計基準第17号「セグメント情報等の開示に関する会計基準」（企業会計基準委員会）第4項

(2) （注1）（注3）（注10）など
　　上記(1)と同旨で、当該の節で扱っている企業会計基準中にある注の番号を示しています。

(3) （適用指針7項）（適用指針9項）（適用指針10項）など
　　たとえば、第1章第1節「セグメント情報等の開示に関する会計基準」本文中にある「……（適用指針7項）。」は、同節で扱っている会計基準の適用指針である企業会計基準適用指針第20号「セグメント情報等の開示に関する会計基準の適用指針」（企業会計基準委員会）第7項を意味します。
　　　例：第1章第1節「セグメント情報等の開示に関する会計基準」本文中「……いずれの区分が事業セグメントとして適切かを決定します（適用指針7項）。」
　　　　⇒　企業会計基準適用指針第20号「セグメント情報等の開示に関する会計基準の適用指針」（企業会計基準委員会）第7項

(4) 財務諸表等規則……財務諸表等の用語、様式及び作成方法に関する規則
(5) リース会計基準……リース取引に関する会計基準
(6) 措法……租税特別措置法
(7) 法法……法人税法

■ 条数の略記

　　法法65①二………法人税法第65条第1項第2号

本書は、平成23年1月7日現在の情報をもとに作成されています。

序　章

日本の会計基準の現況

第1節 日本の会計基準

1-1 企業会計原則

　日本の会計基準としては、昭和24年に経済安定本部企業会計制度対策調査会によって公表された「企業会計原則」が最も基本的な会計基準となります。

　「企業会計原則」は、「企業会計の実務の中に慣習として発達したもののなかから、一般に公正妥当と認められたところを要約したものであって、必ずしも法令によって強制されないでも、すべての企業がその会計を処理するに当たって従わなければならない基準（会計原則二1）」とされており、企業会計における実践規範としての性格を有しています。

1-2 企業会計審議会

　その後、より詳細な会計基準や、時代の経過にともなって複雑化してくる会計制度に対応するため、旧大蔵大臣の諮問機関である企業会計審議会によって日本の主要な会計基準は設定されてきました。

　企業会計審議会から公表された主な会計基準としては、以下のようなものがあります。

公表年	会計基準名
昭和37年	原価計算基準
昭和50年	連結財務諸表原則
昭和54年	外貨建取引等会計処理基準
平成10年	退職給付に係る会計基準
平成10年	税効果会計に係る会計基準
平成11年	金融商品に関する会計基準
平成14年	固定資産の減損に係る会計基準
平成15年	企業結合に係る会計基準

1-3 企業会計基準委員会

　日本の会計基準は主として企業会計審議会によって設定されてきましたが、当時、旧大蔵大臣の諮問機関であった企業会計審議会は旧大蔵省証券局の主管であり、会計基準の設定主体は政府機関という形になっていました。

　会計基準の設定主体が政府機関だと政策に沿った会計基準が設定される可能性があると指摘されたり、国際的には会計基準の設定主体は民間機関であること等から、日本の会計基準の設定主体も民間機関とすべきということになり、平成13年に財団法人（現公益財団法人）財務会計基準機構（FASF）が設立され、その内部組織である企業会計基準委員会（ASBJ）が日本の会計基準の設定主体となりました。

　企業会計基準委員会が公表している会計基準は平成23年1月7日現在、以下の25本に上っています。

号　　数	会計基準名
第 1 号	自己株式及び準備金の額の減少等に関する会計基準
第 2 号	１株当たり当期純利益に関する会計基準
第 3 号	『退職給付に係る会計基準』の一部改正
第 4 号	役員賞与に関する会計基準
第 5 号	貸借対照表の純資産の部の表示に関する会計基準
第 6 号	株主資本等変動計算書に関する会計基準
第 7 号	事業分離等に関する会計基準
第 8 号	ストック・オプション等に関する会計基準
第 9 号	棚卸資産の評価に関する会計基準
第 10 号	金融商品に関する会計基準
第 11 号	関連当事者の開示に関する会計基準
第 12 号	四半期財務諸表に関する会計基準
第 13 号	リース取引に関する会計基準
第 14 号	『退職給付に係る会計基準』の一部改正（その２）
第 15 号	工事契約に関する会計基準
第 16 号	持分法に関する会計基準
第 17 号	セグメント情報等の開示に関する会計基準
第 18 号	資産除去債務に関する会計基準
第 19 号	『退職給付に係る会計基準』の一部改正（その３）
第 20 号	賃貸等不動産の時価等の開示に関する会計基準
第 21 号	企業結合に関する会計基準
第 22 号	連結財務諸表に関する会計基準
第 23 号	『研究開発費等に係る会計基準』の一部改正
第 24 号	会計上の変更及び誤謬の訂正に関する会計基準
第 25 号	包括利益の表示に関する会計基準

なお、平成22年12月22日に「四半期財務諸表に関する会計基準」（企業会計基準第12号）の改正案として「四半期財務諸表に関する会計基準（案）」（企業会計基準公開草案第45号）が公表されています。

1-4 IFRSへの対応

　企業会計基準委員会は（ASBJ）平成17年から日本基準をIFRSと同等のものにすること（コンバージェンス）を進めていましたが、平成19年8月に企業会計基準委員会（ASBJ）と国際会計基準審査会（IASB）はコンバージェンスを加速化することに合意しました（「東京合意」）。

　この東京合意では、日本基準とIFRSの間の重要な差異について平成20年までに解消し、残りの差異については平成23年6月30日までに解消を図ることを合意しています。

　この合意に基づき新たな会計基準が次々と開発・公表され、平成22年3月期まででも新たな会計基準がすでに適用されてきています。

　平成21年6月に金融庁から、「我が国における国際会計基準の取扱いについて（中間報告）」が公表され、わが国の企業がIFRSを直接適用（「アダプション」）するまでのロードマップが明らかにされましたが、企業会計基準委員会（ASBJ）が開発・公表してきた企業会計基準によって、IFRSへのアダプションによる影響は小さくなってきています。

　新たに公表される日本の会計基準への対応は、制度会計上の要請でもありますが、IFRSへのアダプションへの対応につながるものでもあります。

第2節

平成23年3月期及び平成24年3月期から適用される会計基準

　企業会計基準委員会（ASBJ）から公表されている企業会計基準は平成23年1月7日現在、25本に上り、さらに各会計基準は必要に応じて改正されています。そのため、各会計基準の適用時期は、公表された時点の規定、改正された規定ごとに異なります。そのため、どの企業会計基準が、さらに企業会計基準のなかのどの規定がいつから適用されるのかを把握することは容易ではありません。

　平成23年3月期及び平成24年3月期から適用される企業会計基準の概要は以下のとおりです。

2-1 平成23年3月期から適用される企業会計基準

企業会計基準	適用時期	内　容
① 棚卸資産の評価に関する会計基準（第9号、平成20年9月改正）	平成22年4月1日以後開始事業年度から	●後入先出法を評価方法から削除 ●後入先出法を変更したことによる影響額が多額の場合、一定の金額を特別損益として表示可能 ●会計方針の変更にともなう影響額を一定の簡便な方法により算定可能（注記が必要）
② 資産除去債務に関する会計基準（第18号）及び同適用指針	平成22年4月1日以後開始する事業年度から	●有形固定資産の資産除去債務と対応する除去費用を資産と負債に両建て計上

（適用指針第 21 号）		● 資産計上された部分は、減価償却を通じて費用配分し、時の経過による調整額は利息費用として処理
③ 連結財務諸表に関する会計基準（第 22 号）	● 平成 22 年 4 月 1 日以後実施される企業結合及び事業分離等に関する会計処理及び注記事項から ● その他連結財務諸表に係る事項は、平成 22 年 4 月 1 日以後開始する連結会計年度の期首から	● 負ののれんは発生年度の利益として処理 ● 部分時価評価法の廃止 ● 段階取得時の投資と資本の相殺消去は、親会社の子会社に対する投資金額すべてを支配獲得日の時価により算定（差額を連結上損益として処理）し、その後、評価替後の投資金額と資本の相殺消去を行う ● 連結 PL に、少数株主損益調整前当期純利益を表示 ● 企業結合会計基準及び事業分離等会計基準の定める注記事項を開示
④ 連結財務諸表に関する会計基準（第 22 号、平成 22 年 6 月改正）	包括利益の表示に関する会計基準が適用される連結会計年度から	連結損益及び包括利益計算書または連結包括利益計算書の記述を追加
⑤ 持分法に関する会計基準（第 16 号）及び実務対応報告第 24 号	平成 22 年 4 月 1 日以後開始する連結会計年度及び事業年度から	投資会社及び持分法適用会社の会計処理及び手続は原則として統一
⑥ 持分法に関する会計基準（第 16 号、平成 20 年 12 月改正）	平成 22 年 4 月 1 日以後実施される非連結子会社及び関連会社に対する投資に係る会計処理から	投資に含められる負ののれんは発生年度の利益として処理
⑦ セグメント情報等の開示に関する会計基準（第 17 号）及び	平成 22 年 4 月 1 日以後開始する連結会計年度及び事業年度か	● セグメンテーションの方法としてマネジメント・アプローチを採用 ● 連結財務諸表を作成していない会

同適用指針（適用指針第20号）	ら	社もセグメント情報を開示
⑧ 包括利益の表示に関する会計基準（第25号）	●平成23年3月31日以後終了する連結会計年度の年度末に係る連結財務諸表から ●平成22年9月30日以後終了する連結会計年度の年度末に係る連結財務諸表から適用可能 ●一定の注記事項は平成24年3月31日以後終了する連結会計年度の年度末に係る連結財務諸表から	●連結財務諸表において包括利益及びその他の包括利益を表示 ●利益を表示する計算書は2計算書方式、または1計算書方式のいずれかによる
⑨ 企業結合に関する会計基準（第21号） ⑩ 事業分離等に関する会計基準（第7号）及び同適用指針（適用指針第10号、平成20年12月改正）	平成22年4月1日以後実施される企業結合及び事業分離等から	●持分プーリング法を廃止し、共同支配企業の形成及び共通支配下の取引を除き、パーチェス法で処理 ●株式の取得対価の測定日は企業結合日（事業分離日） ●負ののれんは発生年度の利益として処理 ●段階取得における被取得企業の取得原価の測定は、取得時点における取得の対価となる財の時価で算定し、差額は損益として処理（連結のみ。個別は従来どおり、累積原価を取得原価とし、連結財務諸表を作成しない場合は、一定の注記を継続開示） ●外貨建てのれんは、決算日の為替

			相場で換算 ● 被取得企業から受け入れた資産に識別可能な無形資産が含まれる場合、取得原価を配分することができるとされていたものを改正し、原則として識別して資産計上 ● 共同支配投資企業の連結財務諸表上、共同支配企業に対する投資に持分法を適用
⑪	『研究開発費等に係る会計基準』の一部改正（第23号）	平成22年4月1日以後実施される企業結合及び事業分離等から	企業結合において、取得企業が取得対価の一部を研究開発費等に配分したときは、当該無形資産が識別可能なものであれば、原則として識別して資産計上
⑫	四半期財務諸表に関する会計基準（第12号、平成20年12月改正）及び同適用指針（適用指針第14号）	平成22年4月1日以後開始する連結会計年度及び事業年度の第1四半期会計期間から	● セグメント情報等の開示に関する会計基準に整合させる改正 ● 適用初年度の特例（新基準による比較情報の作成免除等）
⑬	四半期財務諸表に関する会計基準（第12号）及び同適用指針（適用指針第14号、平成22年6月改正）	「包括利益の表示に関する会計基準」と同時適用	包括利益の表示に関する会計基準に対応し、四半期（連結）財務諸表の範囲を変更

2-2 平成24年3月期から適用される企業会計基準

企業会計基準	適用時期	内　容
① 会計上の変更及び誤謬の訂正に関する会計基準（第24号）及び同適用指針（適用指針第24号）	●平成23年4月1日以後開始する事業年度の期首以後に行われる会計上の変更及び過去の誤謬の訂正から ●未適用の会計基準等に関する注記に関しては平成23年4月1日以後開始する事業年度から	●会計方針を変更した場合、原則として、過去の期間のすべてに新たな会計方針を遡及適用 ●表示方法を変更した場合、原則として、表示する過去の財務諸表のすべてを、新たな表示方法に組み替えて表示 ●過去の財務諸表の誤謬が発見された場合、過去の財務諸表を修正再表示 ●公表済で未適用の会計基準等がある場合、名称・概要及び適用による影響等を注記
② 連結財務諸表に関する会計基準（第22号、平成22年6月改正）	上記①の会計基準が適用された連結会計年度から	連結財務諸表の注記事項について、上記①の会計基準に対応した改正
③ セグメント情報等の開示に関する会計基準（第17号、平成22年6月改正）	平成23年4月1日以後開始する事業年度の期首以後に行われる会計上の変更等から	●上記①の会計基準に対応した改正 ●質的な重要性の変化により、報告セグメントとして開示される事業セグメントの範囲を変更する場合、その旨と変更後の区分による前年度のセグメント情報等を開示
④ 株主資本等変動計算書に関する会計基準（第6号）及び同適用指針（適用指針	平成23年4月1日以後開始する事業年度の期首以後に行われる会計上の変更等から	●上記①の会計基準に対応した改正 ●会計方針の変更にともなう遡及修正及び過去の誤謬の訂正にともなう修正再表示を行った場合、表示

第9号、平成22年6月改正)		期間の最も古い期間の株主資本等変動計算書の期首残高に対する表示期間より前の期間の累積的影響額を区分表示するとともに遡及処理後の期首残高を記載 ● 従来各項目において「前期末残高」として開示していた箇所を「当期首残高」に変更
⑤ 1株当たり当期純利益に関する会計基準(第2号)及び同適用指針(適用指針第4号、平成22年6月改正)	平成23年4月1日以後開始する事業年度から	会計方針の変更及び過去の誤謬の訂正が行われた場合、遡及修正または修正再表示の影響を1株当たり当期純利益及び1株当たり純資産額に反映

　なお、平成22年6月に閣議決定された「新成長戦略」において四半期報告の簡素化が盛り込まれたことを受け、平成22年12月22日に企業会計基準委員会(ASBJ)より「四半期財務諸表に関する会計基準」及び適用指針についての改正案が公表されています。

　これらについても、平成23年4月1日以後開始する事業年度からの適用が提案されています。

第1章

平成23年3月期から新たに適用される会計基準

第1節

企業会計基準第17号
セグメント情報等の開示に関する会計基準

決算書作成実務に与える影響

決算手続の流れ

期首

期中

四半期決算

> セグメント情報等の開示
> - 年度末に比して簡略化
> - 年度と同様の開示項目(売上高・利益、利益の差異調整、セグメント区分の変更)
> - 著しい変動等があった場合のみ(資産、のれん、減損損失)
> - 重要な変更があった場合のみ(測定方法)
> - 不要な項目(報告セグメントの概要、負債・その他重要な項目)

期中

年度末

個別決算手続

連結決算手続

開示書類作成

> セグメント情報等の開示
> - セグメント情報
> - セグメント情報の関連情報
> - 固定資産の減損損失に関する報告セグメント別情報
> - のれんに関する報告セグメント別情報

POINT

1. 本会計基準は、マネジメント・アプローチによるセグメント情報等の開示について定めています。
2. 連結財務諸表を作成していない場合でも、個別財務諸表でセグメント情報等を開示することが必要となります。
3. セグメント情報等の作成にあたっては、財務諸表の作成のために採用している会計処理の原則及び手続に準拠する必要はなく、管理会計と財務会計で異なる会計処理を採用している場合、管理会計の会計処理で測定します。
4. 開示する段階利益について、特定の段階利益の開示を定めるのではなく、最高経営意思決定機関に報告される利益を開示することになります。
5. セグメント情報の関連情報として以下の事項を開示します。なお、単一セグメントでセグメント情報を開示しない場合も開示が必要となります。
    (1) 製品及びサービスに関する情報
    (2) 地域に関する情報
    (3) 主要な顧客に関する情報
6. 報告セグメント別に固定資産の減損損失額、のれん（負ののれんを含む）償却額を開示します。
7. 平成22年6月に「会計上の変更及び誤謬の訂正に関する会計基準」を踏まえ、セグメントの範囲を変更する場合や会計上の変更または過去の誤謬の訂正を行った場合の取扱いが改正されています。
8. 平成22年改正は平成23年4月1日以後開始する連結会計年度及び事業年度から適用されます。
9. 平成22年改正以外は、平成22年4月1日以後開始する連結会計年度及び事業年度から適用されます。

1-1 本会計基準の目的

本会計基準は、セグメント情報等の開示に関する取扱いを定めることを目的としています。セグメント情報等とは、以下の(1)から(4)をいいます（1項）。

(1) セグメント情報
(2) セグメント情報の関連情報
(3) 固定資産の減損損失に関する報告セグメント別情報
(4) のれんに関する報告セグメント別情報

本会計基準を適用する際の指針として、「セグメント情報等の開示に関する会計基準の適用指針」（企業会計基準適用指針第20号。以下、本節において適用指針）が公表されています（2項）。

1-2 基本原則

セグメント情報等の開示は、財務諸表利用者が、企業の過去の業績を理解し、将来のキャッシュ・フローの予測を適切に評価できるように、企業が行うさまざまな事業活動の内容及びこれを行う経営環境に関して適切な情報を提供するものでなければなりません（4項）。

セグメント情報等の開示に関する検討は、この基本原則に基づいて行うことになります。

なお、企業またはその特定の事業分野について、その事業活動の内容及びこれを行う経営環境を財務諸表利用者が理解するうえで有用な情報を、本会計基準に定める事項に加えて開示することができます（5項）。

1-3 新旧会計基準の比較

セグメント情報等の開示に関する新旧会計基準の相違点は以下のとおりです。

	新会計基準	従　来
特　徴	マネジメント・アプローチ	連結財務諸表を分解した情報
基本原則	財務諸表利用者が経営者の視点で企業評価を可能とするため、経営者の実際の意思決定や業績評価に使用される情報に基づいて開示	経営の多角化の状況（事業の種類別）、多角化した活動拠点別の状況（所在地別セグメント）及び売上高の地域別状況（海外売上高）を開示
開示範囲	連結財務諸表または個別財務諸表	連結財務諸表
測定方法	財務諸表を作成するために採用する会計処理の原則及び手続に準拠することを求めていません	財務諸表と同一の会計処理の原則及び手続に準拠して作成
報告利益	最高経営意思決定機関に報告される利益。特定の段階利益の開示を求めていません	営業利益（損失）または経常利益（損失）

1-4 セグメント情報

1 事業セグメントの識別

セグメント情報を作成するにあたっては、まず事業セグメントを識別します。事業セグメントとは、企業の構成単位で、次の要件のすべてに該当

するものをいいます（6項）。

《事業セグメントの要件》
(1) 収益を稼得し、費用が発生する事業活動に関わるもの（同一企業内の他の構成単位との取引に関連する収益及び費用を含む）
(2) 企業の最高経営意思決定機関が、当該構成単位に配分すべき資源に関する意思決定を行い、また、その業績を評価するために、その経営成績を定期的に検討するもの
(3) 分離された財務情報を入手できるもの

　上記(2)の要件から、本会計基準はマネジメント・アプローチによるセグメンテーションを定めたものといわれています。「最高経営意思決定機関」には、取締役会、執行役会議といった会議体のほか、最高経営責任者（CEO）または最高執行責任者（COO）といった個人である場合も考えられます（63項）。
　用語は似ていますが、事業セグメントは旧基準の「事業の種類別セグメント」とは異なります。
　たとえば、最高経営意思決定機関が仮に旧基準の「所在地別セグメント」のような構成単位で意思決定を行っているのであれば、事業セグメントは所在地別に識別されることとなります。
　会社によっては、事業セグメントの要件を満たすセグメント情報の区分が複数存在するケースが考えられますが、このような場合は、各構成単位の事業活動の特徴、それらについて責任を有する管理者の存在及び取締役会に提出される情報等に基づいて決定することになります（9項）。
　事業セグメントを実際に識別するにあたっては、以下のような論点が考えられます。

❶ 個々の子会社を事業セグメントとして識別できるか

　重複した事業活動を行う複数の連結子会社を会社別に管理している場合、当該連結子会社に対する資源配分の決定及び業績評価が企業集団としての経営の見地から行われることを前提として、個々の連結子会社が事業セグメントを構成することがありえます（適用指針3、21項）。

❷ 本社や収益を稼得していない部門、純粋持株会社

　企業の本社または特定の部門のように、企業を構成する一部であっても収益を稼得していない、または付随的な収益を稼得するにすぎない構成単位は、事業セグメントまたは事業セグメントの一部とはなりません（7項）。純粋持株会社についても同様と考えられます。

❸ マトリックス組織

　たとえば、ブランドごとの営業本部が全世界における担当ブランド戦略の責任を負う一方で、国別・地域別の管理本部が地域別戦略の責任を負い、両者の責任の範囲が重複しているような組織構造（これを「マトリックス組織」といいます）の場合は、セグメント情報等の開示に係る基本原則に照らして、いずれの区分が事業セグメントとして適切かを決定します（適用指針7項）。

2 報告セグメントの決定

　報告セグメントとは、最終的にセグメント情報として開示されるセグメント区分のことをいいます。

❶ 集約基準

　上記 **1** で識別された事業セグメントについて、以下の集約基準のすべて

を満たす場合、1つの事業セグメントとして集約することができます（11項）。報告セグメントを決定するにあたっては、まず当該検討を行います。

《集約基準》
(1) 当該事業セグメントを集約することが、セグメント情報を開示する基本原則と整合していること
(2) 当該事業セグメントの経済的特徴がおおむね類似していること
(3) 当該事業セグメントの次のすべての要素がおおむね類似していること
　① 製品及びサービスの内容
　② 製品の製造方法または製造過程、サービスの提供方法
　③ 製品及びサービスを販売する市場または顧客の種類
　④ 製品及びサービスの販売方法
　⑤ 銀行、保険、公益事業等のような業種に特有の規制環境

❷ 量的基準

識別された事業セグメントまたは集約された事業セグメントの中から、以下の量的基準に従って報告セグメントを決定します（12項）。

《量的基準》
(1) 売上高（事業セグメント間の内部売上高または振替高を含む）がすべての事業セグメントの売上高の合計額の10％以上であること
(2) 利益または損失の絶対値が、①利益の生じているすべての事業セグメントの利益の合計額、または、②損失の生じているすべての事業セグメントの損失の合計額、の絶対値のいずれか大きい額の10％以上であること
(3) 資産が、すべての事業セグメントの資産の合計額の10％以上であること

なお、量的基準のいずれにも満たない事業セグメントを報告セグメント

として開示することもできます（12項）。

❸ 事業セグメントの結合

　量的基準を満たしていない複数の事業セグメントの経済的特徴がおおむね類似し、かつ上記❶の《集約基準》(3)の要素の過半数についておおむね類似している場合には、これらの事業セグメントを結合して、報告セグメントとすることができます（13項）。

❹ 事業セグメントの追加

　上記プロセスで決定された報告セグメントの外部顧客への売上高の合計額が損益計算書の売上高の75％未満である場合には、損益計算書の売上高の75％以上が報告セグメントに含まれるまで、報告セグメントとする事業セグメントを追加して識別しなければなりません（14項）。

　また、最終的に報告セグメントに含まれないこととなった事業セグメント及びその他の収益を稼得する事業活動に関する情報は、「その他」の区分で一括して開示します。この場合、「その他」に含まれる主要な事業の名称等の開示も求められています（15項）。

❺ 報告セグメントの数

　報告セグメント数の上限について、制限はありませんが、10を超える場合には当該区分方法が財務諸表利用者に適切な情報を提供するものであるかについて、慎重に判断することが必要とされています（75項）。これは、細分化されすぎたセグメント情報では財務諸表利用者にとって有用とはいえない可能性がある点などが背景にあります。

　そのほか、前年度において、上記❷《量的基準》に基づき報告セグメントとされたが当年度ではすべての量的基準を下回るということもあるかと思いますが、そういった場合であっても、引き続き重要であると判断され

る場合には、当該セグメントに関する情報を区分し、継続的に開示することが求められています（適用指針9項）。

❻ 報告セグメントの範囲の変更

ある事業セグメントの量的な重要性の変化によって、報告セグメントとして開示する事業セグメントの範囲を変更する場合、その旨及びセグメント情報に与える影響を開示しなければなりません（16項）。

以上の報告セグメントの決定に至るまでのプロセスをフローチャートにすると次頁のようになります。

3 セグメント情報の開示項目

セグメント情報として、次の内容を開示しなければなりません（17項）。

- ❶ 報告セグメントの概要
- ❷ 報告セグメントの利益（または損失）、資産、負債等の額ならびにその測定方法に関する事項
- ❸ 報告セグメントの利益（または損失）、資産、負債等の額のそれぞれの合計額と、これに対応する財務諸表計上額との間の差異調整に関する事項

❶ 報告セグメントの概要

報告セグメントの概要として、次の事項の開示が求められています（18項）。

- (1) 報告セグメントの決定方法
- (2) 各報告セグメントに属する製品及びサービスの種類

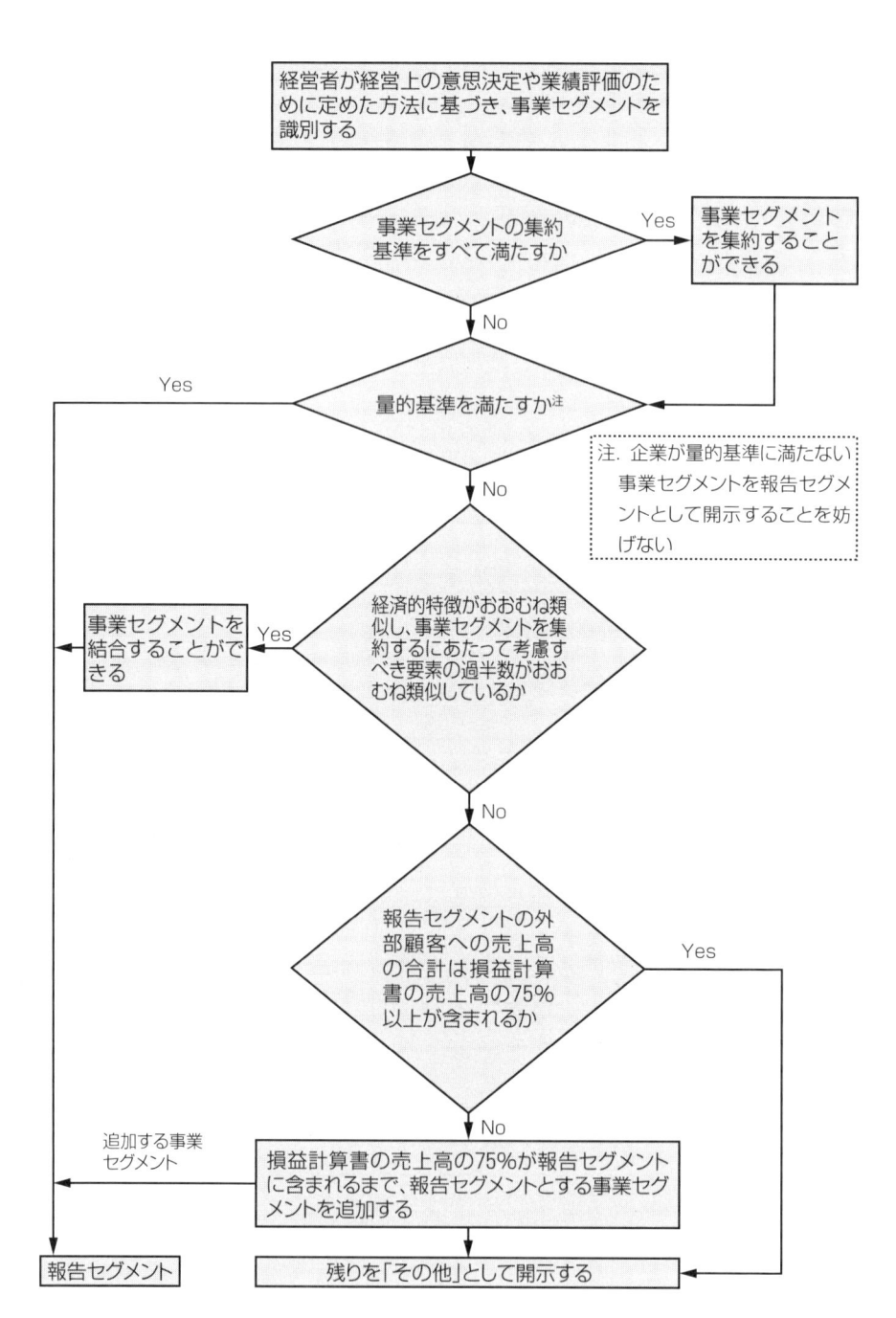

```
┌─────────────────────────┐
│ 経営者が経営上の意思決定や業績評価のた │
│ めに定めた方法に基づき、事業セグメントを │
│ 識別する                      │
└──────────────┬──────────┘
               ↓
        ╱事業セグメントの集約╲  Yes  ┌─────────────┐
       ╱ 基準をすべて満たすか  ╲─────→│ 事業セグメント │
       ╲                    ╱      │ を集約すること │
        ╲                  ╱       │ ができる      │
               │ No               └─────────────┘
               ↓
      Yes   ╱量的基準を満たすか注╲
    ←──────╱                    ╲←──
               │ No
               ↓                      注. 企業が量的基準に満たない
                                          事業セグメントを報告セグメ
                                          ントとして開示することを妨
                                          げない
┌──────────┐   ╱経済的特徴がおおむね類╲
│ 事業セグメントを │ Yes ╱ 似し、事業セグメントを集 ╲
│ 結合することがで │←───╱ 約するにあたって考慮す  ╲
│ きる           │   ╲ べき要素の過半数がおお  ╱
└──────────┘   ╲ むね類似しているか    ╱
                      │ No
                      ↓
                 ╱報告セグメントの外╲
                ╱ 部顧客への売上高  ╲  Yes
                ╲ の合計は損益計算  ╱─────→
                ╲ 書の売上高の75%  ╱
                 ╲以上が含まれるか ╱
                      │ No
                      ↓
  追加する事業   ┌────────────────────────────┐
  セグメント     │ 損益計算書の売上高の75%が報告セグメント │
  ←───────────│ に含まれるまで、報告セグメントとする事業セグ │
                │ メントを追加する                      │
                └──────────────┬─────────────┘
  ↓                            ↓
┌──────────┐         ┌────────────────────┐
│ 報告セグメント │         │ 残りを「その他」として開示する │←──
└──────────┘         └────────────────────┘
```

出所　企業会計基準委員会「セグメント情報等の開示に関する会計基準の適用指針」

上記(1)の報告セグメントの決定方法については、事業セグメントを識別するために用いた方法（たとえば、製品・サービス別、地域別、規制環境別、またはこれらの組合せなど、企業の事業セグメントの基礎となる要素）及び複数の事業セグメントを集約した場合にはその旨等について記載します。

❷ 利益（または損失）、資産及び負債等の額

　報告セグメントの利益（または損失）及び資産の額については、その開示が義務づけられています（19項）。

　一方、負債の額については、最高経営意思決定機関に対して定期的に提供され、使用されている場合にのみ、開示が求められます（20項）。

《報告セグメントの利益（または損失）、資産及び負債等の取扱い》

利益（または損失）の額	開示する必要があります
資産の額	開示する必要があります
負債の額	最高経営意思決定機関に対して、定期的に提供され、使用されている場合、開示する必要があります

〈1〉資産の額を開示する必要がない場合

　資産の額は開示することが求められていますが、資産の重要性が低いサービス業などにおいて、最高経営意思決定機関による意思決定に際し、資産情報が利用されていない場合も想定されます。このような場合には、企業は事業セグメントに資産を配分していない旨を開示する（24項(3)）のみで足り、必ずしも報告セグメントごとの資産の額を開示する必要はないものと考えます。

〈2〉負債の一部の額についてのみ開示する場合

　たとえば、負債の一部である借入金のみ最高経営意思決定機関に報告されている場合、その情報が経営者の意思決定や業績評価のために定期的に提供され、使用されているかを検討する必要があります。その結果、負債の一部が定期的に提供され、使用されている場合には、当該負債の額を開示する必要があるものと考えます。

　なお、開示した負債の額と貸借対照表に計上された負債額との差異については後述 6 の「差異調整に関する事項」として開示することになるものと考えます。

〈3〉利益（または損失）及び資産ならびに負債以外の額の開示

　開示される報告セグメントの利益（または損失）、資産の額の算定に次頁の図表の項目が含まれている場合、報告セグメントのこれらの金額を開示しなければなりません（21、22項）。

　なお、報告セグメントの利益（または損失）、資産の額の算定に含まれていない場合であっても、上記項目の事業セグメント別の情報が最高経営意思決定機関に対して定期的に提供され、使用されているときには、各報告セグメントのこれらの金額を開示しなければなりません。

　また、報告セグメントの資産に長期前払費用または繰延資産が含まれている場合、次頁図表の利益（または損失）に関する事項の③「減価償却費」、資産に関する事項の②「有形固定資産及び無形固定資産の増加額」にこれらに関する金額を含めることができます（適用指針10項）。

項　　目	開示項目
利益（または損失）に関する事項	①　外部顧客への売上高 ②　事業セグメント間の内部売上高または振替高 ③　減価償却費（のれんを除く無形固定資産に係る償却費を含む） ④　のれんの償却額及び負ののれんの償却額 ⑤　受取利息及び支払利息 ⑥　持分法投資利益（または損失） ⑦　特別利益及び特別損失（主な内訳についても開示） ⑧　税金費用（法人税等及び法人税等調整額） ⑨　①から⑧に含まれていない重要な非資金損益項目
資産に関する事項	①　持分法適用会社への投資額（当年度末残高） ②　有形固定資産及び無形固定資産の増加額（当年度の投資額）

4 測定方法

　上記 3 で求められる開示は、最高経営意思決定機関に報告される金額に基づいて行われなければなりません（23項）。したがって、最高経営意思決定機関に報告される金額が財務諸表、すなわち財務会計を基礎としたものではなく、管理会計を基礎としたものである場合、管理会計の測定金額によりセグメント情報は開示されることとなります。

　測定方法については、以下のような論点が考えられます。

❶ 為替レートの取扱い

　連結財務諸表の作成にあたっては、在外子会社の収益及び費用について、年度の期中平均レートによる円換算額を付しているが、最高経営意思決定機関への業績報告は社内規程に基づいて算定された社内レートで円換算されている場合、セグメント情報は社内レートで換算された金額を基礎としたセグメント情報を開示することが認められると考えます。

この為替レートの相違による影響額は後述 **6** の「差異調整に関する事項」として取り扱うことになるものと考えます。

❷ 決算期が異なる連結子会社の取扱い

3月決算の親会社が12月決算の連結子会社について、3か月の差異のままで連結財務諸表を作成しているが、最高経営意思決定機関への業績報告は月次でズレなく報告している場合、連結財務諸表に含まれる期間とは異なる期間を対象としたセグメント情報を開示し、後述 **6** の「差異調整に関する事項」で、期間が異なることにより生じた差異を開示することも考えられますが、連結財務諸表の対象期間と合致したセグメント情報を作成し、開示することが適当と考えます。

基本的に月次で月ズレなく業績報告している場合、連結財務諸表の作成にあたっては、容易に3か月の差異のまま連結するのではなく、連結子会社は連結決算日に仮決算を行い、連結することを検討することが必要と考えます。

❸ 相殺消去、事業セグメントへの配分に関する取扱い

以下の項目は最高経営意思決定機関が使用する事業セグメントの利益（または損失）、資産または負債の算定に含まれている場合にのみ、報告セグメントの各項目の額に含めることができます。

① 財務諸表の作成にあたって行った修正や相殺消去
② 特定の収益、費用、資産または負債の配分

ただし、特定の収益、費用、資産または負債を各事業セグメントの利益（または損失）、資産または負債に配分する場合には、合理的な基準に従って配分しなければなりません（23項）。各事業セグメントに直接配分できるものは各事業セグメントに直接配分しますが、直接配分できないものについての各事業セグメントへの配分の合理的な基準としては、たとえば、

以下のようなものがあります。

なお、配分基準は、実情に即したものを合理的に選択することとなります。

項　　目	配分基準例（適用指針 11 項）
営業費用	その費用の発生により便益を受ける程度に応じ、合理的な基準によって各事業セグメントに配分
資　　産	複数の事業セグメントにおいて使用されている資産については、関係する事業セグメントの利用面積、人員数、取扱量（金額）または生産量（金額）等の合理的な基準により各事業セグメントに配分

　事業セグメント等に配分しないこととした特定の収益、費用、資産または負債は、それぞれ全社収益、全社費用、全社資産または全社負債といい、これらは後述 6 の「差異調整に関する事項」として開示します（適用指針 12 項）。

5 開示項目の測定方法の開示

　開示する項目の測定方法として、少なくとも次の事項の開示が求められています（24 項）。

(1) 報告セグメント間の取引がある場合、その会計処理の基礎となる事項
(2) 以下の項目の金額の間に差異があり、差異調整に関する事項の開示からはその内容が明らかでない場合、その内容
　① 報告セグメントの利益（または損失）の合計額と、連結損益計算書または損益計算書の利益（または損失）計上額
　② 報告セグメントの資産の合計額と連結貸借対照表または個別貸借対照表（以下、貸借対照表）の資産計上額

③　報告セグメントの負債の合計額と貸借対照表の負債計上額
(3) 事業セグメントの利益（または損失）の測定方法を前年度に採用した方法から変更した場合には、その旨、変更の理由及び当該変更がセグメント情報に与えている影響
(4) 事業セグメントに対する特定の資産または負債の配分基準と関連する収益または費用の配分基準が異なる場合には、その内容

　上記の各項目についての開示内容の例示は以下のとおりです。

開示項目	開示内容の例示
(1)	報告セグメント間の取引価格や振替価格の決定方法等
(2)①	会計処理方法の違いによる差異がある場合や事業セグメントに配分していない額がある場合に、その主な内容
(2)②	● 上記(2)①同様 ● 事業セグメントに資産を配分していない場合、その旨
(2)③	上記(2)①同様
(4)	ある事業セグメントに特定の償却資産を配分していないにもかかわらず、その減価償却費を当該事業セグメントの費用に配分する場合

　なお、最高経営意思決定機関が複数の測定方法を使用している場合には、財務諸表を作成するにあたって採用した方法と最も整合的であると考えられる測定方法に基づいて報告することとなります（適用指針13項）。

6 差異調整に関する事項

次の事項について、その差異調整に関する事項を開示しなければなりません。なお、重要な調整事項がある場合、当該事項を個別に記載しなければなりません。

たとえば、報告セグメントの利益（または損失）を算定するにあたって採用した会計処理の方法が財務諸表の作成上採用した方法と異なっている場合、その重要な差異はすべて個別に記載しなければなりません（25項）。

(1) 報告セグメントの売上高の合計額と（連結）損益計算書の売上高計上額
(2) 報告セグメントの利益（または損失）の合計額と（連結）損益計算書の利益（または損失）計上額
(3) 報告セグメントの資産の合計額と（連結）貸借対照表の資産計上額
(4) 報告セグメントの負債の合計額と（連結）貸借対照表の負債計上額
(5) その他の開示される各項目について、報告セグメントの合計額とその対応する科目の（連結）財務諸表計上額

また、セグメント利益（または損失）として開示される項目は、営業損益、経常損益、税金等調整前当期純損益（個別財務諸表の場合、税引前当期純損益）、当期純損益のうち、いずれか適当と判断される科目とします。

なお、当該科目は開示する必要があります（26項）。

7 組織変更等によるセグメントの区分方法の変更

組織構造の変更等、企業の管理手法が変更されたために、報告セグメントの区分方法を変更する場合には、その旨及び前年度のセグメント情報を当年度の区分方法によりつくり直した情報を開示します。

ただし、前年度のセグメント情報を当年度の区分方法によりつくり直した情報を開示することが実務上困難な場合（必要な情報の入手が困難であって、当該情報を作成するために過度の負担を要する場合など）には、当年度のセグメント情報を前年度の区分方法により作成した情報を開示することができます（27項）。

　当該開示を行うことが実務上困難な場合には、開示に代えて、当該開示を行うことが実務上困難な旨及びその理由を記載しなければなりません。また、当該開示はセグメント情報に開示するすべての項目について記載するものとしますが、一部の項目について記載することが実務上困難な場合は、その旨及びその理由を記載しなければなりません（28項）。

1-5 関連情報の開示

　セグメント情報の中で同様の情報が開示されている場合を除き、次の事項をセグメント情報の関連情報として開示しなければなりません。関連情報は、報告すべきセグメントが1つしかなく、セグメント情報を開示しない場合であっても開示しなければなりません（29項）。

　なお、当該関連情報に開示される金額は、財務諸表を作成するために採用した会計処理に基づく数値によります。

1	製品及びサービスに関する情報
2	地域に関する情報
3	主要な顧客に関する情報

1 製品及びサービスに関する情報

製品及びサービスに関する情報は、主要な個々の製品またはサービスあるいはこれらの種類や性質、製造方法、販売市場等の類似性に基づく同種・同系列のグループ（以下、製品・サービス区分）ごとに、外部顧客への売上高を開示します。

なお、当該事項を開示することが実務上困難な場合には、当該事項の開示に代えて、その旨及びその理由を開示しなければなりません（30項）。

開示に関する重要性の判断基準は以下のとおりです（適用指針15項）。

- 外部顧客への売上高が（連結）損益計算書の売上高の10％以上である製品・サービス区分について、これを区分して開示
- 単一の製品・サービス区分の外部顧客への売上高が（連結）損益計算書の売上高の90％超である場合、その旨を開示し、上記内容の開示を省略可能

2 地域に関する情報

地域に関する情報として次の事項を開示します。いずれも主要な国がある場合には、これを区分して開示する必要があります。なお、当該事項を開示することが実務上困難な場合には、当該事項の開示に代えて、その旨及びその理由を開示しなければなりません（31項）。

(1) 国内の外部顧客への売上高に分類した額と海外の外部顧客への売上高に分類した額（各区分に売上高を分類した基準をあわせて記載）
(2) 国内に所在している有形固定資産の額と海外に所在している有形固定資産の額

また、複数の国をくくった地域（たとえば、北米、欧州等）に係る額についても開示することができます（31項）。

開示に関する重要性の判断基準は以下のとおりです（適用指針16、17項）。

- 上記(1)について
  - 単一の国の外部顧客への売上高に分類した額が、（連結）損益計算書の売上高の10％以上である場合、これを主要な国として開示
  - 国内の外部顧客への売上高に分類した額が（連結）損益計算書の売上高の90％超である場合、その旨を開示し、開示を省略可能
- 上記(2)について
  - 単一の国に所在する有形固定資産の額が、（連結）貸借対照表の有形固定資産の10％以上である場合、これを区分して開示
  - 国内に所在している有形固定資産の額が（連結）貸借対照表の有形固定資産の額の90％超である場合、その旨を開示し、開示を省略可能

3 主要な顧客に関する情報

主要な顧客がある場合には、その旨、当該顧客の名称または氏名、当該顧客への売上高及び当該顧客との取引に関連する主な報告セグメントの名称を開示します（32項）。

単一の外部顧客への売上高（同一の企業集団に属する顧客への売上高を集約している場合には、その売上高）が（連結）損益計算書の売上高の10％以上である場合に開示します（適用指針18項）。

1-6 固定資産の減損損失に関する報告セグメント別情報

　(連結)損益計算書に固定資産の減損損失を計上している場合には、財務諸表を作成するために採用した会計処理に基づく数値によって、その報告セグメント別の内訳を開示しなければなりません。

　なお、報告セグメントに配分されていない減損損失がある場合には、その額及びその内容を記載しなければなりません。ただし、セグメント情報の中で同様の情報が開示されている場合には、当該情報の開示は必要ありません(33項)。

1-7 のれんに関する報告セグメント別情報

　(連結)損益計算書にのれんの償却額または負ののれんの償却額を計上している場合には、財務諸表を作成するために採用した会計処理に基づく数値によって、その償却額及び未償却残高に関する報告セグメント別の内訳をそれぞれ開示しなければなりません。

　なお、報告セグメントに配分されていないのれんまたは負ののれんがある場合には、その償却額及び未償却残高ならびにその内容を記載しなければなりません。ただし、セグメント情報の中で同様の情報が開示されている場合には、当該情報の開示は必要ありません(34項)。

　また、(連結)損益計算書に重要な負ののれんを認識した場合には、当該負ののれんを認識した事象について、その報告セグメント別の概要を開示しなければなりません(34-2項)。

　なお、持分法適用会社に係るものについては持分法による投資損益に含めて表示されているため、ここでは開示対象にはならないものと考えます。

1-8 四半期財務諸表の取扱い

以下の事項を四半期財務諸表に注記します（四半期財務諸表に関する会計基準19、25項）。

① 報告セグメントの利益（または損失）及び売上高
② 報告セグメントの資産の金額に著しい変動があった場合には、その概要
③ 報告セグメントの利益（または損失）の合計額と四半期（連結）損益計算書の利益（または損失）計上額の差異調整に関する主な事項の概要
④ 報告セグメントの変更または事業セグメントの利益（または損失）の測定方法に重要な変更があった場合には、変更を行った四半期会計期間以後において、その内容
⑤ 第2四半期以降に④の変更があった場合には、第2四半期以降に変更した理由
⑥ 前年度において④の変更を行っており、かつ、前年度の四半期と当年度の四半期の①の報告セグメントの区分方法または利益（または損失）の測定方法との間に相違が見られる場合には、その旨、変更後の方法に基づく前年度の①及び③の事項※
⑦ 固定資産について重要な減損損失を認識した場合には、その報告セグメント別の概要
⑧ のれんの金額に重要な影響を及ぼす事象（重要な負ののれんを認識する事象を含む）が生じた場合には、その報告セグメント別の概要

※ 当該事項のすべてまたはその一部について、記載すべき金額を正確に算定することができない場合には概算額を記載することができる。また、記載すべき金額を算定することが実務上困難な場合には、その旨及びその理由を記載する。

年度財務諸表における注記事項と比較すると、以下の違いがあります。

項　目	年　度	四半期
報告セグメントの概要	必　須	不　要※1
売上高・利益	必　須	必　須
資　産	必　須	著しい変動があった場合のみ※1
負債・その他重要な項目	必要に応じて	不　要
差異調整に関する事項	必　須	利益の差異調整のみ
測定方法	必　須	重要な変更があった場合のみ※1
セグメント区分の変更	必　須※2	必須※1・2
減損損失	必　須	重要な減損が発生した場合のみ
のれん	必　須	重要な影響があった場合のみ

※1　適用初年度の特例あり
※2　セグメント区分の変更があった場合

1-9 セグメント情報の開示例

(セグメント情報)
1．報告セグメントの概要
　　当社の報告セグメントは、当社の構成単位のうち分離された財務情報が入手可能であり、取締役会が、経営資源の配分の決定及び業績を評価するために、定期的に検討を行う対象となっているものである。
　　当社は、本社に製品・サービス別の事業本部を置き、各事業本部は、取り扱う製品・サービスについて国内及び海外の包括的な戦略を立案し、事業活動を展開している。

したがって、当社は、事業本部を基礎とした製品・サービス別のセグメントから構成されており、「自動車部品事業」、「船舶事業」、「ソフトウェア事業」及び「電子事業」の4つを報告セグメントとしている。

「自動車部品事業」は、自動車販売店に販売する自動車の交換部品を生産している。「船舶事業」は、海底採油産業などに販売する小型発動機船及び関連製品を生産している。「ソフトウェア事業」は、コンピュータ製造業者及び販売店に販売するソフトウェア及び関連製品を生産している。「電子事業」は、コンピュータ製造業者に販売する集積回路及び関連製品を生産している。

2．報告セグメントの利益（又は損失）、資産及び負債等の額の測定方法

報告されている事業セグメントの会計処理の方法は、棚卸資産の評価基準を除き、「連結財務諸表作成のための基本となる重要な事項」における記載と概ね同一である。棚卸資産の評価については、収益性の低下に基づく簿価切下げ前の価額で評価している。報告セグメントの利益は、営業利益（のれん償却前）ベースの数値である。セグメント間の内部収益及び振替高は市場実勢価格に基づいている。

3．報告セグメントの利益（又は損失）、資産及び負債等に関する情報

（単位：百万円）

	自動車部品	船舶	ソフトウェア	電子	その他[注1]	調整額[注2]	連結財務諸表計上額[注3]
売上高							
外部顧客への売上高	3,000	5,000	9,500	12,000	1,000	—	30,500
セグメント間の内部売上高又は振替高	—	—	3,000	1,500	—	△4,500	—
計	3,000	5,000	12,500	13,500	1,000	△4,500	30,500
セグメント利益	200	70	900	2,300	100	△2,050	1,520
セグメント資産	2,000	5,000	3,000	12,000	2,000	500	24,500
セグメント負債	1,050	3,000	1,800	8,000	—	5,000	18,850

その他の項目							
減価償却費	200	100	50	1,000	50	50	1,450
有形固定資産及び無形固定資産の増加額	300	700	500	800	—	1,000	3,300

（注）1. その他には、不動産事業、電子機器レンタル事業、ソフトウェア・コンサルティング事業及び倉庫リース事業等を含んでいる。
　　2. 調整額は、以下のとおりである。
　　　(1) セグメント利益の調整額△2,050百万円には、セグメント間取引消去△500百万円、のれんの償却額△550百万円、各報告セグメントに配分していない全社費用△950百万円及び棚卸資産の調整額△30百万円が含まれている。全社費用は、主に報告セグメントに帰属しない一般管理費及び技術試験費である。
　　　(2) セグメント資産の調整額500百万円には、本社管理部門に対する債権の相殺消去△900百万円、各報告セグメントに配分していない全社資産1,500百万円及び棚卸資産の調整額△30百万円が含まれている。
　　　(3) セグメント負債の調整額5,000百万円は、本社の長期借入金である。
　　　(4) 有形固定資産及び無形固定資産の増加額の調整額1,000百万円は、本社建物の設備投資額である。
　　3. セグメント利益は、連結財務諸表の営業利益と調整を行っている。

4．地域に関する情報

(1) 売上高

（単位：百万円）

日本	米国	中国	欧州	その他	合計
19,000	4,200	3,400	2,900	1,000	30,500

（注）売上高は顧客の所在地を基礎とし、国又は地域に分類している。

(2) 有形固定資産

（単位：百万円）

日本	中国	欧州	その他	合計
11,000	4,500	1,500	1,000	18,000

5．主要な顧客に関する情報

（単位：百万円）

相手先	売上高	関連するセグメント名
○○販売（株）	5,000	ソフトウェア事業、電子事業

（減損損失）
固定資産の減損損失に関する報告セグメント別情報

(単位：百万円)

	自動車部品	船舶	ソフトウェア	電子	その他(注)	全社・消去	合計
減損損失	—	500	200	—	50	—	750

（注）その他の金額はすべて不動産事業に係る金額である。

（のれん）
のれんに関する報告セグメント別情報

(単位：百万円)

	自動車部品	船舶	ソフトウェア	電子	その他(注)	全社・消去	合計
当期償却額	—	—	—	500	50	—	550
当期末残高	—	—	—	1,500	100	—	1,600

（注）その他の金額はすべて不動産事業に係る金額である。

出所　企業会計基準委員会「セグメント情報等の開示に関する会計基準の適用指針」

1-10 適用時期等

　本会計基準は、平成22年4月1日以後開始する連結会計年度及び事業年度から適用されます（98項）。

　平成22年6月に「会計上の変更及び誤謬の訂正に関する会計基準」に関する改正がなされていますが、この平成22年改正は平成23年4月1日以後開始する連結会計年度及び事業年度から適用されます（39-2項）。

　主な改正内容は以下のとおりです。

- 量的な重要性の変化によって、報告セグメントとして開示する事業セグメントの範囲を変更する場合には、前年度のセグメント情報を当年度の報告セグメントの区分によりつくり直した情報を開示しなければ

なりません。ただし、つくり直した情報を開示することが実務上困難な場合には、セグメント情報に与える影響を開示することができます（16項）

- 「会計上の変更及び誤謬の訂正に関する会計基準」に従い財務諸表の遡及処理を行う場合、前年度のセグメント情報等について、遡及処理の影響を反映した情報を開示することが必要となります（97-2項）

第2節

企業会計基準第18号
資産除去債務に関する会計基準

決算書作成実務に与える影響

決算手続の流れ

期 首

期 中
- 有形固定資産の取得時に資産除去債務を計上
- 以下の場合の会計処理
  - 資産除去債務の見積変更時
  - 時の経過による資産除去債務の調整額
  - 建物等賃借契約に関連して敷金を支出している場合

四半期決算
- 資産除去債務の減価償却
- 前年度末と比較して著しく変動している場合の注記

期 中
- 有形固定資産の取得時に資産除去債務を計上
- 以下の場合の会計処理
  - 資産除去債務の見積変更時
  - 時の経過による資産除去債務の調整額
  - 建物等賃借契約に関連して敷金を支出している場合

年度末

個別決算手続
- 資産除去債務の減価償却

連結決算手続
- 連結会社間の賃貸借取引の修正

開示書類作成
- 資産除去債務の財務諸表の表示
- 資産除去債務に関する注記

POINT

1. 本会計基準は、有形固定資産の除去に関して法令または契約で要求される法律上の義務及びそれに準ずる義務により生ずる資産除去債務の会計処理及び開示について定めています。

2. 資産除去債務に係る会計処理は以下のとおりです。

   (1) 有形固定資産を除去する際に不可避的な支出が義務づけられている場合、除去の際に発生する支出額の割引現在価値を当該有形固定資産の取得価額に加えるとともに同額を負債計上します。

   (2) 資産除去債務は有形固定資産の取得価額に加算されることで、減価償却を通じて各期に費用配分します。

   (3) 時の経過による資産除去債務の調整額は発生時に費用処理します。

   (4) 資産除去債務の見積りの変更による調整額は、資産除去債務の帳簿価額及び当該有形固定資産の帳簿価額に加減して処理します。

   (5) 建物等賃借契約に関連して敷金を支出している場合、当該敷金の回収が最終的に見込めないと認められる金額を見積もり、そのうち当期の負担に属する金額を費用処理することができます。

3. 従来、有形固定資産の除却時に除却費用（損失）を除却損として特別損失を計上する会計実務が広く行われていましたが、本会計基準適用後は減価償却費として売上原価、販管費で計上されることになります。

4. 資産除去債務は、有形固定資産の除去に要する割引前の将来キャッシュ・フローを見積もり、割引後の金額で算定します。

5. 平成22年4月1日以後開始する事業年度から適用されます。ただし、平成22年3月31日以前に開始する事業年度から適用することができます。

2-1 本会計基準の目的

本会計基準は、資産除去債務の定義、会計処理及び開示について定めることを目的としています（1項）。

本会計基準の適用の際の指針として「資産除去債務に関する会計基準の適用指針」（企業会計基準適用指針第21号。以下、本節において適用指針）が、公表されています（2項）。

2-2 本会計基準の適用範囲

1 有形固定資産

本会計基準が適用される有形固定資産には、財務諸表等規則において有形固定資産に区分される資産のほか、それに準じる以下の有形の資産が含まれます（23項）。

- 建設仮勘定
- リース資産
- 「投資その他の資産」に分類されている投資不動産

2 リース資産

本会計基準では資産除去債務を有形固定資産の取得価額に加える会計処理を行います。資産計上されていないリース取引に係るリース資産は本会計基準の適用範囲に含まれません。そのため、オペレーティング・リース取引に係るリース資産は適用範囲に含まれません。

「リース取引に関する会計基準」(以下、リース会計基準)適用前の所有権移転外ファイナンス・リース取引で賃貸借処理を継続しているリース資産については、リース会計基準の適用前から原則は資産計上が求められていたこと及びリース会計基準適用時に資産計上した場合は本会計基準の適用対象となり、賃貸借処理を継続した場合、適用対象外となることは妥当ではないため、対象範囲に含まれます。

《賃貸借処理をしているリース取引の取扱い》

リース取引	本会計基準の適用範囲
オペレーティング・リース取引	含まれません
所有権移転外ファイナンス・リース取引(リース会計基準適用前)	含まれます

2-3 用語の定義

1 資産除去債務

「資産除去債務」とは、有形固定資産の取得、建設、開発または通常の使用によって生じ、当該有形固定資産の除去に関して法令または契約で要求される法律上の義務及びそれに準ずるものをいいます(3項)。

法律上の義務及びそれに準ずるものには、有形固定資産を除去する義務のほか、有形固定資産を除去する際に当該有形固定資産に使用されている有害物質等を法律等の要求による特別の方法で除去する義務も含まれます(3項)。

2 除去

「除去」とは、有形固定資産を用役提供から除外することをいいます（一時的に除外する場合を除く（3項））。具体例は以下のとおりです。

除去に該当する場合	除去に該当しない場合
売却、廃棄、リサイクル、その他の方法による処分等（3項）	① 使用期間中に実施する環境修復や修繕（25項） ② 遊休状態になった場合（3、27項） ③ 転用や用途変更（3、30項）

なお、遊休状態になった場合は、「固定資産の減損に係る会計基準」の対象となることに留意が必要です（27項）。

3 通常の使用

「通常の使用」とは、有形固定資産を意図した目的のために正常に稼働させることをいいます（26項）。

有形固定資産を除去する義務が、不適切な操業等の異常な原因によって発生した場合には、資産除去債務として使用期間にわたって費用配分すべきものではなく、引当金の計上や「固定資産の減損に係る会計基準」の適用対象とすべきものです（26項）。

4 法律上の義務に準ずるもの

「法律上の義務に準ずるもの」とは、債務の履行を免れることがほぼ不可能な義務を指し、法令または契約で要求される法律上の義務とほぼ同等の不可避的な義務が該当します（28項）。

具体的には、以下のようなものがあります。

- 法律上の解釈により当事者間での清算が要請される債務
- 過去の判例や行政当局の通達等のうち、法律上の義務とほぼ同等の不可避的な支出が義務づけられるもの

なお、有形固定資産の除去が企業の自発的な計画のみによって行われる場合は、法律上の義務に準ずるものには該当しません。

5 法律上の義務とほぼ同等の不可避的な支出が義務づけられるもの

企業が所有する有形固定資産に特定の有害物質が使用されており、有形固定資産を除去する際に当該有害物質を一定の方法により除去することが、法律等により義務づけられている場合、将来、有形固定資産の除去時点で有害物質の除去を行うことが不可避的であるならば、現時点で当該有害物質を除去する義務が存在していることになります。

この場合、有形固定資産自体を除去する義務はなくとも当該有形固定資産に使用されている有害物質自体の除去義務は資産除去債務に含まれますので、資産除去債務の計上の対象となるのは、当該有形固定資産の除去費用全体ではなく、有害物質の除去に直接関係する費用となります（29項）。

2-4 資産除去債務の対象についての論点

資産除去債務の対象について実務上の論点としては以下のようなものが考えられます。

1 稼働を停止した工場用地の土壌汚染対策関連費用

土壌汚染対策関連費用の取扱いは以下のとおりです。

❶ 土壌汚染対策費

- 土地の汚染除去の義務が通常の使用によって生じた場合で、それが当該土地に建てられている建物や構築物等の資産除去債務と考えられる場合、資産除去債務に該当します（26項）。
- 汚染除去の義務はあるものの、建物等が存在せず土地のみの場合、資産除去債務に該当せず、当該費用は発生時に一括費用処理されるものと考えます。

❷ 土壌汚染対策法第3条に基づく調査費用

- 資産除去を行わず、調査のみ実施する場合、資産除去債務に該当しないものと考えます。
- 法令、契約等で資産除去に際して有害物質の調査等が義務づけられており、資産除去の一環として調査が行われ、当該費用が資産除去に直接関連する費用と考えられる場合、資産除去債務に該当するものと考えます。

2 フロン類やハロンの除去費用

フロン類については、「特定製品に係るフロン類の回収及び破壊の実施の確保等に関する法律」が施行されており、業務用冷凍空調機器に冷媒として使用されているクロロフルオロカーボン、ハイドロクロロフルオロカーボン、ハイドロフルオロカーボンの3種類のフロン類を対象に、機器の廃棄の際等のフロン類の回収・破壊を義務づけています。

ハロンについては、特定のハロンがガス系消火剤として使用されている消火設備（ハロン消火設備）を撤去する場合、消防庁の通知等により、ハロンの回収を当該設備の設置業者（専門業者）に依頼することが要求されています。

　したがって、フロン類及びハロンについて、有形固定資産の除去時に、上記法律や消防庁の通知等の法律上の義務及びそれに準ずるものに基づき適切な処理が要求され費用が発生する場合、有害物質の除去に直接関わる費用が資産除去債務に該当するものと考えます。

3 建設工事に係る資材の再資源化等に関する法律

　「建設工事に係る資材の再資源化等に関する法律」（以下、建設リサイクル法）では、分別解体等の実施に関する受注者の義務について明記されている一方、発注者の責務について、分別解体等及び建設資材廃棄物等に要する費用の適正な負担等について記載されているのみであり、義務とは記載されていません。

　発注者の責務に関する規定は訓示規定であり、同法は具体的な義務の内容を定めていませんので、建設リサイクル法による資産除去債務の計上は必要ないものと考えます。

　しかしながら、国土交通省や地方自治体のガイドライン等により具体的な要請が定められている場合には、実質的に「法律上の義務に準ずるもの」として取り扱うことが必要となる場合も想定されます。

4 アスベストの除去（処理費用）

　平成17年2月24日に「石綿障害予防規則」が制定され、建築物の所有者等が講ずべき一定の措置等が定められました。

「石綿障害予防規則」によるアスベストの除去（処理）については、除去費用以外に、以下の費用が発生することが想定されます。これら費用の取扱いは以下のとおりです。

❶ 飛散防止措置に係る費用

環境修復や修繕にあたるものに含まれると考えられるため、資産除去債務に該当しないものと考えます。

❷ 建物解体時の費用

飛散防止措置後や飛散防止措置が不用な場合も、建物解体時には事前調査や該当場所の隔離等、通常の解体工事以上の費用がかかるものと想定されます。これらについては、法律上で処理が義務づけられた時点で資産除去債務に該当するものと考えます。

したがって、適用初年度の期首において存在する資産に対する資産除去債務は、法律上で処理が義務づけられた時点で計上されたと仮定して、適用初年度の期首時点までの減価償却費相当額を控除した金額が計上されることになるものと考えます。

5 PCBの処分費用

「ポリ塩化ビフェニル廃棄物の適正な処理の推進に関する特別措置法」に基づき、平成28年までにPCBの処分が義務づけられています。この法律による処理は、法令で要求される法律上の義務となりますので、有形固定資産の除去と同時に有害物質等を処理する場合、法律上で処理が義務づけられることになった時点で資産除去債務を計上することになるものと考えます。

6 旧借地法の取扱い

旧借地法上の借地権及び借地借家法上の借地権においては、借地権者は存続期間満了時に借地権設定者に対して建物買取請求権を有していることが法的に定められており（借地借家法13①）、特約によりこれを排除することは認められていません（同法16）。

したがって、普通借地契約等において借地権者が原状回復義務を負う旨を定めた場合であっても、法律上は無効となり、借地権者は法律上の義務を有していないことから、資産除去債務の対象外と考えられます。

2-5 会計処理

1 資産除去債務の負債計上

資産除去債務の計上時期は以下のとおりです。

原則・例外	資産除去債務の計上時期
原則（4項）	有形固定資産の取得、建設、開発または通常の使用によって発生した時に負債計上
資産除去債務の発生時に当該債務の金額を合理的に見積もれない場合（5項）	●当該債務額を合理的に見積もることができるようになった時点で負債計上 ●この場合の負債計上の処理は、資産除去債務の見積りの変更に準じる

資産除去債務を合理的に見積もることができない場合とは、決算日現在入手可能なすべての証拠を勘案し、最善の見積りを行ってもなお、合理的に金額を算定できない場合をいいます（適用指針2項）。

このような場合には、以下の注記を行う必要があります（16項(5)）。

- 当該資産除去債務の概要
- 合理的に見積もることができない旨及びその理由

ただし、資産除去債務の履行時期や除却の方法が明確にならないことなどにより、その金額が確定しない場合でも、履行時期の範囲及び蓋然性について合理的に見積もるための情報が入手可能なときは、資産除去債務を合理的に見積もることができる場合に該当します（適用指針17項）。

2 資産除去債務の算定

資産除去債務はそれが発生したときに、有形固定資産の除去に要する割引前の将来キャッシュ・フローを見積もり、割引後の金額（割引価値）で算定します（6項）。算定にあたり、留意すべき事項は以下のとおりです。

項　　目	留意事項
割引前の将来キャッシュ・フロー	●合理的で説明可能な仮定及び予測に基づく自己の支出見積りによる ●見積金額は生起する可能性の最も高い単一の金額または生起しうる複数の将来キャッシュ・フローをそれぞれの発生確率で加重平均した金額 ●将来キャッシュ・フローには、有形固定資産の除去に係る作業のために直接要する支出のほか、処分に至るまでの支出（たとえば、保管や管理のための支出）も含む
割　引　率	貨幣の時間価値を反映した無リスクの税引前の利率

❶ 割引前将来キャッシュ・フロー

自己の支出見積りとしての有形固定資産の除去に要する割引前の将来

キャッシュ・フローの見積りは、次の情報を基礎に行います（適用指針3項）。

> (1) 対象となる有形固定資産の除去に必要な平均的な処理作業に対する価格の見積り
> (2) 対象となる有形固定資産を取得した際に、取引価額から控除された当該資産に係る除去費用の算定の基礎となった数値
> (3) 過去において類似の資産について発生した除去費用の実績
> (4) 当該有形固定資産への投資の意思決定を行う際に見積もられた除去費用
> (5) 有形固定資産の除去に係る用役（除去サービス）を行う業者など第三者からの情報

(1)から(5)により見積もられた金額に、インフレ率や見積値から乖離するリスクを勘案します。また、合理的で説明可能な仮定及び予測に基づき、技術革新などによる影響額を見積もることができる場合には、これを反映させます。

なお、多数の有形固定資産について同種の資産除去債務が生じている場合には、個々の有形固定資産に係る資産除去債務の重要性の判断に基づき、有形固定資産をその種類や場所等に基づいて集約し、概括的に見積もることができます。

なお、将来キャッシュ・フローの見積りには、法人税等の影響額を含めません。

❷ 割引率

将来キャッシュ・フローがその見積値から乖離するリスクは、将来キャッシュ・フローの見積りに反映されるため、資産除去債務の算定に用いられる割引率は、将来キャッシュ・フローが発生すると予想される時点

までの期間に対応する貨幣の時間価値を反映した無リスクの税引前の割引率とします（適用指針5項）。

3 資産除去債務に対応する除去費用の資産計上と費用配分

資産除去債務に対応する除去費用の会計処理は以下のとおりです（7項）。

	会計処理
資産計上	資産除去債務を負債として計上した時に当該負債の計上額と同額を関連する有形固定資産の帳簿価額に加算します
費用配分	資産計上された資産除去債務に対応する除去費用は、減価償却を通じて、当該有形固定資産の残存耐用年数にわたり、各期に費用配分します

4 資産除去債務が使用のつど発生する場合

資産除去債務が有形固定資産の稼動等に従って、使用のつど発生する場合の会計処理は以下のとおりです（8項）。

	費用配分方法
原則	資産除去債務に対応する除去費用を各期においてそれぞれ資産計上し、関連する有形固定資産の残存耐用年数にわたり、各期に費用配分します
容認	除去費用をいったん資産に計上し、当該計上時期と同一期間に資産計上額と同一の金額を費用処理することもできます

5 時の経過による資産除去債務の調整額の処理

時の経過による資産除去債務の調整額の処理は以下のとおりです（9項）。

- 発生時の費用として処理
- 当該調整額は期首の負債の帳簿価額に当初負債計上時の割引率を乗じて算定

6 資産除去債務が複数の有形固定資産から構成される場合

　資産除去債務の対象が複数の有形固定資産から構成され、そのうち一部の資産については全体の除去以前により短い周期で除去され、再び取得される場合があります。この場合は、複数の有形固定資産の資産除去債務を一括して見積もり、対応する除却費用を主たる資産の帳簿価額に加えます（適用指針6項、24項）。

　なお、個々の資産が除去に係る法的義務等を有するときには、当該複数の有形固定資産に対し、一括して資産除去債務を見積もるのではなく、個々の有形固定資産について見積もり、対応する除去費用を個々の有形固定資産の帳簿価額に加えます（適用指針25項）。

2-6 資産除去債務の見積りの変更

1 割引前将来キャッシュ・フローの見積りの変更

　割引前の将来キャッシュ・フローに重要な見積りの変更が生じた場合、当該見積りの変更による調整額は、資産除去債務の帳簿価額及び関連する有形固定資産の帳簿価額に加減して処理します。

資産除去債務が法令の改正等により新たに発生した場合も、見積りの変更と同様に取り扱います（10項）。

2 変更による調整額に適用する割引率

　割引前の将来キャッシュ・フローに重要な見積りの変更が生じた場合、当該キャッシュ・フローが増加するか、減少するかで適用される割引率は異なります（11項）。

将来キャッシュ・フロー	割引率
増加する場合	見積りの変更が生じた時点の割引率
減少する場合	負債計上時の割引率

　なお、過去に割引前の将来キャッシュ・フローの見積りが増加した場合で、減少部分に適用すべき割引率を特定できないときは、加重平均した割引率を適用します。

2-7 除去に係る費用を適切に計上する方法がある場合

　特別の法令等により、有形固定資産の除去に係るサービス（除去サービス）の費消を当該有形固定資産の使用に応じて各期間で適切に費用計上する方法がある場合には、当該費用計上方法を用いることができます。ただし、この場合でも、会計基準の定めに基づき、当該有形固定資産の資産除去債務を負債に計上し、これに対応する除去費用を関連する有形固定資産の帳簿価額に加える方法で資産として計上する必要があります。
　また、当該費用計上方法については、注記する必要があります（適用指

2-8 敷金を支出している場合の取扱い

1 会計処理

　建物等の賃借契約に関連する敷金が資産に計上されている場合には、当該計上額に関連する部分について、当該資産除去債務の負債計上及びこれに対応する除去費用の資産計上に代えて、当該敷金の回収が最終的に見込めないと認められる金額を合理的に見積もり、そのうち当期の負担に属する金額を費用計上する方法によることができます（適用指針9、27項）。

　なお、敷金を上回る資産除去債務が生じている場合は、資産除去債務の負債計上及びこれに対応する除去費用の資産計上を行う原則的な処理により会計処理を行うことになるものと考えられます。

2 償却期間

　この処理による場合、当期の負担に属する金額は、同種の賃借建物等への平均的な入居期間など合理的な償却期間に基づいて算定することが適当と考えられます（適用指針27項）。

3 合理的な金額を算定できない場合

　償却期間等を算定することが困難で、決算日現在で入手可能なすべての証拠を勘案して最善の見積りを行ってもなお、合理的に金額を算定できない場合には、資産除去債務を合理的に見積もることができない場合の注記

を行う必要があります（適用指針 27 項）。

4 適用初年度の会計処理

適用初年度の期首において、当該敷金の回収が最終的に見込めないと認められる金額のうち前期以前の負担に属する金額を、当期の損失（原則として特別損失）として計上します（適用指針 15 項）。

5 割引計算

賃借不動産については、契約件数が多数に上り、実務上の負担から簡便的な取扱いが定められています。そのため、敷金のうち、原状回復費用に充当されると見込まれる金額について、現在価値に割り引く必要はないものと考えます。

2-9 連結会社間の賃貸借契約に関する取扱い

連結会社間で建物の賃貸借がなされている場合、賃借人の側では個別財務諸表上、当該建物に係る原状回復義務を資産除去債務として計上することになりますが、連結財務諸表上、当該建物は自社グループ物件となるため、資産除去債務を取り崩す連結修正を行うことになるものと考えます。

2-10 税効果会計の取扱い

1 資産除去債務及び対応する除去費用の税効果会計の取扱い

負債に計上される資産除去債務は将来減算一時差異に該当し、資産に計上される資産除去債務に対応する除去費用は将来加算一時差異に該当するものと考えます。

それぞれが、税効果会計の対象となり、将来減算一時差異については、監査委員会報告第66号「繰延税金資産の回収可能性の判断に関する監査上の取扱い」(以下、監査上の取扱い66号)に従い、繰延税金資産の回収可能性を検討する必要があるものと考えます。

2 繰延税金資産の回収可能性

将来減算一時差異である資産除去債務は、「監査上の取扱い66号」に従い、繰延税金資産の回収可能性を検討し、回収可能と認められる部分についてのみ、繰延税金資産を計上することになります。

「監査上の取扱い66号」5の会社区分が(1)の②の会社の場合には、当該一時差異がスケジューリング可能か否かが論点となりますが、資産除去債務(将来減算一時差異)に対応する資産について、処分に係る決議等が行われていない場合でも、支出時期(除去時期)を合理的に見積もることにより金額が算定されているため、「監査上の取扱い66号」4②に定められた将来の一定の行為の実施に係る「実施計画」があると判断されるため、当該将来減算一時差異は、スケジューリング可能と考えることができるものと考えます。

「監査上の取扱い66号」5の会社区分が(1)の③以下の会社については、

同取扱いの原則に従った取扱いになるものと考えます。

2-11 開　示

1 貸借対照表及び損益計算書の表示

貸借対照表及び損益計算書の表示方法は以下のとおりです。

財務諸表	表示方法
貸借対照表（12項）	● 資産除去債務は、貸借対照表日後1年以内にその履行が見込まれる場合を除き、固定負債の区分に資産除去債務等の適切な科目名で表示 ● 貸借対照表日後1年以内に資産除去債務の履行が見込まれる場合には、流動負債の区分に表示
損益計算書(13～15、58項)	● 資産計上された資産除去債務に対応する除去費用に係る費用配分額は、当該資産除去債務に関連する有形固定資産の減価償却費と同じ区分に含めて計上 ● 時の経過による資産除去債務の調整額は、当該資産除去債務に関連する有形固定資産の減価償却費と同じ区分に含めて計上 ● 資産除去債務の履行時に認識される資産除去債務残高と資産除去債務の実際支払額との差額の取扱いは以下のとおり （原則）当該資産除去債務に対応する除去費用に係る費用配分額と同じ区分に含めて計上 （例外）当初の除却予定よりも著しく早期に除去することになった場合等、当該差額が異常な原因により生じた場合、特別損益として処理

2 注 記

資産除去債務の会計処理に関連して、重要性が乏しい場合を除き、次の事項を注記します（16項）。

> (1) 資産除去債務の内容についての簡潔な説明
> - 資産除去債務の発生原因となっている法的規制または契約等の概要（法令等の条項及び契約条件等）を簡潔に記載（適用指針10項）
> (2) 支出発生までの見込期間、適用した割引率等の前提条件
> (3) 資産除去債務の総額の期中における増減内容
> (4) 資産除去債務の見積りを変更したときは、その変更の概要及び影響額
> (5) 資産除去債務は発生しているが、その債務を合理的に見積もることができないため、貸借対照表に資産除去債務を計上していない場合には、当該資産除去債務の概要、合理的に見積もることができない旨及びその理由
> - なお、「その旨及びその理由」の注記にあたっては、(1)の「資産除去債務の内容についての簡潔な説明」と関連づけて記載することが必要（適用指針11項）。

なお、多数の有形固定資産について資産除去債務が生じている場合には、有形固定資産の種類や場所に基づいて、注記をまとめて記載することができます（適用指針10項）。

3 資産除去債務のキャッシュ・フロー計算書上の取扱い

キャッシュ・フロー計算書上、資産除去債務の履行に係る支出額は「投資活動によるキャッシュ・フロー」の項目に含めます（適用指針12、28項）。
なお、固定資産の取得にともなう資産除去債務の認識は、資金の移動を

ともなわずに資産及び負債を計上するものであるため、重要な資産除去債務を計上したときは、「重要な非資金取引」として注記を行うことになります（適用指針13、29項）。

4 四半期財務諸表における注記

「四半期財務諸表に関する会計基準」（企業会計基準第12号）で定める「財政状態、経営成績及びキャッシュ・フローの状況を適切に判断するために重要なその他の事項」として、資産除去債務が前年度末と比較して著しく変動している場合には、その簡潔な説明及び変動額の内訳を記載することが考えられます。

なお、会計基準の適用開始による資産除去債務の変動については、その影響が重要であれば、「重要な会計処理の原則及び手続についての変更」として注記します（適用指針30項）。

5 注記例

❶ 合理的な見積りができないため、資産除去債務を計上していない場合の注記

本社の不動産賃貸借契約に係る原状回復費用について、合理的に見積もれない場合の注記例は次のとおりです。

> 当社は、本社オフィスの不動産賃貸借契約に基づき、オフィスの退去時における原状回復に係る債務を有しているが、当該債務に関連する賃借資産の使用期間が明確でなく、将来本社を移転する予定もないことから、資産除去債務を合理的に見積もることができない。そのため、当該債務に見合う資産除去債務を計上していない。

❷ 多数の有形固定資産について資産除去債務が生じている場合の注記

多数の営業所について資産除去債務が生じている場合の注記例は次のとおりです。

> 当社は、営業所の設置にあたり、土地所有者との間で賃借期間 10 年から 30 年（平均 22 年）の事業用定期借地権契約を締結しており、当該不動産賃借契約における賃借期間終了時の原状回復義務に関し資産除去債務を計上している。資産除去債務の見積りにあたり、使用見込期間は 22 年、割引率は 2.0%から 3.2%を採用している。
> 当事業年度における資産除去債務の残高の推移は次のとおりである。
>
> | | |
> |---|---|
> | 期首残高 | ××× |
> | 有形固定資産の取得に伴う増加額 | ××× |
> | 時の経過による調整額 | ××× |
> | 資産除去債務の履行による減少額 | △××× |
> | 期末残高 | ××× |

2-12 適用時期等

本会計基準は、平成 22 年 4 月 1 日以後開始する事業年度から適用されます（17 項）。本会計基準の適用については、会計基準の変更にともなう会計方針の変更として取り扱います（20 項）。

なお、本会計基準は早期適用も認められています。

適用初年度における期首残高の算定

適用初年度における期首残高の算定は次頁上のように行い、両者の差額は適用初年度において原則として特別損失に計上します（18 項）。

> 《特別損失計上額》
> 適用初年度の期首における既存資産について、以下の計算式で算定
> 特別損失計上額 ＝ (1)既存資産に関連する資産除去債務 － (2)既存資産の帳簿価額に含まれる除去費用

なお、上記(1)、(2)の算定は以下のように行います。

項　　目	算定方法
(1) 適用初年度の期首における既存資産に関連する資産除去債務	適用初年度の期首時点における資産除去債務の発生時点での割引前将来キャッシュ・フローの見積り及び割引率により計算
(2) 適用初年度の期首における既存資産の帳簿価額に含まれる除去費用	資産除去債務の発生時点における割引前将来キャッシュ・フローの見積り及び割引率が、適用初年度の期首時点と同一であったものとみなして計算した金額から、その後の減価償却額に相当する金額を控除した金額

　適用初年度の期首における既存資産に関連する資産除去債務について引当金を計上している場合も、資産除去債務及び関連する有形固定資産の期首残高は上記に従って算定しますが、前期末における引当金の残高を資産除去債務の一部として引き継ぎます（19項）。

第3節

企業会計基準第25号
包括利益の表示に関する会計基準

決算書作成実務に与える影響

決算手続の流れ

期　首

期　中

四半期決算

期　中

年度末

個別決算手続
- 包括利益の計算（連結財務諸表作成過程で単純合算される個別財務諸表）

連結決算手続
- 包括利益の計算

開示書類作成
- 連結財務諸表に包括利益を表示
- その他の包括利益の各内訳項目別の税効果、組替調整額の注記

POINT

1. 本会計基準は、包括利益及びその他の包括利益の表示について定めています。
2. 主として以下の事項を定めています。
   (1) 包括利益及びその他の包括利益の定義及び表示
   (2) 包括利益を表示する計算書
3. 以下の注記を除き、平成23年3月31日以後終了する年度末の連結財務諸表から包括利益を開示します。
   - その他の包括利益の各内訳項目別の税効果の金額
   - その他の包括利益の各内訳項目別の組替調整額
4. 平成22年9月30日以後終了する年度末の連結財務諸表から適用することもできます。
5. 上記3.の注記は平成24年3月31日以後終了する年度末の連結財務諸表から適用することになります(早期適用可)。
6. 四半期連結財務諸表は、平成23年4月1日以後に開始する連結会計年度に属する四半期から適用されます。
7. 平成22年10月1日以後に開始する四半期連結財務諸表から早期適用することができます。
8. 個別財務諸表への適用は現時点では見送られています。
9. 連結財務諸表を作成していない会社は包括利益の開示は必要ありません。
10. 個別財務諸表での任意開示は認められていません。
11. 適用初年度は、その直前年度における包括利益(親会社株主に係る金額及び少数株主に係る金額の付記を含む)及びその他の包括利益の内訳項目の金額の注記が求められます。

3-1 本会計基準の目的

本会計基準は、財務諸表における包括利益及びその他の包括利益の表示について定めることを目的としています（1項）。

3-2 包括利益

包括利益とは、純資産の変動額のうち、当該企業の純資産に対する持分所有者との直接的な取引によらない部分をいいます。当該企業の純資産に対する持分所有者とは、以下の者をいいます（4項）。

① 株主
② 新株予約権の所有者
③ 子会社の少数株主

1 その他の包括利益

その他の包括利益とは、包括利益のうち当期純利益及び少数株主損益に含まれない部分をいいます（5項）。

個別財務諸表	包括利益と当期純利益との間の差額
連結財務諸表	包括利益と少数株主損益調整前当期純利益との間の差額をいい、親会社株主に係る部分と少数株主に係る部分を含みます

包括利益のイメージ図

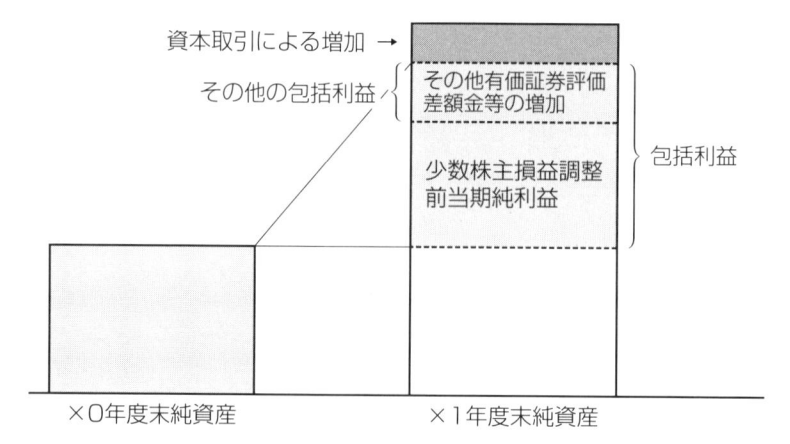

```
資本取引による増加 →  ┌─────────────┐
                     │                │
その他の包括利益  ┐   │ その他有価証券評価  │ ┐
                 ├───┤ 差額金等の増加    │ │
                 ┘   ├─────────────┤ │ 包括利益
                     │ 少数株主損益調整   │ │
                     │ 前当期純利益     │ │
                     └─────────────┘ ┘
  ×0年度末純資産        ×1年度末純資産
```

2 その他の包括利益の内訳の開示

その他の包括利益の内訳項目は、その内容に基づいて、以下の区分で表示します（7項）。

- その他有価証券評価差額金
- 繰延ヘッジ損益
- 為替換算調整勘定等
- 持分法適用会社に対する持分相当額
  - 持分法を適用する被投資会社のその他の包括利益に対する投資会社の持分相当額は一括して投資会社持分として区分表示

3-3 包括利益の計算の表示

包括利益の計算の表示は、次のとおりです（6項）。

個別財務諸表	包括利益 ＝ 当期純利益 ± その他の包括利益の内訳項目
連結財務諸表	包括利益 ＝ 少数株主損益調整前当期純利益 ± その他の包括利益の内訳項目

3-4 その他の包括利益

1 その他の包括利益の内訳項目に係る税効果の取扱い

その他の包括利益の内訳項目に係る税効果の取扱いは以下のとおりです（8項）。

項　目	取　扱　い
原　則	その他の包括利益の内訳項目は、税効果を控除した後の金額で表示します
容　認	各内訳項目を税効果を控除する前の金額で表示して、それらに関連する税効果の金額を一括して加減する方法で記載します

いずれの場合も、その他の包括利益の各内訳項目別の税効果の金額を注記します。

2 その他の包括利益に含められた項目の当期利益の組替調整額

当期純利益を構成する項目のうち、当期または過去の期間にその他の包括利益に含まれていた部分は、包括利益として重複して計上されることを避けるため、その他の包括利益の組替調整が行われます。その組替調整は

内訳項目ごとに注記します（9項）。この注記は、上記 1 による注記と併せて記載することができます。

なお、1 と 2 の注記は、平成23年3月期では注記する必要はありません。

【設例】その他有価証券の売却

◘ 前提条件

1. P社はA社株式を保有しており、当期にA社株式を売却している。A社株式の取得原価、期末時価、売却価額は次の図表のとおりである。
2. P社の法定実効税率は40％である。

	前期末	当　期	当期末
取得原価	1,000	—	—
期末時価	1,300	—	—
売却価額	—	1,100	—

◘ 会計処理

① 前期末

A社株式の時価評価は次のとおりである。

（借）その他有価証券　　　　　　300※1　（貸）その他有価証券評価差額金　180※2
　　　　　　　　　　　　　　　　　　　　　　繰延税金負債　　　　　　　　120※3

※1　その他有価証券300＝前期末A社株式時価1,300－取得価額1,000

※2　その他有価証券評価差額金180＝その他有価証券300×(1－法定実効税率40％)

※3　繰延税金負債120＝差額

② 当期首

A社株式の時価評価の振戻しは次のとおりである。

（借）その他有価証券評価差額金　180　（貸）その他有価証券　　　　　　300
　　　繰延税金負債　　　　　　　120

③ A社株式の売却時

(借) 現金預金　　　　　1,100　　(貸) その他有価証券　　1,000
　　　　　　　　　　　　　　　　　　　投資有価証券売却益　 100

◘ 連結財務諸表

① 連結貸借対照表

	前期末	当期末
Ⅰ　株主資本		
1．資本金	××	××
2．利益剰余金	××	××
Ⅱ　その他の包括利益累計額		
1．その他有価証券評価差額金	180	―
Ⅲ　少数株主持分	××	××

② 連結損益計算書

	当　期
売上高	××
……	
特別利益	××
投資有価証券売却益	100
……	
当期純利益	××

③ 連結株主資本等変動計算書

	株主資本		その他の包括利益累計額
	資本金	利益剰余金	その他有価証券評価差額金
前期末残高	××	××	180
剰余金の配当	××	××	
当期純利益	××	××	

株主資本以外の項目の当期変動額（純額）	××	××	△180
当期末残高	××	××	―

④ 連結包括利益計算書

	当　期
少数株主損益調整前当期純利益	××
その他の包括利益	
その他有価証券評価差額金	△180
包括利益	××

　連結包括利益計算書で前期にその他の包括利益で計上した金額180をマイナスすることで、前期に計上したその他の包括利益180、当期に計上した投資有価証券売却益100が重複して包括利益として計上されないように処理します。

◘ その他の包括利益の内訳の注記例

　組替調整額と税効果をあわせて開示する場合の例を次のとおりです。

注記事項		摘　要
その他有価証券評価差額金		
当期発生額	△200	A社株式前期評価益200取崩
組替調整額	△100	A社株式の売却益100は前期ですでに包括利益に計上されている
税効果調整前	△300	
税効果額	120	上記の合計△300×法定実効税率40%
その他の包括利益合計	△180	

3 注記の省略

1 及び **2** の注記は、個別財務諸表（連結財務諸表を作成する場合に限る）及び四半期財務諸表においては、省略することができます（10項）。

4 その他の包括利益の内訳の開示例

その他の包括利益の内訳の開示例は次のとおりです。

その他の包括利益の内訳の開示

【組替調整額と税効果を別々に開示する場合の例（法定実務税率を40%とする）】

① 組替調整額の開示（連結）

```
その他有価証券評価差額金：
    当期発生額             xxx
    組替整調額            △xxx  → 200
繰延ヘッジ損益：
    当期発生額             xxx  → 150
            税効果調整前合計    xxx
                   税効果額     Δ140
            その他の包括利益合計  xxx
```

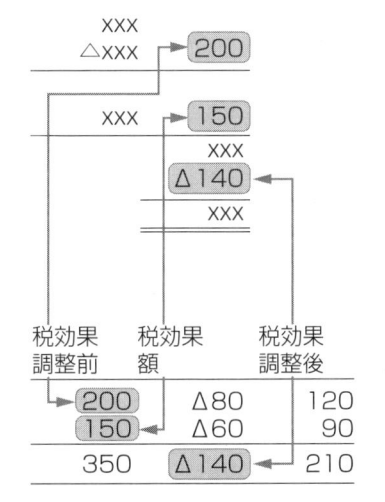

② 税効果の開示（連結）

	税効果 調整前	税効果 額	税効果 調整後
その他有価証券評価差額金	200	Δ80	120
繰延ヘッジ損益	150	Δ60	90
その他の包括利益合計	350	Δ140	210

出所　企業会計基準委員会「包括利益の表示に関する会計基準」を一部修正

3-5 包括利益を表示する計算書

包括利益を表示する計算書は、次のいずれかの形式によります。連結財務諸表においては、包括利益のうち親会社株主に係る金額及び少数株主に係る金額を付記します（11項）。

計算書方式	形　式
2計算書方式	当期純利益を表示する損益計算書と、当期純利益にその他の包括利益の内訳項目を加減して包括利益を表示する包括利益計算書からなる形式
1計算書方式	上記2つの計算書を1つの計算書（「損益及び包括利益計算書」）で行う形式

2計算書方式（第11項(1)）

<連結損益計算書>

売上高	×××
税金等調整前当期純利益	×××
法人税等	×××
少数株主損益調整前当期純利益	×××
少数株主利益	×××
当期純利益	×××

<連結包括利益計算書>

少数株主損益調整前当期純利益	×××
その他の包括利益：	
その他有価証券評価差額金	×××
繰延ヘッジ損益	×××
為替換算調整勘定	×××
持分法適用会社に対する持分相当額	×××
その他の包括利益合計	×××
包括利益	2,000
（内訳）	
親会社株主に係る包括利益	1,600
少数株主に係る包括利益	400

1計算書方式（第11項(2)）

<連結損益及び包括利益計算書>

売上高	×××
税金等調整前当期純利益	×××
法人税等	×××
少数株主損益調整前当期純利益	×××
少数株主利益（控除）	×××
当期純利益	×××
少数株主利益（加算）	×××
少数株主損益調整前当期純利益	×××
その他の包括利益：	
その他有価証券評価差額金	×××
繰延ヘッジ損益	×××
為替換算調整勘定	×××
持分法適用会社に対する持分相当額	×××
その他の包括利益合計	×××
包括利益	2,000
（内訳）	
親会社株主に係る包括利益	1,600
少数株主に係る包括利益	400

出所　企業会計基準委員会「包括利益の表示に関する会計基準」を一部修正

なお、報告様式は表示方法に含まれると考えられることから、原則として選択した計算書の方式は毎期継続して適用する必要があります。

「会計上の変更及び誤謬の訂正に関する会計基準」(企業会計基準第24号)を適用した後に計算書方式を変更した場合には、原則として財務諸表の組替えで対応することになるものと考えます(同会計基準14項)。

3-6 表示についての実務上の論点

1 包括利益がマイナスとなる場合の科目表示

包括利益はプラスであるかマイナスであるかに関わらず包括利益として表示され、包括利益またはその他の包括利益がマイナスの数値となった場合はマイナスで表示されます(ASBJの本会計基準の公開草案に対するコメント対応10(以下、ASBJコメント対応))。

2 その他の包括利益の内訳項目の区分掲記

その他の包括利益の内訳項目については、それぞれ区分して表示するものとされています(7項)ので、金額に重要性がない場合にも「その他」として一括表示することができないものと考えます(ASBJコメント対応21、平成22年9月30日金融庁の考え方11)。

なお、「連結財務諸表作成における在外子会社の会計処理に関する当面の取扱い」(実務対応報告第18号)に従い、在外子会社がその他の包括利益を認識している場合についても、「その他」として一括表示することはできないとされています(ASBJコメント対応21)。

3 少数株主損益がゼロとなる場合等の表示

〈2計算書方式〉

　少数株主が存在しない場合または少数株主損益がゼロとなる場合で、連結損益計算書上、その記載を省略しているときには、連結包括利益計算書の作成に際し、少数株主損益調整前当期純利益に代えて、当期純利益から記載することができるものとされています（平成22年9月30日金融庁の考え方12）。

〈1計算書方式〉

　2計算書方式と同様、当期純利益にその他の包括利益の項目の金額を加減して記載できるものと考えます。

4 繰延税金資産・負債が変動した場合の取扱い

　法定実効税率の変更または繰延税金資産の回収可能性の変化により、その他の包括利益累計額の内訳項目の金額に増減が生じた場合には、当該変動額はその他の包括利益に含まれるものと考えます。

3-7 財務諸表の相関図

　包括利益を表示する計算書と連結貸借対照表、連結株主資本等変動計算書との関係は次頁のようになります。

　連結貸借対照表の「その他の包括利益累計額」の各項目の金額は、78頁上の図表の「①＋②＋④」の合計で表され、「その他の包括利益累計額」に対する少数株主持分③は「少数株主持分」として表示されます。

　連結損益及び包括利益計算書の「その他の包括利益」について、同図表

財務諸表の相関図

① 連結貸借対照表（抜粋）

	X1/3/31
I 株主資本	
1 資本金	50,000
2 利益剰余金	31,000
II その他の包括利益累計額	
1 その他有価証券評価差額金	1,350
2 繰延ヘッジ損益	150
3 為替換算調整勘定	△600
III 少数株主持分	2,400

② 連結損益及び包括利益計算書

売上高	100,000
…	
税金等調整前当期純利益	1,700
法人税等	△500
少数株主損益調整前当期純利益	1,200
少数株主利益（控除）	△200
当期純利益	1,000
少数株主利益（加算）	200
少数株主損益調整前当期純利益	1,200
その他の包括利益:	
その他有価証券評価差額金	500
繰延ヘッジ損益	300
為替換算調整勘定	△100
持分法適用会社への持分相当額	100
その他の包括利益合計	800
包括利益	2,000

③ 連結株主資本等変動計算書（抜粋）

その他の包括利益累計額

	その他有価証券評価差額金	繰延ヘッジ損益	為替換算調整勘定	合計
当期首残高（前期末残高）	900	△100	△500	300
当期変動額				
……				
当期純利益				
株主資本以外の項目の当期変動額	450	250	△100	600
当期変動額合計	450	250	△100	600
当期末残高	1,350	150	△600	900

少数株主持分	純資産合計
2,000	82,300
	1,000
400	1,000
400	2,000
2,400	84,300

④ 三表相関

	投資会社持分(A)	親会社持分(B)	A+B =C	少数株主持分(D)	B+D	C+D
その他の包括利益						
その他有価証券評価差額金	50	400	450	100	500	550
繰延ヘッジ損益	50	200	250	100	300	350
為替換算調整勘定	-	△100	△100	-	△100	△100
持分法適用会社への持分小計(E)	100	500	600	200	700	800
当期純利益(F)	-	1,000	1,000	200	1,200	1,200
包括利益(E+F)	100	1,500	1,600	400	1,900	2,000

「④」は「持分法適用会社に対する持分相当額」として区分表示され、下の「①＋②＋③」の合計額が各内訳項目で表示されます。

項　目	計上会社 親会社①	子会社 親会社持分②	子会社 少数株主持分③	持分法適用会社 投資会社持分④
「その他の包括利益累計額」（連結貸借対照表）	含まれる	含まれる	含まれない※1	含まれる
「その他の包括利益」（連結損益及び包括利益計算書）	含まれる	含まれる	含まれる	含まれる※2

※1　「少数株主持分」として表示される
※2　その他の包括利益の内訳項目「持分法適用会社に対する持分相当額」として表示される

3-8 適用初年度の取扱い

　適用初年度においては、その直前の年度における包括利益（親会社株主に係る金額及び少数株主に係る金額の付記を含む）及びその他の包括利益の内訳項目の金額を注記します（12項）。

　なお、その他の包括利益の内訳の注記（69頁 **1** 及び **2** の各内訳項目別の税効果の金額及び組替調整額）については、直前の年度の注記は必要ありません（13項）。

3-9 四半期財務諸表の取扱い

前連結会計年度の対応する四半期会計期間及び累計期間についての適用時期については、以下のとおりです。

- 平成23年3月31日以後終了する連結会計年度の年度末から適用した場合（原則適用）

    翌連結会計年度の四半期財務諸表において、「会計上の変更及び誤謬の訂正に関する会計基準」（企業会計基準第24号）が適用されますので、本会計基準を遡及適用して四半期財務諸表の組替えを行います（15項）。

- 平成22年9月30日以後に終了する連結会計年度の年度末に係る連結財務諸表から適用した場合（早期適用）

    翌連結会計年度の四半期財務諸表においては、前連結会計年度の対応する四半期会計期間及び累計期間について、包括利益（親会社株主に係る金額及び少数株主に係る金額の付記を含む）及びその他の包括利益の内訳項目の金額を注記します（15項）。

これらを図表で示すと、次頁のとおりです。

3-10 適用時期等

本会計基準は、連結財務諸表について、69頁の **1** 及び **2** の注記を除き、平成23年3月31日以後終了する連結会計年度から適用されます。
    適用時期等の詳細は81頁のとおりです（12、14項）。

【包括利益を表示する計算書及び注記を原則適用した場合（3月決算会社）】

過年度遡及会計基準の適用（H23/4/1から適用）

	平成23年 3月期	平成23年 6月第1Q	平成24年 3月期
（包括利益を表示する計算書）			
・当期の計算書	○（第12項）	○	○
・前期の計算書	×(*1)	○（第15項）	○
（注記）			
・当期分69頁の **1** 及び **2** の注記	×	×(*3)	○（第13項）
・前期分69頁の **1** 及び **2** の注記	×	×(*3)	×（第13項）

【包括利益を表示する計算書は早期適用するが、注記は原則適用する場合（12月決算会社）】

過年度遡及会計基準の適用（H24/1/1から適用）

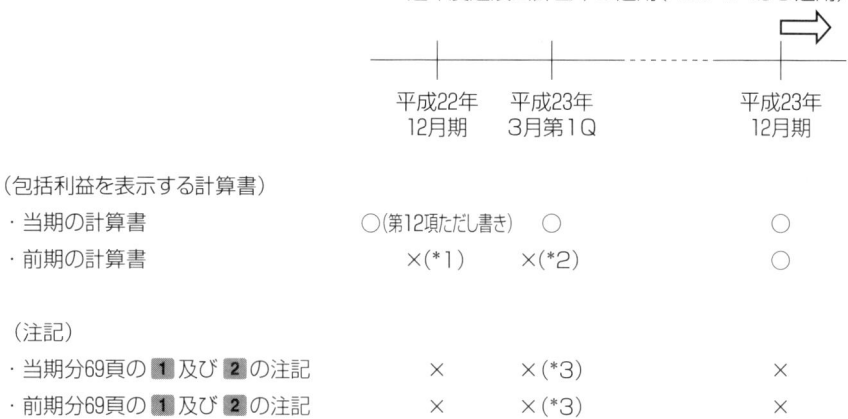

	平成22年 12月期	平成23年 3月第1Q	平成23年 12月期
（包括利益を表示する計算書）			
・当期の計算書	○（第12項ただし書き）	○	○
・前期の計算書	×(*1)	×(*2)	○
（注記）			
・当期分69頁の **1** 及び **2** の注記	×	×(*3)	×
・前期分69頁の **1** 及び **2** の注記	×	×(*3)	×

（*1）その直前の年度における包括利益（親会社株主に係る金額及び少数株主に係る金額の付記を含む。）及びその他の包括利益の内訳項目の金額を注記する（第12項）
（*2）前連結会計年度の対応する四半期会計期間及び期首からの累計期間について包括利益（親会社株主に係る金額及び少数株主に係る金額の付記を含む。）及びその他の包括利益の内訳項目の金額を注記する（第15項）
（*3）69頁の **1** および **2** の注記は、四半期財務諸表において省略することができる（第10項）

○　開示　　×　開示不要

財務諸表	適用時期
連結財務諸表 (12項)	〈原則〉69頁の **1** 及び **2** を除き、平成23年3月31日以後終了する連結会計年度の年度末から適用する 〈容認〉平成22年9月30日以後に終了する連結会計年度の年度末に係る連結財務諸表から適用できる
個別財務諸表 (14項)	本会計基準の公表から1年後を目途に判断する

なお、69頁の **1** 及び **2** の注記は平成24年3月31日以後終了する連結会計年度の年度末から適用されますが、上記適用時期に合わせて適用することができます（13項）。

第4節

企業会計基準第22号
連結財務諸表に関する会計基準

決算書作成実務に与える影響

決算手続の流れ

期　首

期　中

四半期決算
- 連結財務諸表作成の基本となる会計基準として四半期の連結決算手続に影響を与える

期　中

年度末

個別決算手続

連結決算手続
- 連結財務諸表の作成に係る一般原則等
- 連結貸借対照表、連結損益計算書等の作成基準
- 連結株主資本等変動計算書、連結キャッシュ・フロー計算書の作成について従うべき会計基準

開示書類作成
- 連結財務諸表の表示方法
- 連結財務諸表の注記事項

POINT

1. 本会計基準は、連結財務諸表に関する会計処理及び開示を定めており、連結財務諸表作成のための基本となる会計基準です。

2. 主として以下の事項が定められています。

    (1) 連結財務諸表を作成するための一般原則、一般基準、連結貸借対照表及び連結損益計算書等の作成基準、連結財務諸表の表示及び注記事項

    (2) 親会社、子会社の定義（支配力基準）

    (3) 連結株主資本等変動計算書、連結キャッシュ・フロー計算書の作成について、従うべき会計基準

3. 平成23年3月期決算手続における主なポイントは以下のとおりです。

    - 負ののれんは発生年度の利益として処理
    - 部分時価評価法の廃止
    - 段階取得時の投資と資本の相殺消去の会計処理
    - 連結損益計算書等に「少数株主損益調整前利益」を表示

4. 平成22年改正の主な内容は以下のとおりです。

    ① 「連結損益計算書」を「連結損益及び包括利益計算書」または「連結損益計算書及び連結包括利益計算書」に修正（平成23年3月期の期末財務諸表から適用）

    ② 「会計上の変更及び誤謬の訂正に関する会計基準」に従った注記事項が追加（平成23年4月1日以降開始する連結会計年度から適用）

5. 平成22年4月1日以後実施される企業結合及び事業分離等に関する会計処理及び注記から適用し、その他連結財務諸表に係る事項は平成22年4月1日以後開始する連結会計年度の期首から適用されます（早期適用可）。

4-1 本会計基準の目的

本会計基準は、連結財務諸表に関する会計処理及び開示を定めることを目的としています（1項）。

本会計基準の適用にあたっては、以下の適用指針等も参照する必要があります（3項）。

(1) 「貸借対照表の純資産の部の表示に関する会計基準等の適用指針」（企業会計基準適用指針第8号）
(2) 「一定の特別目的会社に係る開示に関する適用指針」（企業会計基準適用指針第15号）
(3) 「連結財務諸表における子会社及び関連会社の範囲の決定に関する適用指針」（企業会計基準適用指針第22号）
(4) 「連結財務諸表における資本連結手続に関する実務指針」（会計制度委員会報告第7号）
(5) 「株式の間接所有に係る資本連結手続に関する実務指針」（会計制度委員会報告第7号（追補））

4-2 用語の定義

本会計基準の用語の定義は以下のとおりです。

用　　語	定　　義
企　　業（5項）	●会社及び会社に準ずる事業体 ●会社、組合その他これらに準ずる事業体（外国におけるこれらに相当するものも含まれます）

連結会社（8項）	親会社及び連結される子会社
親 会 社（6項）	他の企業の財務及び営業または事業の方針を決定する機関（株主総会その他これに準ずる機関をいう。以下、意思決定機関）を支配している企業
子 会 社（6項）	当該他の企業。親会社及び子会社または子会社が、他の企業の意思決定機関を支配している場合における当該他の企業も、その親会社の子会社とみなします

4-3 子会社（支配力基準）

上記図表に記載のとおり、親会社は意思決定機関を支配している企業となりますが、「支配している」とは、財務上または営業上もしくは事業上の関係から見て他の企業の意思決定機関を支配していないことが明らかであると認められる企業を除き、以下の場合をいいます（7項）。

《支配力基準》
(1) 議決権の過半数を所有している企業
(2) 議決権の40％以上50％以下を所有している企業で、かつ以下①〜⑤のいずれかの要件に該当する企業
　① 「緊密な者」及び「同意している者」と併せて議決権の過半数を所有
　② 役員または使用人（過去にこれらであった者を含む）で自己が他の企業の財務及び営業または事業の方針の決定に影響を与えることができる者が、当該他の企業の取締役会等の構成員の過半数を占めている
　③ 他の企業の重要な財務及び営業または事業の方針の決定を支配する契約等が存在する
　④ 他の企業の資金調達額の総数の過半を融資している

⑤ そのほか他の企業の意思決定機関を支配していることが推測される事実が存在する
(3) 自己の議決権が40％未満だが、「緊密な者」及び「同意している者」と併せて議決権の過半数を所有している企業でかつ、上記(2)②〜⑤のいずれかの要件に該当する企業

「緊密な者」「同意している者」の定義は次のとおりです（「連結財務諸表における子会社及び関連会社の範囲の決定に関する適用指針」（企業会計基準適用指針第22号）8項）。

用　語	定　義
緊密な者	自己と出資、人事、資金、技術、取引等において緊密な関係があることにより自己の意思と同一の内容の議決権を行使すると認められる者
同意している者	自己の意思と同一の内容の議決権を行使することに同意していると認められる者

なお、上記(1)〜(3)に該当する場合でも、更生会社、破産会社その他これらに準ずる企業であって、かつ、有効な支配従属関係が存在しないと認められる企業は除かれます。

4-4 連結財務諸表作成における一般原則

一般原則として、以下の4つの原則が規定されています。
① 連結財務諸表は、企業集団の財政状態、経営成績及びキャッシュ・フローの状況に関して真実な報告を提供するものでなければならない（9項）

② 連結財務諸表は、企業集団に属する親会社及び子会社が一般に公正妥当と認められる企業会計の基準に準拠して作成した個別財務諸表を基礎として作成しなければならない（10項）

③ 連結財務諸表は、企業集団の状況に関する判断を誤らせないよう、利害関係者に対し必要な財務情報を明瞭に表示するものでなければならない（11項）

④ 連結財務諸表作成のために採用した基準及び手続は、毎期継続して適用し、みだりにこれを変更してはならない（12項）

4-5 連結財務諸表作成における一般基準

連結財務諸表作成における一般基準として、以下の事項が規定されています。

項　目	内　容
連結の範囲	① 親会社は原則としてすべての子会社を連結の範囲に含めます（13項） ② 以下の子会社は連結に含めません（14項） ●支配が一時的と認められる企業 ●連結することで利害関係者の判断を著しく誤らせるおそれがある企業 ③ 重要性の乏しい小規模子会社は連結範囲に含めないことができます（注3）
連結決算日	① 連結財務諸表の作成に関する期間は1年で、親会社の会計期間に基づき、年1回一定の日をもって連結決算日とします（15項） ② 子会社の決算日が連結決算日と異なる場合、子会社は、連結決算日に正規の決算に準ずる合理的な手続により決算を行います（16項）

	③ 子会社の決算日と連結決算日の差異が3か月を超えない場合、子会社の正規の決算を基礎として連結決算を行うことができます。この場合、連結会社間の取引に係る会計記録の重要な不一致について、必要な調整を行います（注4）
親会社及び子会社の会計処理の原則及び手続	同一環境下で行われた同一の性質の取引等について、親会社及び子会社が採用する会計処理の原則及び手続は、原則として統一します（17項）

在外子会社の会計処理

在外子会社の財務諸表が、IFRS または米国会計基準に準拠して作成されている場合には、当面の間、それらを連結決算手続上利用することができます。ここでいう在外子会社の財務諸表には、所在地国で法的に求められるものや外部に公表されるものに限らず、連結決算手続上利用するために内部的に作成されたものも含まれます。

その場合であっても、次に示す項目については、当該修正額に重要性が乏しい場合を除き、連結決算手続上、当期純利益が適切に計上されるよう当該在外子会社の会計処理を修正しなければなりません。

項　　目	会計処理
のれんの償却	在外子会社におけるのれんは、連結決算手続上、その計上後20年以内の効果の及ぶ期間にわたって、定額法その他の合理的な方法により規則的に償却し、当該金額を当期の費用とするよう修正する
退職給付会計における数理計算上の差異の費用処理	在外子会社において、退職給付会計における数理計算上の差異を純資産の部に直接計上している場合には、連結決算手続上、当該金額を平均残存勤務期間以内の一定の年数で規則的に処理することにより、当期の損益となるよう修正する

研究開発費の支出時費用処理	在外子会社において、「研究開発費等に係る会計基準」の対象となる研究開発費に該当する支出を資産に計上している場合には、連結決算手続上、当該金額を支出時の費用となるよう修正する
投資不動産の時価評価及び固定資産の再評価	在外子会社において、投資不動産を時価評価している場合または固定資産を再評価している場合には、連結決算手続上、取得原価を基礎として、正規の減価償却によって算定された減価償却費が計上されるよう修正する
少数株主損益の会計処理	在外子会社における当期純利益に少数株主損益が含まれている場合には、連結決算手続上、当該少数株主損益を加減し、当期純利益が親会社持分相当額となるよう修正する

なお、上記以外についても、明らかに合理的でないと認められる場合には、連結決算手続上で修正を行う必要があります(「連結財務諸表作成における在外子会社の会計処理に関する当面の取扱い」(実務対応報告第18号))。

4-6 連結貸借対照表の作成基準

1 連結貸借対照表の基本原則

連結貸借対照表の基本原則として以下の事項が規定されています。

① 連結貸借対照表は、親会社及び子会社の個別貸借対照表における資産、負債及び純資産の金額を基礎とし、子会社の資産及び負債の評価、連結会社相互間の投資と資本及び債権と債務の相殺消去等の処理を行って作成します(18項)。

② 連結貸借対照表の作成に関する会計処理における企業結合及び事業分離等に関する事項のうち、本会計基準に定めのない事項については、「企業結合に関する会計基準」(企業会計基準第21号)や「事業分

離等に関する会計基準」(企業会計基準第7号)の定めに従って会計処理します (19項)。

2 子会社の資産及び負債の評価

子会社の資産及び負債の評価は以下のように行います。
なお、「部分時価評価法」は認められず、「全面時価評価法」に統一されています。

項　目	取扱い
全面時価評価法	① 支配獲得日において、子会社の資産及び負債のすべてを支配獲得日の時価により評価します (20項) ② 支配獲得日、株式の取得日または売却日等が子会社の決算日以外の日である場合には、当該日の前後いずれかの決算日に支配獲得、株式の取得または売却等が行われたものとみなして処理することができます (注5)
評価差額	① 子会社の資産及び負債の時価による評価額と当該資産及び負債の個別貸借対照表上の金額との差額は、子会社の資本とします (21項) ② 評価差額に重要性が乏しい子会社の資産及び負債は、個別貸借対照表上の金額によることができます (22項)

3 投資と資本の相殺消去

親会社の子会社に対する投資とこれに対応する子会社の資本の相殺消去は以下のように行います。

(1) 親会社の子会社に対する投資の金額は、支配獲得日の時価によります (23項)。

(2) 子会社の資本は、子会社の個別貸借対照表上の純資産の部における株主資本及び評価・換算差額等と評価差額からなります（23項）。

(3) 相殺消去にあたり、差額が生じる場合には、当該差額をのれん（または負ののれん）とします（24項）。

(4) のれん（または負ののれん）は、「企業結合に関する会計基準」（企業会計基準第21号）32項（または33項）に従って会計処理します（24項）。

(5) 子会社相互間の投資とこれに対応する他の子会社の資本とは、親会社の子会社に対する投資とこれに対応する子会社の資本との相殺消去に準じて相殺消去します（25項）。

(6) 支配獲得日において算定した子会社の資本のうち親会社に帰属する部分を投資と相殺消去し、支配獲得日後に生じた子会社の利益剰余金及び評価・換算差額等のうち親会社に帰属する部分は、利益剰余金及び評価・換算差額等として処理します（注6）。

4 少数株主持分

少数株主持分の取扱いは以下のとおりです。

項　　目	取扱い
少数株主持分 （26項）	子会社の資本のうち親会社に帰属しない部分は、少数株主持分とします
子会社が欠損の場合（27項）	① 子会社の欠損のうち、当該子会社に係る少数株主持分に割り当てられる額が当該少数株主の負担すべき額を超える場合には、当該超過額は、親会社の持分に負担させます ② この場合、その後に利益が計上されたときは、親会社が負担した欠損が回収されるまで、その利益の金額を親会社の持分に加算します

5 子会社株式の追加取得及び一部売却等

子会社株式の追加取得及び一部売却等の会計処理は以下のとおりです。

項　目	会計処理
追加取得（28項）	① 追加取得した株式（出資金を含む）に対応する持分を少数株主持分から減額し、追加取得により増加した親会社の持分（「追加取得持分」）を追加投資額と相殺消去します ② 追加取得持分と追加投資額との間に生じた差額は、のれん（または負ののれん）として処理します ③ 追加取得の結果、負ののれんが生じる場合、当該差額が生じた事業年度の利益として処理します（注8）
一部売却（29項）	〈売却後も子会社の場合〉 ① 売却した株式に対応する持分を親会社の持分から減額し、少数株主持分を増額します ② 売却による親会社の持分減少額（以下、売却持分）と投資の減少額との間に生じた差額は、子会社株式の売却損益の修正として処理します ③ 売却にともなうのれんの償却額も同様に処理します 〈売却後、子会社及び関連会社に該当しなくなる場合〉 連結財務諸表上、残存する当該投資会社に対する投資は、個別貸借対照表上の帳簿価額をもって評価します
時価発行増資等（30項）	① 時価発行増資等にともない、親会社の払込額と親会社の持分の増減額との間に差額が生じた場合、当該差額を損益として処理します ② 利害関係者の判断を著しく誤らせるおそれがあると認められる場合、利益剰余金に直接加減することができます

4-7 連結損益計算書等の作成基準

1 連結損益計算書等の基本原則

　連結損益及び包括利益計算書または連結損益計算書及び連結包括利益計算書は、親会社及び子会社の個別損益計算書における収益、費用等の金額を基礎とし、連結会社相互間の取引高の相殺消去及び未実現損益の消去等の処理を行って作成します（34項）。

　なお、「包括利益の表示に関する会計基準」（企業会計基準第25号）が公表されたことにより、「連結損益計算書」の記載は「連結損益及び包括利益計算書」または「連結損益計算書及び連結包括利益計算書」と修正されています。

2 連結会社相互間の取引高の相殺消去

　連結会社間における商品の売買その他の取引に係る項目は、相殺消去します（35項）。会社相互間取引が連結会社以外の企業を通じて行われている場合でも、その取引が実質的に連結会社間の取引であることが明確であるときは、連結会社間取引とみなして処理します（注12）。

3 未実現損益の消去

未実現損益の消去の会計処理は以下のとおりです。
(1)　連結会社相互間の取引によって取得した棚卸資産、固定資産その他の資産に含まれる未実現損益は、その全額を消去します（36項）。
(2)　未実現損失は、売手側の帳簿価額のうち、回収不能と認められる部

分は消去しません（36項）。

(3) 未実現損益の金額に重要性が乏しい場合、これを消去しないことができます（37項）。

(4) 売手側の子会社に少数株主が存在する場合、未実現損益は、親会社と少数株主の持分比率に応じて、親会社の持分と少数株主持分に配分します（38項）。

4-8 連結株主資本等変動計算書及び連結キャッシュ・フロー計算書の作成

連結株主資本等変動計算書は、「株主資本等変動計算書に関する会計基準」（企業会計基準第6号）に従い作成します（41項）。詳細は本書第4章第2節をご参照ください。

連結キャッシュ・フロー計算書は、「連結キャッシュ・フロー計算書等の作成基準」（平成10年3月 企業会計審議会）に従い作成します（42項）。

4-9 表示方法

1 連結貸借対照表

連結貸借対照表には、資産の部、負債の部及び純資産の部を設けます（32項）。

大区分	中区分
資産の部	流動資産、固定資産及び繰延資産に区分し、固定資産は有形固定資産、無形固定資産及び投資その他の資産に区分します

負債の部	流動負債及び固定負債に区分します
純資産の部	「貸借対照表の純資産の部の表示に関する会計基準」(企業会計基準第5号)に従います(本書第2章第5節参照)

連結貸借対照表の表示方法について、以下の規定があります (33項)。

(1) 流動資産、有形固定資産、無形固定資産、投資その他の資産、繰延資産、流動負債及び固定負債は、一定の基準に従い、その性質を示す適当な名称を付した科目に明瞭に分類して記載します。

(2) 非連結子会社及び関連会社に対する投資は、他の項目と区別して記載し、または注記の方法により明瞭に表示します。

(3) 利益剰余金のうち、減債積立金等外部者との契約による特定目的のために積み立てられたものがあるときは、その内容及び金額を注記します。

(4) 科目の分類は、個別財務諸表における科目の分類を基礎とするが、企業集団の財政状態について誤解を生じさせない限り、科目を集約して表示することができます (注11)。

2 連結損益計算書等

連結損益及び包括利益計算書または連結損益計算書及び連結包括利益計算書は、営業損益計算、経常損益計算及び純損益計算に区分します (39項)。

計算区分	摘要
営業損益	① 売上高−売上原価=売上総利益 ② 売上総利益−販売費及び一般管理費=営業利益

経常損益	営業利益＋営業外収益－営業外費用＝経常利益
純損益	① 経常利益±特別損益＝税金等調整前当期純利益 ② 税金等調整前当期純利益－法人税等（法人税等調整額を含む） 　＝少数株主損益調整前当期純利益 ③ 少数株主損益調整前当期純利益±少数株主損益＝当期純利益

　連結損益及び包括利益計算書または連結損益計算書及び連結包括利益計算書の表示方法について、以下の規定があります。
① 販売費及び一般管理費、営業外収益、営業外費用、特別利益及び特別損失は、一定の基準に従い、その性質を示す適当な名称を付した科目に明瞭に分類します（40項）。
② 科目の分類は、個別財務諸表における科目の分類を基礎とするが、企業集団の経営成績について誤解を生じさせない限り、科目を集約して表示することができます（注13(1)）。
③ 主たる営業として製品または商品の販売と役務の給付がある場合、売上高及び売上原価を製品等の販売に係るものと役務に係るものとに区分します（注13(2)）。

3 連結財務諸表の注記事項

連結財務諸表には、次の事項を注記します（43項）。

注記事項	内容
連結の範囲等	① 連結範囲に含めた子会社、非連結子会社に関する事項 ② その他連結の方針に関する重要な事項及びこれらに重要な変更があったときは、その旨及びその理由

決算期の異なる子会社	当該決算日及び連結のため当該子会社について特に行った決算手続の概要
会計処理の原則及び手続等	①　重要な資産の評価基準及び減価償却方法等 ②　上記①について変更があったときは、その旨、その理由及びその影響 ③　子会社の採用する会計処理の原則及び手続で親会社及びその他の子会社との間で特に異なるものがあるときは、その概要
企業集団の財政状態、経営成績及びキャッシュ・フローの状況を判断するために重要なその他の事項	その他の事項には、以下のようなものがあります。 ● 重要な後発事象の注記（注14） ● 企業結合及び事業分離等に関する注記事項（注15） 当期に新たに子会社を連結に含めた場合や子会社株式の追加取得及び一部売却等があった場合、重要性が乏しいときを除き、以下の事項を注記します。 ● 企業結合に関する会計基準 49～55 項 ● 事業分離等に関する会計基準 54～56 項

「会計上の変更及び誤謬の訂正に関する会計基準」（企業会計基準第24号）が公表されたことにより、上記図表中の「会計処理の原則及び手続等」の②に記載の内容が、平成22年6月改正で同会計基準に従った注記事項、と修正されています。

4-10 適用時期等

平成20年12月に公表された「連結財務諸表に関する会計基準」（以下、平成20年連結会計基準）の適用時期は次のとおりです（44項）。

- 平成22年4月1日以後実施される企業結合及び事業分離等に関する会計処理及び注記事項から適用（早期適用可）

● その他連結財務諸表に係る事項については、平成22年4月1日以後開始する連結会計年度の期首から適用（早期適用可）

　平成22年改正については、「包括利益の表示に関する会計基準」に関連する改正は平成23年3月期から適用され、「会計上の変更及び誤謬の訂正に関する会計基準」に関する改正は平成23年4月1日以後開始する連結会計年度から適用されます（44、44-2項）。
　なお、以下の点にご留意ください。
① 平成20年連結会計基準の適用前に実施された企業結合及び事業分離等に関する会計処理及び注記事項についての従前の取扱いは、平成20年連結会計基準の適用後においても継続し、平成20年連結会計基準の適用日における会計処理の見直し及び遡及的な処理は行いません。
② ただし、従来、部分時価評価法により評価していた子会社については、その他連結財務諸表に係る事項についての適用初年度の期首において、部分時価評価法により計上されてきた評価差額を、全面時価評価法による評価差額の親会社持分額として引き継ぎ、変更により新たに計上すべき評価差額の少数株主持分額は、親会社持分額をもとに、当該日における持分比率により算定することとされています。
③ 平成20年連結会計基準の適用初年度においては、会計基準の変更にともなう会計方針の変更として取り扱います。なお、上記②による影響を除き、会計方針の変更による影響額の注記は要しないこととされています。

第5節

企業会計基準第16号
持分法に関する会計基準

決算書作成実務に与える影響

決算手続の流れ

期　首

期　中

四半期決算
- 持分法適用の基本となる会計基準として四半期決算の持分法に影響を与える

期　中

年度末

個別決算手続

連結決算手続
- 関連会社の定義
- 持分法の会計処理
- 関連会社等に該当しなくなった場合の会計処理

開示書類作成
- 持分法による投資損益の表示
- 持分法に係る注記

POINT

1. 本会計基準は、持分法に関する会計処理及び開示を定めており、持分法適用にあたって基本となる会計基準です。

2. 主として以下の事項が定められています。
    (1) 関連会社の範囲（影響力基準）
    (2) 投資会社による持分法の会計処理
    (3) 被投資会社の財務諸表等
    (4) 持分法に関する会計処理
    (5) 持分法に関する表示及び注記事項

3. 投資会社及び持分法適用会社の会計処理及び手続は原則として統一することが明確にされました。

4. 本会計基準は、平成22年4月1日以後開始する連結会計年度及び事業年度から適用されます。ただし、平成22年3月31日以前に開始する連結会計年度及び事業年度から適用することができます。

5. 平成20年12月改正（投資に含められる負ののれんは発生年度の利益として処理）は、平成22年4月1日以後実施される非連結子会社及び関連会社に対する投資に係る会計処理から適用されます。ただし、平成21年4月1日以後開始する連結会計年度及び事業年度から適用することができます。

5-1 本会計基準の目的

本会計基準は、持分法に関する会計処理及び開示を定めることを目的としています。なお、持分法の会計処理及び開示ならびに関連会社の定義については以下の基準にも定めがありますが、当該事項に関しては、本会計基準が優先して適用されます（1項）。

- 「連結財務諸表原則」（連結財務諸表原則注解を含む）
- 「連結財務諸表制度における子会社及び関連会社の範囲の見直しに係る具体的な取扱い」（平成10年10月 企業会計審議会）

本会計基準の適用にあたっては、以下も参照する必要があります（2項）。

- 「貸借対照表の純資産の部の表示に関する会計基準等の適用指針」（企業会計基準適用指針第8号）
- 「連結財務諸表における子会社及び関連会社の範囲の決定に関する適用指針」（企業会計基準適用指針第22号）
- 「持分法会計に関する実務指針」（日本公認会計士協会 会計制度委員会報告第9号）

5-2 本会計基準の適用範囲

本会計基準の適用範囲は以下のとおりです（3項）。

- 連結財務諸表を作成する場合
- 連結財務諸表を作成していないが、個別財務諸表において持分法を適用して算定された財務情報に係る注記を行う場合

5-3 用語の定義

本会計基準の用語の定義は以下のとおりです。

用　　語	定　　義
持分法（4項）	投資会社が被投資会社の資本及び損益のうち投資会社に帰属する部分の変動に応じて、その投資の額を連結決算日ごとに修正する方法
企業（4-2項）	●会社及び会社に準ずる事業体 ●会社、組合その他これらに準ずる事業体（外国におけるこれらに相当するものも含まれます）
関連会社（5項）	企業（当該企業が子会社を有する場合には、当該子会社を含む）が、出資、人事、資金、技術、取引等の関係を通じて、子会社以外の他の企業の財務及び営業または事業の方針の決定に対して重要な影響を与えることができる場合における当該子会社以外の他の企業

5-4 関連会社（影響力基準）

上記図表中の関連会社の定義における「子会社以外の他の企業の財務及び営業または事業の方針の決定に対して重要な影響を与えることができる場合」とは以下の場合をいいます（5-2項）。

《影響力基準》
(1) 議決権の20％以上を所有している
(2) 議決権の15％以上20％未満を所有しており、かつ以下の①〜⑤のいず

れかの要件に該当する
① 　役員もしくは使用人（過去にこれらであった者を含む）で自己が子会社以外の他の企業の財務及び営業または事業の方針の決定に関して影響を与えることができる者が、当該子会社以外の他の企業の代表取締役、取締役またはこれらに準ずる役職に就任している
② 　重要な融資（債務保証、担保提供を含む）を行っている
③ 　重要な技術を提供していること
④ 　重要な販売、仕入れその他の営業上または事業上の取引がある
⑤ 　その他財務及び営業または事業の方針の決定に対して重要な影響を与えることができると推測される事実が存在する
(3) 「緊密な者」及び「同意している者」が所有している議決権を合わせて20％以上を所有しており、かつ上記(2)の①〜⑤のいずれかの要件に該当する

　ただし、財務上及び営業上または事業上の関係から見て子会社以外の他の企業の財務及び営業または事業の方針の決定に対して重要な影響を与えることができないことが明らかであると認められるときは関連会社に該当しません。

5-5 持分法の適用範囲

　非連結子会社及び関連会社に対する投資については、原則として持分法を適用します。ただし、持分法の適用により、連結財務諸表に重要な影響を与えない場合には、持分法の適用会社としないことができます（6項）。

1 重要な影響を与えない場合

　重要性の観点から、非連結子会社及び関連会社に対する投資に対して持分法を適用しないことが認められる場合とは、具体的には、「連結の範囲及び持分法の適用範囲に関する重要性の原則の適用等に係る監査上の取扱い」（監査委員会報告第52号）に基づいて判断することになります（「持分法会計に関する実務指針」（会計制度委員会報告第9号）3項）。

　この取扱いでは、「企業集団における個々の非連結子会社等の特性並びに、少なくとも利益及び利益剰余金に与える影響をもって判断すべきもの」とされており（同上監査上の取扱い5項）、具体的な数値基準は示されていません。

2 関連会社の子会社または関連会社の取扱い

　関連会社である持分法適用会社が子会社または関連会社を有する場合、当該子会社または関連会社は持分法の適用範囲には含まれません。

　ただし、当該子会社または関連会社に対する投資について持分法を適用して認識した損益または利益剰余金が連結財務諸表に重要な影響を与える場合は、当該損益を当該持分法適用会社の損益に含めて計算します。

　なお、非連結子会社である持分法適用会社の子会社または関連会社は持分法の適用範囲に含まれます（「持分法会計に関する実務指針」3項）。

《関連会社の子会社または関連会社の取扱い》
原則：関連会社の子会社または関連会社は持分法の適用範囲に含みません。
例外：当該子会社または関連会社について持分法を適用した場合に連結財務諸表に重要な影響（損益または利益剰余金）を与える場合、持分法適用会社の損益に含めて計算します。

5-6 被投資会社の財務諸表

1 適正な財務諸表

被投資会社の財務諸表は、適正な修正や資産及び負債の評価にともなう税効果会計の適用等、原則として、連結子会社の場合と同様の処理を行います（8項）。

2 会計処理の統一

同一環境下で行われた同一の性質の取引等について、投資会社（その子会社を含む）及び持分法を適用する被投資会社が採用する会計処理の原則及び手続は、原則として統一します（9項）。

なお、会計処理の原則及び手続の統一にあたっては、原則的な取扱いによるほか、当面の間、監査・保証実務委員会報告第56号「親子会社間の会計処理の統一に関する当面の監査上の取扱い」（日本公認会計士協会）に定める会計処理の統一に関する取扱いに準じて行うことができます。

また、在外関連会社については、当面の間、「連結財務諸表作成における在外子会社の会計処理に関する当面の取扱い」（実務対応報告第18号）に準じて行うことができます。

3 持分法適用会社の決算期と連結決算日が異なる場合

投資会社は、被投資会社の直近の財務諸表を使用します。投資会社と被投資会社の決算日に差異があり、その差異の期間内に重要な取引または事象が発生しているときには、必要な修正または注記を行います（10項）。

5-7 持分法の会計処理

持分法の会計処理は以下のとおりです。

項　目	会計処理
のれん（負ののれん）（11項）	● 投資会社の投資日における投資とこれに対応する被投資会社の資本との間に差額がある場合には、当該差額はのれんまたは負ののれんとし、のれんは投資に含めて処理します ● のれん（負ののれん）の会計処理は、「企業結合に関する会計基準」（企業会計基準第21号）に準じて行います（本書第2章第3節参照）
持分法損益（12項）	投資会社は、投資の日以降における被投資会社の利益または損失のうち投資会社の持分または負担に見合う額を算定して、投資の額を増額または減額し、当該増減額を当期純利益の計算に含めます
未実現損益（13項）	投資の増減額の算定にあたっては、連結会社（親会社及び連結される子会社）と持分法の適用会社との間の取引に係る未実現損益を消去するための修正を行います
配当金（14項）	被投資会社から配当金を受け取った場合には、当該配当金に相当する額を投資の額から減額します

5-8 関連会社等に該当しなくなった場合の会計処理

　関連会社に対する投資の売却等により被投資会社が関連会社に該当しなくなった場合には、連結財務諸表上、残存する当該被投資会社に対する投資は、個別貸借対照表上の帳簿価額をもって評価します。

　持分法の適用対象となる非連結子会社に対する投資の売却等により、当

該被投資会社が子会社及び関連会社に該当しなくなった場合も同様に処理します（15項）。

5-9 開　示

1 表　示

連結財務諸表上、持分法による投資損益は、投資に係る損益であることを重視して営業外収益または営業外費用の区分に一括して表示します(16項)。

2 注記事項

連結財務諸表には、次の事項を注記します（17項）。

(1) 持分法を適用した非連結子会社及び関連会社の範囲に関する事項及びこれらに重要な変更があったときは、その旨及びその理由
(2) 持分法の適用の手続について特に記載する必要があると認められる事項がある場合には、その内容

5-10 適用時期等

本会計基準は、平成22年4月1日以後開始する事業年度から適用されますが、詳細は次頁のとおりです（18、18-2項）。

規　　定	適用時期等
平成20年3月公表の本会計基準	平成22年4月1日以後開始する連結会計年度及び事業年度から適用（早期適用可）
平成20年12月に改正された項目（投資に含まれる負ののれんは発生年度の利益として処理）	平成22年4月1日以後実施される非連結子会社及び関連会社に対する投資に係る会計処理から適用（早期適用可）。早期適用の場合、以下の基準も適用します ●「企業結合に関する会計基準」（企業会計基準第21号） ●「連結財務諸表に関する会計基準」（企業会計基準第22号） ●「『研究開発費等に係る会計基準』の一部改正」（企業会計基準第23号） ●「事業分離等に関する会計基準」平成20年改正分（企業会計基準第7号）

　なお、平成20年12月改正の適用初年度においては、会計基準の変更にともなう会計方針の変更として取り扱います。ただし、会計方針の変更による影響額の注記は要しません。

第6節

企業会計基準第23号
『研究開発費等に係る会計基準』の一部改正

決算書作成実務に与える影響

決算手続の流れ

期　首

期　中

➢ 企業結合により被取得企業から受け入れた資産について研究開発費等会計基準の適用範囲から除外する改正

四半期決算

期　中

➢ 企業結合により被取得企業から受け入れた資産について研究開発費等会計基準の適用範囲から除外する改正

年度末

個別決算手続

連結決算手続

開示書類作成

POINT

1. 「企業結合に関する会計基準」(企業会計基準第21号)において、企業結合の取得対価の一部を研究開発費等に配分して費用処理する会計処理を廃止したため、企業結合により被取得企業から受け入れた資産(受注制作、市場販売目的及び自社利用のソフトウェアを除く)については、「研究開発費等に係る会計基準」の適用範囲から除外する改正が行われました。
2. 平成22年4月1日以後実施される企業結合及び事業分離等から適用されます。
3. 以下の基準と併せて、平成21年4月1日以後開始する事業年度において最初に実施される企業結合及び事業分離等から適用することができます。
    - 平成20年改正の「企業結合に関する会計基準」(企業会計基準第21号)
    - 平成20年改正の「事業分離等に関する会計基準」(企業会計基準第7号)

6-1 本会計基準の目的

本会計基準は、「研究開発費等に係る会計基準」(「研究開発費等に係る会計基準注解」を含む。以下、研究開発費等会計基準)のうち、「六 適用範囲」を改正することを目的としています(1項)。

6-2 改正内容

「研究開発費等会計基準」の「六 適用範囲」に次の定めを追加しています(2項)。

- 企業結合により被取得企業から受け入れた資産(受注制作、市場販売目的及自社利用のソフトウェアを除く)については適用しない。

6-3 改正理由

研究開発費等会計基準では研究開発費は、すべて発生時に費用として処理することになります。そのため、従来の「企業結合に関する会計基準」(企業会計基準第21号)では、取得企業が取得対価の一部を研究開発費等(ソフトウェアを含む)に配分した場合、当該金額を配分時に費用処理することとされていました。

しかしながら、平成20年に改正された「企業結合に関する会計基準」(企業会計基準第21号)では、企業結合の取得対価の一部を研究開発費等に配分して費用処理する会計処理を廃止したため、企業結合により被取得企業から受け入れた資産については、受注制作、市場販売目的及び自社利用

のソフトウェアに係る会計処理を除き、研究開発費等会計基準の定めの例外的な取扱いとすることが適当であると考えられたためです（6項）。

6-4 適用時期等

　本会計基準は、平成22年4月1日以降実施される企業結合及び事業分離等から適用されます。

　ただし、本会計基準は、以下の基準と併せて、平成21年4月1日以後開始する事業年度において最初に実施される企業結合及び事業分離等から適用することができます。

- 平成20年改正の「企業結合に関する会計基準」（企業会計基準第21号）
- 平成20年改正の「事業分離等に関する会計基準」（企業会計基準第7号）

　また、本会計基準の適用前に実施された企業結合に係る従前の取扱いは、本会計基準の適用後においても継続し、本会計基準の適用日における会計処理の見直し及び遡及的な処理は行いません（3項）。

第2章

平成23年3月期から
一部改正が新たに適用される会計基準

第1節

企業会計基準第9号
棚卸資産の評価に関する会計基準

決算書作成実務に与える影響

決算手続の流れ

期　首

期　中

四半期決算

期　中

年度末

個別決算手続
- 棚卸資産の評価方法
- 収益性の低下による簿価切下処理
- 平成20年改正（後入先出法の廃止）の適用初年度の会計処理

連結決算手続

開示書類作成
- 棚卸資産の損益に係る表示
- 収益性低下による簿価切下額の表示または注記
- 平成20年改正（後入先出法の廃止）の適用初年度に係る注記

POINT

1. 本会計基準は、棚卸資産の評価方法、評価基準及び開示についてを定めています。

2. 棚卸資産であっても、売買目的有価証券や市場販売目的のソフトウェアのように他の会計基準において取扱いが示されているものは、該当する他の会計基準の定めに従い会計処理を行います。

3. 棚卸資産の評価方法は、以下の中から選択することができます。
   (1) 個別法　　　(2) 先入先出法
   (3) 平均原価法　(4) 売価還元法

4. 通常の販売目的で保有する棚卸資産は、期末における正味売却価額が取得価額よりも下落している場合には、当該正味売却価額をもって貸借対照表価額とします。

5. トレーディング目的で保有する棚卸資産は、市場価格に基づく価額をもって貸借対照表価額とします。

6. 平成20年9月改正で、従来認められていた後入先出法を選択することが認められなくなりました。この平成20年改正は平成22年4月1日以後開始事業年度から適用されています。

7. 上記6.について、適用初年度の取扱いが定められています。
   (1) 後入先出法から他の方法への評価方法の変更の影響額が多額の場合、適用初年度期首における棚卸資産の帳簿価額合計額とその時点の再調達原価合計額の差額(適用初年度期首時点の棚卸資産の保有損益相当額)のうち、当期の損益に計上された額を特別損益に表示できます。
   (2) 当該変更による影響額の算定について簡便的な方法

8. 平成20年9月改正以外は平成23年3月期以前から適用されています。

1-1 本会計基準の目的

本会計基準は、棚卸資産の評価方法、評価基準及び開示について定めることを目的としています（1項）。

なお、「企業会計原則」及び「原価計算基準」にも同様の項目に関する定めがありますが、本会計基準が優先して適用されます（2項）。

1-2 用語の定義

用　語	定　義
棚卸資産 （3、31、32項）	●商品、製品、半製品、原材料、仕掛品等の資産であり、企業の営業目的を達成するために所有し、かつ、売却を予定する資産 ●売却を予定しない資産であっても、販売活動及び一般管理活動において短期間に消費される事務用消耗品等も含まれます ●売却には、通常の販売のほか、活発な市場が存在することを前提として、市場価格の変動により利益を得ることを目的とするトレーディングを含みます ●未成工事支出金等、注文生産や請負作業についての仕掛中のものも含まれます ●販売用不動産や開発用事業等支出金も棚卸資産であり、本会計基準の適用対象に含まれます
時価（4項）	●公正な評価額であり、市場価格に基づく価額 ●市場価格が観察できない場合、合理的に算定された価額を公正な評価額とします

時価には、以下の2つがあります。

用語	定義
正味売却価額 （5項）	●売価（購買市場と売却市場とが区別される場合における売却市場の時価）から見積追加製造原価及び見積販売直接経費を控除したもの ○「購買市場」：当該資産を購入する場合に企業が参加する市場 ○「売却市場」：当該資産を売却する場合に企業が参加する市場
再調達原価 （6項）	購買市場と売却市場とが区別される場合における購買市場の時価に、購入に付随する費用を加算したもの

《正味売却価額と再調達原価》
正味売却価額 ＝ 売却市場の時価 － 見積追加製造原価 － 見積販売直接経費
再調達原価 ＝ 購買市場の時価 ＋ 付随費用

　見積追加製造原価及び見積販売直接経費が売価を超える場合、正味売却価額がマイナスとなりますが、その場合は棚卸資産の評価をゼロまで切り下げたうえで、引当金の要件を満たす場合には当該マイナス部分について引当金の計上の要否の検討を行う等の実務が考えられます。

1-3 棚卸資産の評価方法

1 選択できる評価方法

　棚卸資産の取得原価は、原則として購入代価または製造原価に引取費用等の付随費用を加算することで算定されます。また、棚卸資産の評価方法

は次の評価方法から選択適用し、売上原価等の払出原価と期末棚卸資産の価額算定が行われます（6-2項）。

評価方法は、事業の種類、棚卸資産の種類、その性質及びその使用方法等を考慮した区分ごとに選択し、継続して適用することが求められます（6-3項）。

評価方法	内容
個別法	取得原価の異なる棚卸資産を区別して記録し、その個々の実際原価によって期末棚卸資産の価額を算定する方法
先入先出法	最も古く取得されたものから順次払出しが行われ、期末棚卸資産は最も新しく取得されたものからなるとみなして期末棚卸資産の価額を算定する方法
平均原価法	取得した棚卸資産の平均原価を算出し、この平均原価によって期末棚卸資産の価額を算定する方法（総平均法または移動平均法）
売価還元法	値入率等の類似性に基づく棚卸資産のグループごとの期末の売価合計額に、原価率を乗じて求めた金額を期末棚卸資産の価額とする方法

2 最終仕入原価法

一部の企業では棚卸資産の評価方法として最終仕入原価法が採用されていますが、この評価方法は最終仕入原価によって期末棚卸資産の価額を算定する方法です。この方法は棚卸資産の評価方法として本会計基準では定められていません。最終仕入原価法によれば、期末棚卸資産の一部だけが実際取得原価で評価されるものの、その他の部分は時価に近い価額で評価されることとなる場合が多いと考えられ、無条件に取得原価基準に属する方法として認めることは適当ではないためです。

このため、期末棚卸資産の大部分が最終の仕入価格で取得されていると

きのように期間損益の計算上弊害がないと考えられる場合や、期末棚卸資産に重要性が乏しい場合においてのみ容認される方法と考えられます(34-4項)。

3 後入先出法の廃止にともなう評価方法の変更

　本会計基準は平成20年9月に改正され、平成22年4月1日以後開始する事業年度から、従来認められていた後入先出法を選択することが認められなくなりました。

　後入先出法のメリット・デメリットについてはこれまでさまざまな議論がなされてきましたが、IAS第2号「棚卸資産」において棚卸資産の評価方法として後入先出法が認められていないことなどもあり、IFRSへのコンバージェンスの一環として後入先出法が廃止されることとなりました(34-8、34-12項)。

❶ 後入先出法からの変更による影響額の特例処理

　後入先出法から118頁**1**に定める評価方法への変更が必要となりますが、当該変更の影響額が多額となる場合、改正の適用初年度の期首における棚卸資産の帳簿価額合計額とその時点の再調達原価合計額の差額（適用初年度の期首の棚卸資産に係る保有損益相当額）のうち当期の損益に計上された額を、特別損益に表示することができます(21-3項)。

❷ 後入先出法からの変更による影響額の注記の特例

　当該変更が財務諸表に与える影響を記載する際には、後入先出法を適用した場合の損益と変更後の評価方法による損益との差額に代えて、払い出した棚卸資産の帳簿価額合計額（売上原価）と払出時点の再調達原価合計額の差額（当期の損益に含まれる棚卸資産の保有損益相当額）を、当該会計方

針の変更の影響として注記することができます。

この場合、当該保有損益相当額の算定方法の概要及び当該保有損益相当額の算定に含めた棚卸資産の範囲等に関する事項を併せて注記します（21-4項）。

> **【設例】適用初年度の特例**
>
> 　後入先出法から総平均法へと変更するケースで、適用初年度の期首における再調達単価が29円、払出時における再調達単価が25円であった場合、前項❶及び❷で定められている金額はそれぞれ以下のとおりとなります。
>
> 　なお、以下の図表中の払出単価及び期末残高の単価27円は総平均法による算出結果（(75,000＋600,000)円／(5,000＋20,000)個＝27円）であり、それ以外の数量、単価については所与のものとします。
>
> （単位：円）
>
> | | 受入
（数量×単価） | 払出
（数量×単価） | 残高
（数量×単価） |
> |---|---|---|---|
> | 期首残高 | | | 75,000
（＝5,000個×@15） |
> | 当期受払高及び期末残高 | 600,000
（＝20,000個×@30） | 405,000
（＝15,000個×@27） | 270,000
（＝10,000個×@27） |
>
> ◘ 上記❶による特別損益の算定
>
> 　期首保有利益相当額 70,000 円
>
> 　　＝再調達原価 145,000 円（5,000 個×29 円）－帳簿価額 75,000 円
>
> 　うち、当期の損益に計上された額
>
> 　特別損益 42,000 円
>
> 　　＝70,000 円×15,000 個÷(5,000 個＋20,000 個) 円
>
> ◘ 上記❷による会計方針の変更の影響額
>
> 　払出し帳簿価額合計額（売上原価）405,000 円

> 払出時点の再調達原価合計額 375,000 円
>
> ＝15,000 個×25 円
>
> 会計方針の変更の影響額△ 30,000 円
>
> ＝375,000 円－405,000 円

1-4 通常の販売目的で保有する棚卸資産の評価

　通常の販売目的（販売するための製造目的を含む）で保有する棚卸資産は、取得原価をもって貸借対照表価額とし、期末における正味売却価額が取得原価よりも下落している場合には、当該正味売却価額をもって貸借対照表価額とします。この場合において、取得原価と当該正味売却価額との差額は当期の費用として処理します（7項）。

《通常の販売目的で保有する棚卸資産の評価》

ケース	貸借対照表価額
取得価額＜期末時の正味売却価額	取得価額
取得価額＞期末時の正味売却価額	期末時の正味売却価額※

※取得価額と正味売却価額の差額は当期の費用として処理する

1 売却市場において市場価格が観察されない場合

　売却市場において市場価格が観察されないときには、合理的に算定された価額を売価とし、これには、期末前後での販売実績に基づく価額を用いる方法や、契約により取り決められた一定の売価を用いる場合を含みます（8項）。

❶ 合理的に算定された価額

　合理的に算定された価額を売価とする場合、実務上、どのように算定するかが問題となります。

　棚卸資産の陳腐化速度など、棚卸資産の内容、販売実態等を考慮して最も合理的な算定方法を決定することになりますが、最終販売実績や期末前1か月間等一定期間の平均売価等を用いて算定することが考えられます。

❷　期末の正味売却価額

　期末の売価に基づき正味売却価額を把握する場合、突発的な要因により、期末時点の正味売却価額が異常な水準となっているときは、期末時点の売価ではなく、期末付近の合理的な期間の平均的な売価に基づく正味売却価額によることが適当とされています（43項）。

　たとえば、期末直前に大幅な値引きを行った場合、期末の売価は大幅な値引きを行う前の売価に比して過小となっています。このような場合、値引きの内容を検討し、値引きが新旧商品の入替えや滞留傾向にある商品の処分等である場合、旧商品、滞留傾向商品については大幅な値引後の売価を正味売却価額とし、期間限定の大幅値引きで翌期以降は大幅な値引前の価格で販売する場合には、大幅な値引前の売価を正味売却価額にするなどの取扱いが考えられます。

❸ 正味売却価額を見積もる必要がない場合

　収益性が低下していないことが明らかであり、事務負担をかけて収益性の低下の判断を行うまでもないと認められる場合には、正味売却価額を見積もる必要はないとされています（48項）。

　たとえば、生鮮食品などの非常に短期に販売される棚卸資産については、その取得価額は期末直前に仕入れたものから構成されており、再調達原価の変動がほとんどなく、収益性も低下していないことが明らかな場合

は、正味売却価額を見積もる必要がないケースもあるものと考えます。

2 複数の売却市場に参加しうる場合

　企業が複数の売却市場に参加しうる場合には、実際に販売できると見込まれる売価を用います。また、複数の売却市場が存在し売価が異なる場合であって、棚卸資産をそれぞれの市場向けに区分できないときには、それぞれの市場の販売比率に基づいた加重平均売価等によります（11項）。

　企業が複数の売却市場に参加しうる場合とは、次のように特定の棚卸資産に関して企業自身が複数の販売経路を有しており、その販売経路ごとに売価が異なる場合をいいます（51項）。

(1)　消費者への直接販売と代理店経由の間接販売
(2)　正規販売とアウトレット販売
(3)　特定の販売先との契約により一定の売価で販売することが決定されている場合とそのような契約がない場合

　複数の売却市場が存在する場合、企業は売価の高い市場に参加することが想定されます。その売価は売り手である当該企業が実際に販売できると見込む売価であることに留意する必要があります。

3 滞留または処分見込等の棚卸資産

　営業循環過程から外れた滞留または処分見込等の棚卸資産について、合理的に算定された価額によることが困難な場合、正味売却価額まで切り下げる方法に代えて、その状況に応じ、次のような方法により収益性の低下の事実を適切に反映するよう処理します（9項）。

《滞留または処分見込等の棚卸資産の評価》
(1) 帳簿価額を処分見込価額（ゼロまたは備忘価額を含む）まで切り下げる方法
(2) 一定の回転期間を超える場合、規則的に帳簿価額を切り下げる方法

4 再調達原価が認められる場合

　製造業における原材料等のように再調達原価のほうが把握しやすく、正味売却価額が当該再調達原価に歩調を合わせて動くと想定される場合には、継続して適用することを条件として、再調達原価（最終仕入原価を含む）により評価を行うことができます（10項）。

5 収益性の低下の有無に係る判断及び簿価切下

　収益性の低下の有無に係る判断及び簿価切下は、原則として個別品目ごとに行いますが、複数の棚卸資産を一括りとした単位で行うことが適切と判断されるときには、継続して適用することを条件として、その方法によることができます（12項）。

　複数の品目を一括りとして取り扱うことが適当と考えられる場合としては、以下のような場合があります（53項）。
(1) 補完的な関係にある複数商品の売買を行っている企業において、いずれか一方の売買だけでは正常な水準を超えるような収益は見込めないが、双方の売買では正常な水準を超える収益が見込めるような場合
(2) 同じ製品に使われる材料、仕掛品及び製品を1グループとして扱う場合

6 売価還元法を採用している場合

売価還元法を採用している場合においても、期末における正味売却価額が帳簿価額よりも下落している場合には、当該正味売却価額をもって貸借対照表価額とします。

ただし、値下額等が売価合計額に適切に反映されている場合には、次に示す値下額及び値下取消額を除外した売価還元法の原価率により求められた期末棚卸資産の帳簿価額は、収益性の低下に基づく簿価切下額を反映したものとみなすことができます（13項）。

$$売価還元低価法の原価率 = \frac{期首繰越商品原価＋当期受入原価総額}{期首繰越商品小売価額＋当期受入原価総額＋原始値入額＋値上額－値上取消額}$$

上記計算式は、いわゆる「連続意見書 第四」（企業会計審議会「企業会計原則と関係諸法令との調節に関する連続意見書 意見書第四 棚卸資産の評価について」）に定められた売価還元低価法の原価率の算定式です。

7 原価差異の取扱い

予定価格等または標準原価を用いているために原価差異が生じた場合、棚卸資産の収益性の低下を判断する際、当該原価差異は原則として棚卸資産の取得価額や帳簿価額に反映させたうえで検討する必要があります。これは、棚卸資産の貸借対照表価額には原価差異の配賦計算が反映されているためです。

しかし、金額的に重要性が乏しい場合は、収益性の低下の判断に際して原価差異を考慮しないことが許容されると考えます。

また、四半期決算においては、四半期特有の会計処理として、標準原価

計算等を採用している場合において原価差異の繰延処理が認められており、当該原価差異を流動資産または流動負債として繰り延べることができます。この場合においても、収益性の低下の判断に際して原価差異を考慮しないことが認められていると考えます。

8 簿価切下額の会計処理

前期に計上した簿価切下額の戻入れに関しては、当期に戻入れを行う方法（洗替法）と行わない方法（切放法）のいずれかの方法を棚卸資産の種類ごとに選択適用できます。また、売価の下落要因を区分把握できる場合には、物理的劣化や経済的劣化、もしくは市場の需給変化の要因ごとに選択適用できます。

この場合、いったん採用した方法は、原則として、継続して適用しなければなりません（14項）。

《簿価切下額の会計処理》
- 棚卸資産の種類ごとに洗替法と切放法の選択適用できる。
- 売価の下落要因を区分把握できる場合、以下の要因ごとに選択適用できる。
  - 物理的劣化
  - 経済的劣化
  - 市場の需給変化
- いったん採用した方法は原則として継続適用しなければならない。

1-5 トレーディング目的で保有する棚卸資産の評価

トレーディング目的で保有する金地金等の現物商品（コモディティ）等の棚卸資産については、市場価格に基づく価額をもって貸借対照表価額とし、帳簿価額との差額（評価差額）は、当期の損益として処理します（15項）。

《トレーディング目的で保有する棚卸資産の評価》
貸借対照表価額：市場価格に基づく価額※
　　※　帳簿価額と市場価格の差額は当期の損益として処理する。

これは、当初から加工や販売の努力を行うことなく単に市場価格の変動により利益を得るトレーディング目的で保有する棚卸資産については、投資者にとっての有用な情報は棚卸資産の期末時点の市場価格に求められると考えられるためです（60項）。

なお、トレーディング目的で保有する棚卸資産として分類するための留意点や保有目的の変更の処理は、「金融商品に関する会計基準」（企業会計基準第10号）における売買目的有価証券に関する取扱いに準じます（16項）。

1-6 開　示

1 通常の販売目的で保有する棚卸資産

通常の販売目的で保有する棚卸資産について、収益性の低下による簿価切下額（前期に計上した簿価切下額を戻し入れる場合には、当該戻入額相殺後の額）の表示方法及び注記事項は、次頁のとおりです（17、18項）。

簿価切下の要因	収益性の低下		
	右記以外	棚卸資産の製造に関連し不可避的に発生すると認められる場合	臨時の事象※1に起因し、かつ、多額である場合
表　　示	売上原価	製造原価	特別損失※2
注　　記	収益性の低下による簿価切下額（前期に計上した簿価切下額を戻し入れる場合には、当該戻入額相殺後の額）は、重要性が乏しい場合を除き、注記による方法または売上原価等の内訳項目として独立掲記する方法により示さなければならない			

※1　重要な事業部門の廃止や、災害損失の発生等
※2　この場合、洗替法を適用していても、当該簿価切下額の戻入れは行いません

なお、洗替法を採用する場合、前期末に計上した簿価切下額の戻入額の損益計上区分と、当期の簿価切下額の損益計上区分とが異なる場合、前期の戻入額と販売による当期の売上総利益のマイナス（販売されていない場合には、追加の簿価切下額）が両建計上されてしまうため、両者を同じ区分に計上することが適当とされています（65項）。

2 トレーディング目的で保有する棚卸資産

トレーディング目的で保有する棚卸資産に係る損益は、原則として、純額で売上高に表示します（19項）。

3 後入先出法の廃止にともない評価方法を変更した開示例

注記の開示例は次頁上のとおりです。

A社 平成23年3月期 第1四半期

> (3) 棚卸資産の評価に関する会計基準の適用
> 　当第1四半期連結会計期間より、「棚卸資産の評価に関する会計基準」（企業会計基準第9号　平成20年9月26日）を適用し、棚卸資産の評価方法を一部の連結子会社で採用していた後入先出法から主として先入先出法または総平均法に変更しております。
> 　これにより、営業利益及び経常利益は363百万円、税金等調整前四半期純利益は4,465百万円、それぞれ増加しております。アルミ事業の一部の連結子会社の棚卸資産については、払い出した棚卸資産の帳簿価額合計額と再調達原価（当期受入の平均単価）合計額の差額を用いて影響額を算定しております。

1-7 適用時期等

　平成20年9月改正で、従来認められていた後入先出法を選択することが認められなくなりました。この平成20年9月改正は平成22年4月1日以後開始事業年度から適用されます（21-2項）。平成20年9月改正以外は平成23年3月期以前から適用されています（20項）。

第2節

企業会計基準第 12 号
四半期財務諸表に関する会計基準

決算書作成実務に与える影響

決算手続の流れ

期　首

期　中

四半期決算
- ➢ 四半期財務諸表の開示
- ➢ 四半期決算特有の会計処理
- ➢ 四半期決算の簡便的な会計処理
- ➢ 四半期財務諸表の注記

期　中

年度末

　個別決算手続

　連結決算手続

　開示書類作成

POINT

1. 本会計基準は、四半期財務諸表に適用される会計処理及び開示について定めています。
2. 四半期財務諸表とは、以下の財務諸表をいいます（1計算書方式）。
   (1) 四半期（連結）貸借対照表
   (2) 四半期（連結）損益（及び包括利益）計算書
   (3) 四半期（連結）キャッシュ・フロー計算書
3. 四半期特有の会計処理として、以下の2つが認められています。
   (1) 原価差異の繰延処理　　(2) 税金費用の計算
4. 有価証券や棚卸資産の評価方法など、複数の項目について簡便的な会計処理が認められています。
5. 平成22年6月に「会計上の変更及び誤謬の訂正に関する会計基準」及び「包括利益の表示に関する会計基準」を踏まえた改正が行われています。
6. 「会計上の変更及び誤謬の訂正に関する会計基準」を踏まえた改正は平成23年4月1日以後開始する連結会計年度及び事業年度から適用され、「包括利益の表示に関する会計基準」を踏まえた改正は同年3月31日以後終了する連結会計年度の年度末に係る連結財務諸表から適用されます。
7. 平成22年6月改正以外は、同年3月31日以前から適用されています。
8. 平成22年12月22日に本会計基準の改正案として公開草案が公表されています。主な改正内容は以下のとおりです。
   - 第1・第3四半期（連結）会計期間のキャッシュ・フロー計算書の作成を省略可
   - 期首からの累計期間のみを必須とし、3か月情報については任意とする
   - 一部の注記情報に係る規定を削除
9. 上記公開草案は平成23年4月1日以後開始する事業年度（連結会計年度）の四半期（連結）会計期間から適用することが提案されています。

2-1 本会計基準の目的

本会計基準は、四半期財務諸表に適用される会計処理及び開示を定めることを目的としています（1項）。

本会計基準の適用の際の指針として、「四半期財務諸表に関する会計基準の適用指針」（企業会計基準適用指針第14号。以下、本節において適用指針）が公表されています。

2-2 用語の定義

本会計基準における用語の定義は、以下のとおりです（4項）。

用　語	定　義
四半期会計期間	1連結会計年度または1事業年度が3か月を超える場合に、当該年度の期間を3か月ごとに区分した期間
期首からの累計期間	年度の期首から四半期会計期間の末日までの期間
四半期財務諸表	四半期連結財務諸表及び四半期個別財務諸表
四半期報告書	四半期財務諸表を含んだ報告書

2-3 四半期財務諸表の範囲及び開示対象期間

1 四半期財務諸表の範囲

四半期財務諸表の範囲は、次頁のとおりです。

四半期連結財務諸表の範囲（5項）	四半期個別財務諸表の範囲（6項）※
● 四半期連結貸借対照表 ● 四半期連結損益計算書 ● 四半期連結キャッシュ・フロー計算書	● 四半期貸借対照表 ● 四半期損益計算書 ● 四半期キャッシュ・フロー計算書

※ 四半期連結財務諸表を開示する場合には四半期個別財務諸表の開示は不要です

なお、平成22年9月30日以後に終了する連結会計年度の年度末から「包括利益の表示に関する会計基準」（企業会計基準第25号）を適用した場合、平成22年10月1日以後の四半期連結財務諸表は以下のとおりです。

1計算書方式	2計算書方式
① 四半期連結貸借対照表 ② 四半期連結損益及び包括利益計算書 ③ 四半期連結キャッシュ・フロー計算書	左記②が、四半期連結包括利益計算書及び四半期連結損益計算書の2つの計算書となります

2 四半期財務諸表等の開示対象期間

四半期報告書に含まれる財務諸表の開示対象期間は次のとおりです（7項）。

財務諸表	開示対象期間
貸借対照表	● 四半期会計期間の末日の四半期貸借対照表 ● 前年度の末日の要約貸借対照表
損益及び包括利益計算書 または 損益計算書及び包括利益計算書	● 四半期会計期間及び期首からの累計期間の四半期損益及び包括利益計算書または四半期損益計算書及び四半期包括利益計算書 ● 前年度におけるそれぞれ対応する期間の四半期損益及び包括利益計算書または四半期損益計算書及び四半期包括利益計算書

キャッシュ・フロー計算書	●期首からの累計期間の四半期キャッシュ・フロー計算書 ●前年度における対応する期間の四半期キャッシュ・フロー計算書

2-4 四半期連結財務諸表の作成基準

　四半期連結財務諸表の作成のために採用する会計方針は、四半期特有の会計処理を除き、原則として年度の連結財務諸表の作成にあたって採用する会計方針に準拠しなければなりません（9項）。これは、本会計基準が「実績主義」を基本に据えて四半期財務諸表を作成することとしたためです（42項）。

　ただし、四半期会計期間及び期首からの累計期間に係る企業集団の財政状態、経営成績及びキャッシュ・フローの状況に関する財務諸表利用者の判断を誤らせない限り、簡便的な会計処理によることもできます。これは、四半期財務諸表が、年度の財務諸表よりも開示の迅速性が求められているためです（47項）。

1 四半期特有の会計処理

　四半期連結財務諸表作成のための特有の会計処理として、次頁の図表の2項目が認められています。

項　目	特有の会計処理
原価差異の繰延処理（12項）	●標準原価計算等を採用している場合、以下の2要件を満たしているときは、継続適用を条件として、原価差異を流動資産または流動負債として繰り延べることができます ➢原価差異が操業度等の季節的な変動に起因して発生したもの ➢原価計算期間末までに原価差異がほぼ解消することが見込まれる
税金費用の計算（14項）	〈原　則〉 ●年度決算と同様の方法により計算し、繰延税金資産及び繰延税金負債については、回収可能性等を検討したうえで、四半期貸借対照表に計上します 〈特有の会計処理〉 ●四半期会計期間を含む年度の税引前当期純利益に対する税効果会計適用後の実効税率を合理的に見積もり、税引前四半期純利益に当該見積実効税率を乗じて計算できます。 ➢前年度末の繰延税金資産及び繰延税金負債については、回収可能性等を検討したうえで、四半期貸借対照表に計上できます

2 四半期連結決算日

　四半期連結財務諸表を作成するにあたり、子会社の四半期決算日が四半期連結決算日と異なる場合、子会社は、四半期連結決算日に本会計基準に準ずる合理的な手続により、四半期決算を行わなければなりません。

　なお、子会社の四半期決算日と四半期連結決算日との差異が3か月を超えない場合、子会社の四半期決算を基礎として、四半期連結決算を行うこ

とができます。ただし、四半期決算日が異なることから生じる連結会社間の取引に係る会計記録の重要な不一致については、必要な調整が必要です（15項）。

3 子会社のみなし取得日またはみなし売却日

支配獲得日、株式の取得日または売却日等が子会社の四半期決算日以外の日である場合、当該日の前後いずれかの四半期決算日等に支配獲得、株式取得または売却等が行われたものとみなして処理することができます（16項）。

2-5 四半期個別財務諸表の作成基準

原則として、年度の財務諸表作成にあたって採用する会計方針に準拠しなければならないこと及び四半期特有の会計処理が認められていることは四半期連結財務諸表の作成基準と同様です（20、22項）。

四半期個別財務諸表の作成にあたっては、以下の会計方針を決めておくことが必要となります。

勘定科目	会計方針
有価証券の減損処理 （適用指針4項）	●四半期会計期間末に計上した有価証券の減損処理に基づく評価損の戻入れに関して以下のいずれかの方法を選択適用できます ➢ 四半期切放法 ➢ 四半期洗替法

棚卸資産の簿価切下（適用指針7項）	●年度決算で棚卸資産の簿価切下げに洗替法を適用している場合 　➢ 四半期会計期間末も洗替法 ●年度決算で切放法を適用している場合は、いずれかの方法を選択適用できます 　➢ 四半期洗替法 　➢ 四半期切放法

　時価を把握することが極めて困難と認められる有価証券については四半期切放法を採用し、時価のある有価証券については四半期洗替法を採用するという処理は容認されると考えます。

2-6 簡便的な会計処理

　四半期財務諸表の作成にあたって、簡便的な会計処理として、適用指針では以下の処理が認められています。

1 個別財務諸表作成にあたっての簡便的な会計処理

勘定科目等	簡便的な会計処理
債権（適用指針3項）	(1)　一般債権の貸倒実績率等が前年度の財務諸表の作成において使用した貸倒実績率等著しく変動していないと考えられる場合、年度末の決算において算定した貸倒実績率等の合理的な基準を使用できる (2)　前年度の貸倒実績率等が著しく変動したことにより見直しを行った後の四半期会計期間において、当該見直し後の貸倒実績率等と著しく変動していないと考えられる場合、当該見

	直し後の貸倒実績率等の合理的な基準を使用できる
市場価格のない株式の減損処理（適用指針5項）	● 減損処理の判断にあたって、入手しうる直近の財務諸表を使用する ● その後の状況で財政状態に重要な影響を及ぼす事項が判明した場合は、直近の財務諸表に当該判明した事項を加味することが望ましい
棚卸資産 ● 実地棚卸 ● 簿価切下げ ● 原価差異	〈実施棚卸〉 ● 実地棚卸を省略できる（適用指針6項） 〈簿価切下げ〉 ● 棚卸資産の簿価切下げにあたって以下の処理が認められている（適用指針8項） ➢ 収益性が低下していることが明らかな棚卸資産についてのみ正味売却価額を見積り、簿価切下げを行う ➢ 営業循環過程から外れた滞留または処分見込等の棚卸資産であって、前年度末において帳簿価額を処分見込価額まで切り下げている場合、前年度から著しい状況の変化がないと認められる限り、前年度末における貸借対照表価額を引き続き計上できる 〈原価差異〉 ● 予定価格等または標準原価を用いているために原価差異が生じた場合、当該原価差異の棚卸資産と売上原価への配賦は、年度決算と比較して簡便的な方法によることができる（適用指針9項）
経過勘定（適用指針11項）	財務諸表利用者の判断を誤らせない限り、合理的な算定方法による概算額で計上できる
固定資産 ● 減価償却費 ● 減損処理	〈減価償却費：合理的な予算制度の利用〉 固定資産の年度中の取得、売却または除却等の見積りを考慮した予算を策定している場合、当該予算に基づく年間償却予定額を期間按分する方法により、四半期会計期間または期首からの累計期間の減価償却費として計上できる（適用指針12項）

	〈減価償却費：定率法を採用している場合〉 年度に係る減価償却費の額を期間按分する方法により、計上できる（適用指針13項） 〈減損の兆候〉 減損の兆候の把握にあたっては、使用範囲または方法について当該資産または資産グループの回収可能価額を著しく低下させる変化を生じさせるような意思決定や、経営環境の著しい悪化に該当する事象が発生したかどうかに留意する（適用指針14項）
税金費用（適用指針15項）	法人税等は、原則として年度決算と同様の方法により計算するが、財務諸表利用者の判断を誤らせない限り、納付税額の算出等において、たとえば、納付税額の算出にあたり加味する加減算項目や税額控除項目を重要なものに限定する等、簡便的な方法によることができる
繰延税金資産の回収可能性（適用指針16項）	重要な企業結合や事業分離、業績の著しい好転または悪化、その他経営環境の著しい変化が生じておらず、かつ、一時差異等の発生状況について前年度末から大幅な変動がないと認められる場合、繰延税金資産の回収可能性の判断にあたり、前年度末の検討において使用した将来の業績予測やタックス・プランニングを利用することができる

2 連結財務諸表作成にあたっての簡便的な会計処理

勘定科目	簡便的な会計処理
債権債務及び取引高の相殺消去	● 連結会社相互間の債権と債務を相殺消去するにあたり、当該債権の額と債務の額に差異がみられる場合、合理的な範囲で、当該差異の調整を行わないで債権と債務を相殺消去できる（適用指針28項） ● 取引高を相殺消去するにあたり、取引金額に差異がある場合で、当該差異の重要性が乏しいときは、親会社の金額に

	合わせるまたは金額の大きいほうに合わせるなど、一定の合理的な方法に基づき相殺消去できる（適用指針29項）
未実現損益の消去	●連結会社相互間の取引によって取得した棚卸資産に含まれる四半期会計期間末における未実現損益の消去にあたって、四半期会計期間末在庫高に占める当該棚卸資産の金額及び当該取引に係る損益率を合理的に見積もって計算できる（適用指針30項） ●前年度または直前の四半期会計期間で使用した損益率や合理的な予算制度に基づいて算定された損益率を使用することができる（適用指針30項）
重要性が乏しい連結会社における税金費用（適用指針20項）	●重要な企業結合や事業分離、業績の著しい好転または悪化、その他経営環境の著しい変化が生じておらず、かつ、一時差異等の発生状況について前年度末から大幅な変動がないと認められる場合、税引前四半期純利益に、前年度の（損益及び包括利益計算書または）損益計算書における税効果会計適用後の法人税等の負担率を乗じて計算できる ●この場合、当該連結会社の前年度末に計上された繰延税金資産及び繰延税金負債については、同額を四半期貸借対照表に計上する

2-7 開　示

1 四半期連結財務諸表の科目の表示

　四半期連結財務諸表の表示方法は、年度の連結財務諸表に準じます。ただし、四半期連結財務諸表における個々の表示科目は、四半期会計期間及び期首からの累計期間に係る企業集団の財政状態、経営成績及びキャッシュ・フローの状況に関する財務諸表利用者の判断を誤らせない限り、集

約して記載することができます（17項）。

なお、四半期連結財務諸表における資産、負債、純資産、収益、費用等の各表示科目及び表示区分は、年度の連結財務諸表における表示との整合性を勘案しなければなりません（18項）。

これらはいずれも、個別財務諸表で同様の取扱いとなります（23、24項）。

2 注記事項

四半期連結財務諸表では、次の事項を注記しなければなりません（19項）。

(1) 連結の範囲に含めた子会社、持分法を適用した非連結子会社及び関連会社に関する事項その他連結の方針に関する事項について、重要な変更を行った場合には、その旨及びその理由

(2) 重要な会計処理の原則及び手続について変更を行った場合には、変更を行った四半期会計期間以後において、その旨、その理由及び期首からの累計期間への影響額（※）

(3) 当年度の第2四半期以降に自発的に重要な会計処理の原則及び手続について変更を行った場合には、(2)に加え、第2四半期以降に変更した理由、直前の四半期会計期間の末日までの期首からの累計期間への影響額。影響額を算定することが実務上困難な場合には、その旨及びその理由

(4) 前年度の財務諸表の作成にあたり自発的に重要な会計処理の原則及び手続について変更を行っており、かつ、前年度の四半期財務諸表と当年度の四半期財務諸表の作成にあたっての重要な会計処理の原則及び手続との間に相違が見られる場合には、その旨及び前年度の対応する四半期会計期間及び期首からの累計期間への影響額。影響額を算定することが実務上困難な場合には、その旨及びその理由

(5) 四半期財務諸表の表示方法を変更した場合には、その内容

(6) 簡便的な会計処理及び四半期特有の会計処理を採用している場合には、その旨及びその内容
(7) セグメント情報等に関する事項
　① 報告セグメントの損益及び売上高
　② 企業結合や事業分離などによりセグメント情報に係る報告セグメントの資産の金額に著しい変動があった場合には、その概要
　③ 報告セグメントの損益の合計額と四半期損益及び包括利益計算書または四半期損益計算書の損益計上額の差異調整に関する主な事項の概要
　④ 報告セグメントの変更または事業セグメントの損益の測定方法に重要な変更があった場合、その内容
　⑤ 当年度の第2四半期以降に④の変更があった場合には、第2四半期以降に変更した理由
　⑥ 前年度において④の変更を行っており、かつ、前年度の四半期と当年度の四半期の①の報告セグメントの区分方法または損益の測定方法との間に相違が見られる場合には、その旨、変更後の方法に基づく前年度の①及び③の事項
　⑦ 固定資産について重要な減損損失を認識した場合には、その報告セグメント別の概要
　⑧ のれんの金額に重要な影響を及ぼす事象（重要な負ののれんを認識する事象を含む。）が生じた場合には、その報告セグメント別の概要
(8) 1株当たり四半期純損益、潜在株式調整後1株当たり四半期純利益及び当該金額の算定上の基礎
(9) 1株当たり純資産額
(10) 四半期会計期間の末日における発行済株式総数、自己株式数、新株予約権（自己新株予約権を含む）の目的となる株式数及び四半期会計期間末残高
(11) ストック・オプションを新たに付与した場合及び重要な事項に変更がある場合には、その旨及びその内容

⑿　配当に関する事項
⒀　株主資本の金額に著しい変動があった場合には、主な変動事由
⒁　四半期会計期間の末日に継続企業の前提に重要な疑義を生じさせるような事象または状況が存在する場合であって、当該事象または状況を解消するあるいは改善するための対応をしてもなお継続企業の前提に関する重要な不確実性が認められるときは、その旨及びその内容等
⒂　事業の性質上営業損益に著しい季節的変動がある場合、その状況
⒃　重要な保証債務その他の重要な偶発債務
⒄　重要な企業結合に関する事項
　①　取得とされた重要な企業結合
　　●企業結合の概要、被取得企業等の業績の期間、会計処理の概要
　　●当該企業結合が当年度の期首に完了したと仮定したときの期首からの累計期間への損益への影響の概算額。影響の概算額を算定することが実務上困難な場合には、その旨及びその理由
　　※　②は（削除）
　③　重要な共通支配下の取引等及び共同支配企業の形成
　　●企業結合の概要、実施した会計処理の概要
⒅　重要な事業分離に関する事項
　事業分離の概要、実施した会計処理の概要、事業分離に係る損益の概算額
⒆　四半期財務諸表を作成する日までに発生した重要な後発事象
⒇　四半期キャッシュ・フロー計算書における現金及び現金同等物の四半期末残高と四半期貸借対照表に掲記されている科目の金額との関係
㉑　企業集団の財政状態、経営成績及びキャッシュ・フローの状況を適切に判断するために重要なその他の事項

※　簡便的な会計処理の変更は会計方針の変更に該当しないと考えられますが、四半期特有の会計処理は会計方針として位置づけられているため、その変更は会計方針の変更に該当し、変更する場合には合理的な理由が必要となります。

上記は四半期連結財務諸表における注記事項ですが、四半期個別財務諸表の場合に取扱いの異なる箇所は、以下のとおりです（25項）。

- (1)の記載は不要
- 取得企業が存続企業と異なる場合、パーチェス法を適用したとした場合の四半期財務諸表における損益への影響の概算額の注記が必要
- 上記(2)から(21)のほか、「関連会社に持分法を適用した場合の投資の額及び投資損益の額」についての注記が必要

2-8 適用時期等

平成20年12月改正で、「セグメント情報等の開示に関する会計基準」（企業会計基準第17号）に関連する改正が行われており、この平成20年12月改正は平成22年4月1日以後開始する連結会計年度及び事業年度の第1四半期会計期間から適用されます。

平成22年6月にも改正がなされていますが、平成22年6月改正を除き、本会計基準は、平成23年3月期以前から適用されています（26項）。

平成22年6月改正は「会計上の変更及び誤謬の訂正に関する会計基準」及び「包括利益の表示に関する会計基準」に関連した改正であり、主な改正内容及び適用時期は、以下のとおりです。

(1) 「会計上の変更及び誤謬の訂正に関する会計基準」に関連した改正では、会計方針の変更、過去の誤謬の訂正、表示方法の変更などの場合の四半期財務諸表における対応方法が改正されています。この改正は、平成23年4月1日以後開始事業年度から適用されます（28-8項）ので、平成23年3月期では適用されません。

(2) 「包括利益の表示に関する会計基準」に関連した改正では、包括利

益概念の採用にともなう四半期財務諸表の範囲の変更などが行われています。平成23年3月期の年度末に係る連結財務諸表からの適用となります。ただし、平成22年9月30日以後に終了する年度末に係る連結財務諸表から適用することもできます（28-9項）。

平成22年12月22日に「四半期財務諸表に関する会計基準」（企業会計基準第12号）の改正案として「四半期財務諸表に関する会計基準（案）」（企業会計基準公開草案第45号）が公表されています。この改正は平成22年6月に閣議決定された「新成長戦略」において、四半期報告の簡素化が盛り込まれたことを受け、平成24年3月期の四半期決算から四半期報告の見直しが行われることに対応するものです。

主な改正内容は以下のとおりです。

〈主な改正内容〉
- 第1・第3四半期（連結）会計期間において、四半期（連結）キャッシュ・フロー計算書の作成を省略できる。
- 四半期（連結）損益計算書及び四半期（連結）包括利益計算書（2計算書方式の場合）、または四半期（連結）損益及び包括利益計算書（1計算書方式の場合）の開示対象期間について、期首からの累計期間のみを必須とし、3か月情報については任意とする。
- 一部の注記情報（表示方法の変更、簡便な会計処理に係る記載、1株当たり純資産等）に係る規定を削除する。

この公開草案は、平成23年4月1日以後開始する事業年度（連結会計年度）の四半期（連結）会計期間から適用することが提案されています。

第3節

企業会計基準第21号
企業結合に関する会計基準

決算書作成実務に与える影響

決算手続の流れ

期 首

期 中

- ➢ 取得の会計処理　　➢ 逆取得の会計処理
- ➢ 共同支配企業の形成の会計処理
- ➢ 共通支配下の取引等の会計処理

四半期決算

- ➢ 重要な企業結合に関する事項の注記（四半期財務諸表に関する会計基準19項(17)）

期 中

- ➢ 取得の会計処理　　➢ 逆取得の会計処理
- ➢ 共同支配企業の形成の会計処理
- ➢ 共通支配下の取引等の会計処理

年度末

個別決算手続

- ➢ のれんの会計処理

連結決算手続

- ➢ 取得の会計処理
- ➢ 共同支配企業の形成の会計処理
- ➢ 共通支配下の取引等の会計処理

開示書類作成

- ➢ のれん及び負ののれんの表示
- ➢ 企業結合に関する注記事項
- ➢ 平成20年改正の適用初年度に係る注記

POINT

1. 本会計基準は、企業結合に関する会計処理及び開示について定めています。
2. 企業結合を、「取得」「共同支配企業の形成」「共通支配下の取引等」に分類し、会計処理を定めています。
3. 「取得」の場合、パーチェス法で会計処理を行い、「共同支配企業の形成」及び「共通支配下の取引等」の場合、企業結合により移転する資産及び負債は移転直前の適正な帳簿価額により計上します。
4. 「取得」について、株式交換の場合の算定方法、段階取得の場合の会計処理、取得原価の配分方法、のれん及び負ののれんの会計処理等を定めています。
5. 平成20年改正の主な内容は以下のとおりです。
   - 「取得」の場合、持分プーリング法の廃止
   - 株式を取得の対価とする場合の対価の測定日
   - 負ののれんは発生時に収益処理
   - 仕掛途上の研究開発成果取得時の会計処理
   - 段階取得における会計処理
   - 共同支配投資企業に対する投資等
6. 平成20年改正は、平成22年4月1日以後実施される企業結合から適用されています。
7. 平成20年改正以外は、平成23年3月期以前から適用されています。

3-1 本会計基準の目的

　本会計基準は、企業結合に関する会計処理及び開示を定めることを目的としています（1項）。

　本会計基準の適用の際の指針として、「企業結合会計基準及び事業分離等会計基準に関する適用指針」（企業会計基準適用指針第10号。以下、本節において適用指針）が公表されています（2項）。

　なお、企業結合に該当する取引には、共同支配企業の形成及び共通支配下の取引も含め本会計基準を適用します（3項）。

3-2 用語の定義

用　　語	定　　義
企業（4項）	●会社及び会社に準ずる事業体 ●会社、組合その他これらに準ずる事業体（外国におけるこれらに相当するものを含みます）
企業結合（5項）	●ある企業またはある企業を構成する事業と他の企業または他の企業を構成する事業とが1つの報告単位に統合されること ●複数の取引が1つの企業結合を構成している場合には、それらを一体として取り扱います
事業（6項）	企業活動を行うために組織化され、有機的一体として機能する経営資源
支配（7項）	ある企業または企業を構成する事業の活動から便益を享受するために、その企業または事業の財務及び経営方針を左右する能力を有していること

共同支配（8項）	複数の独立した企業が契約等に基づき、ある企業を共同で支配すること
取得（9項）	ある企業が他の企業または企業を構成する事業に対する支配を獲得すること
取得企業（10項） ●被取得企業	●ある企業または企業を構成する事業を取得する企業 ●当該取得される企業を「被取得企業」という
共同支配企業（11項） ●共同支配企業の形成	●複数の独立した企業により共同で支配される企業 ●「共同支配企業の形成」とは、複数の独立した企業が契約等に基づき、当該共同支配企業を形成する企業結合をいう
共同支配投資企業（12項）	共同支配企業を共同で支配する企業
結合当事企業（13項） ●結合企業 ●被結合企業 ●結合後企業	●企業結合に係る企業 　➤「結合企業」： 　　他の企業または他の企業を構成する事業を受け入れて対価（現金等の財産や自社の株式）を支払う企業 　➤「被結合企業」： 　　当該他の企業 ●企業結合によって統合された1つの報告単位となる企業を「結合後企業」という
時価（14項）	●公正な評価額 ●通常、観察可能な市場価格 ●市場価格が観察できない場合には、合理的に算定された価額
企業結合日（15項） ●企業結合年度	●被取得企業もしくは取得した事業に対する支配が取得企業に移転した日、または結合当事企業の事業のすべてもしくは事実上すべてが統合された日 ●企業結合日の属する事業年度を「企業結合年度」という

共通支配下の取引 (16項)	●結合当事企業（または事業）のすべてが、企業結合の前後で同一の株主により最終的に支配され、かつ、その支配が一時的ではない場合の企業結合 ●親会社と子会社の合併及び子会社同士の合併は、共通支配下の取引に含まれる

3-3 取得の会計処理

　企業結合に該当する取引のうち、共同支配企業の形成及び共通支配下の取引以外の企業結合は「取得」となり、この場合、パーチェス法で会計処理を行います（17項）。

　以下、パーチェス法による「取得」の会計処理を中心に解説します。なお、従来は企業結合の会計処理として、その企業結合の経済的実態に応じ持分プーリング法とパーチェス法との選択適用が行われていましたが、平成20年改正会計基準では持分プーリング法が廃止され、共同支配企業の形成および共通支配下の取引以外の企業結合はパーチェス法により処理するものとされました。

1 取得企業の決定方法

　「取得」とされた企業結合においては、いずれかの結合当事企業を取得企業として決定します。被取得企業の支配を獲得することとなる取得企業を決定するためには、「連結財務諸表に関する会計基準」（企業会計基準第22号）に従って判断します。

　ただし、同会計基準の考え方によってどの結合当事企業が取得企業となるかが明確ではない場合には、下記❶から❸の要素を考慮して取得企業を

決定します（18項）。

> 《取得企業の決定方法》
> 結合当事企業のうち、いずれが取得企業となるか明確でない場合、以下の要素を考慮して取得企業を判定します。
> ❶主な対価の種類
> ❷企業の相対的な規模
> ❸企業結合を提案した順番

❶ 主な対価の種類

主な対価の種類に応じて、取得企業の判定は以下のように行います。

主な対価の種類	取得企業の判定
現金もしくは他の資産の引渡しまたは負債の引受け	通常、当該現金もしくは他の資産を引き渡すまたは負債を引き受ける企業が取得企業となる（19項）
株式（出資を含む）の交付	通常、当該株式を交付する企業が取得企業となる（20項）※

※ ただし、必ずしも株式を交付した企業が取得企業にならないとき（逆取得）もあるため、対価の種類が株式である場合の取得企業の決定にあたっては、次のような要素を総合的に勘案しなければなりません。
① 総体としての株主が占める相対的な議決権比率の大きさ
ある結合当事企業の総体としての株主が、結合後企業の議決権比率のうち最も大きい割合を占める場合、通常、当該結合当事企業が取得企業となる。
なお、結合後企業の議決権比率を判断するに当たっては、議決権内容や潜在株式の存在についても考慮しなければならない。
② 最も大きな議決権比率を有する株主の存在
結合当事企業の株主または株主グループのうち、ある株主または株主グループが、結合後企業の議決権を過半には至らないものの最も大きな割合を有する場合であって、当該株主または株主グループ以外には重要な議決権比率を有していな

いときには、通常、当該株主または株主グループのいた結合当事企業が取得企業となる。

③ 取締役等を選解任できる株主の存在

結合当事企業の株主または株主グループのうち、ある株主または株主グループが、結合後企業の取締役会その他これに準ずる機関（重要な経営事項の意思決定機関）の構成員の過半数を選任または解任できる場合には、通常、当該株主または株主グループのいた結合当事企業が取得企業となる。

④ 取締役会等の構成

結合当事企業の役員もしくは従業員である者またはこれらであった者が、結合後企業の取締役会その他これに準ずる機関（重要な経営事項の意思決定機関）を事実上支配する場合には、通常、当該役員または従業員のいた結合当事企業が取得企業となる。

⑤ 株式の交換条件

ある結合当事企業が他の結合当事企業の企業結合前における株式の時価を超えるプレミアムを支払う場合には、通常、当該プレミアムを支払った結合当事企業が取得企業となる。

❷ 企業の相対的な規模

結合当事企業のうち、いずれかの企業の相対的な規模（たとえば、総資産額、売上高あるいは純利益）が著しく大きい場合には、通常、当該相対的な規模が著しく大きい結合当事企業が取得企業となります（21項）。

❸ 企業結合を提案した順番

結合当事企業が3社以上である場合の取得企業の決定にあたっては、上記❷に加えて、いずれの企業がその企業結合を最初に提案したかについても考慮します（22項）。

2 取得原価の算定

被取得企業または取得した事業の取得原価は、原則として、取得の対価

（支払対価）となる財の企業結合日における時価で算定します。支払対価が現金以外の資産の引渡し、負債の引受けまたは株式の交付の場合には、支払対価となる財の時価と被取得企業または取得した事業の時価のうち、より高い信頼性をもって測定可能な時価で算定します（23項）。

❶ 株式の交換の場合の算定方法

市場価格のある取得企業等の株式が取得の対価として交付される場合には、取得の対価となる財の時価は、原則として、企業結合日における株価を基礎にして算定します（24項）。

従来、取得の対価となる財の時価は、原則としてその企業結合の主要条件が合意されて公表された日前の合理的な期間における株価を基礎にして算定するものとされていましたが、平成20年改正で企業結合日における時価を基礎として算定することとされました。

《株式交換の場合の時価の算定時期》
従　来：企業結合の主要条件が合意されて公表された日前の合理的な期間における株価を基礎に算定
改正後：企業結合日における株価を基礎に算定

なお、被取得企業の株式が交付された場合、取得の対価となる財の時価は、被取得企業の株主が結合後企業に対する実際の議決権比率と同じ比率を保有するのに必要な数の取得企業株式を、取得企業が交付したものとみなして算定します。株式移転により共同持株会社の株式が交付された場合も同様です。

❷ 段階取得の場合の会計処理

取得が複数の取引により達成された場合（以下、段階取得）における被

取得企業の取得原価の算定は、次のように行います（25項）。

連結・個別	算定方法
(1) 個別財務諸表	支配を獲得するに至った個々の取引ごとの原価の合計額をもって算定
(2) 連結財務諸表	支配を獲得するに至った個々の取引すべての企業結合日における時価※をもって算定

※ 当該被取得企業の取得原価と、支配を獲得するに至った個々の取引ごとの原価の合計額（持分法適用関連会社と企業結合した場合には、持分法による評価額）との差額は当期の段階取得に係る損益とし、原則として特別損益項目として処理します

平成20年改正により、上記の連結財務諸表上の算定方法が定められましたが、従来は連結財務諸表上も上記の個別財務諸表上の算定方法と同じ方法が採用されていました。

❸ 取得に要した支出額の会計処理

取得とされた企業結合に直接要した支出額のうち、取得の対価性が認められる外部のアドバイザー等に支払った特定の報酬・手数料等は取得原価に含め、それ以外の支出額は発生時の事業年度の費用として処理します（26項）。

❹ 条件付取得対価の会計処理

条件付取得対価とは、企業結合契約において定められるものであって、企業結合契約締結後の将来の特定の事象または取引の結果に依存して、企業結合日後に追加的に交付または引き渡される取得対価をいいます（注2）。条件付取得対価の会計処理は次頁の図表のとおりです。

いずれの会計処理も、条件付取得対価の交付または引渡しが確実となり、その時価が合理的に決定可能となった時点で会計処理が行われます

(27項)。

条件の内容	会計処理
(1) 将来の業績に依存する条件付取得対価[※1]	● 支払対価を取得原価として追加的に認識するとともに、のれんまたは負ののれんを追加的に認識する ● 追加的に認識するのれんまたは負ののれんは、企業結合日時点で認識されたものと仮定して計算し、追加認識する事業年度以前に対応する償却額及び減損損失額は損益として処理する(注4)
(2) 特定の株式または社債の市場価格に依存する条件付取得対価[※2]	● 追加で交付可能となった条件付取得対価を、条件付取得対価の交付または引渡しが確実となり、その時価が合理的に決定可能となった時点の時価に基づき認識する ● 企業結合日現在で交付している株式または社債をその時点の時価に修正し、当該修正により生じた社債プレミアムの減少額またはディスカウントの増加額を将来にわたって規則的に償却する

※1 被取得企業または取得した事業の企業結合契約締結後の特定事業年度における業績の水準に応じて、取得企業が対価を追加で交付する条項がある場合等(注3)

※2 特定の株式または社債の特定の日または期間の市場価格に応じて当初合意した価額に維持するために、取得企業が追加で株式または社債を交付する条項がある場合等(注5)

3 取得原価の配分方法

　取得原価は、被取得企業から受け入れた資産及び引き受けた負債のうち企業結合日時点において識別可能なもの(識別可能資産及び負債)の企業結合日時点の時価を基礎として、当該資産及び負債に対して企業結合日以後1年以内に配分します(28項)。

識別可能なもの（識別可能資産及び負債）の取扱いは以下のとおりです。

識別可能なもの	取扱い
資産（29項）	受け入れた資産に法律上の権利など分離して譲渡可能な無形資産が含まれる場合、当該無形資産は識別可能なものとして取り扱う
負債（30項）	●取得後に発生することが予測される特定の事象に対応した費用または損失であって、その発生の可能性が取得の対価の算定に反映されている場合、負債として認識する ●当該負債は、原則として、固定負債として表示し、その主な内容及び金額を連結貸借対照表及び個別貸借対照表に注記する

平成20年改正により、企業結合により受け入れた研究開発の途中段階の成果について、従来は取得対価の一部を研究開発費等に配分した場合には、当該金額を配分時に費用処理することとされていましたが、その扱いが廃止となりました（『研究開発費等に係る会計基準』の一部改正（企業会計基準第23号参照）。

また、従来は被取得企業から受け入れた資産に識別可能な無形資産が含まれる場合、取得原価を当該無形資産等に配分することが「できる」規定となっていましたが、当該無形資産が識別可能なものであれば、原則として識別して資産計上「する」こととなりました。

4 のれん及び負ののれんの会計処理

取得原価が、受け入れた資産及び引き受けた負債に配分された純額を上回る場合には、その超過額はのれんとして、下回る場合には、その不足額は負ののれんとして、会計処理します（31項）。

❶ のれんの会計処理

のれんは、資産に計上し、20年以内のその効果の及ぶ期間にわたって、定額法その他の合理的な方法により規則的に償却します。

ただし、のれんの金額に重要性が乏しい場合には、当該のれんが生じた事業年度の費用として処理することができます（32項）。

なお、在外子会社株式の取得により生じたのれんは、従来は発生時の為替相場で換算することとされていましたが、平成20年改正では、当該在外子会社の財務諸表項目が外国通貨で表示されている場合には当該外国通貨で把握し、決算日の為替相場により換算することとなりました（適用指針77-2項）。

❷ 負ののれんの会計処理

従来、負ののれんは20年以内の取得の実態に基づいた適切な期間で規則的に償却するものとされていました。

平成20年改正では、負ののれんが生じると見込まれる場合には、まず、すべての識別可能資産および負債が把握されているか、また、それらに対する取得原価の配分が適切に行われているかどうかを見直すこととし、それでもなお取得原価が受け入れた資産及び引き受けた負債に配分された純額を下回り、負ののれんが生じる場合には、当該負ののれんが生じた事業年度の利益（特別利益）として処理することとなりました（33項）。

また、子会社株式を追加取得した場合に生じる「負ののれん」については、時価評価の見直しが行われないため、識別可能資産および負債の見直しは行わず、利益として処理されます。

3-4 逆取得における個別財務諸表上の会計処理

逆取得における個別財務諸表上の会計処理は、企業結合の種類ごとに次のとおり定められています。

吸収合併 (34項)	定　義	消滅会社が取得企業となる場合
	会計処理	存続会社の個別財務諸表では、当該取得企業（消滅会社）の資産及び負債を合併直前の適正な帳簿価額により計上する
現物出資 または 吸収分割 (35項)	定　義	現物出資会社または吸収分割会社が取得企業となる場合（現物出資または吸収分割による子会社化の形式をとる場合）
	会計処理	取得企業の個別財務諸表では、移転した事業に係る株主資本相当額に基づいて被取得企業株式の取得原価を算定する
株式交換 (36項)	定　義	完全子会社が取得企業となる場合
	会計処理	完全親会社の個別財務諸表では、当該完全子会社の株式交換直前における適正な帳簿価額による株主資本の額に基づいて取得企業株式（完全子会社株式）の取得原価を算定する

3-5 共同支配企業の形成の会計処理

1 共同支配企業の形成の判定

ある企業結合を共同支配企業の形成と判定するためには、共同支配投資企業となる企業が、複数の独立した企業から構成されていること及び共同支配となる契約等を締結していることに加え、次の要件を満たしていなければなりません（37項）。

(1) 企業結合に際して支払われた対価のすべてが、原則として、議決権のある株式であること[※1]
(2) 支配関係を示す一定の事実が存在しないこと[※2]

　※1　次の要件のすべてが満たされる必要があります。
　　① 企業結合が単一の取引で行われるか、または、原則として、1事業年度内に取引が完了する。
　　② 交付株式の議決権の行使が制限されない。
　　③ 企業結合日において対価が確定している。
　　④ 交付株式の償還または再取得の取決めがない。
　　⑤ 株式の交換を事実上無効にするような結合当事企業の株主の利益となる財務契約がない。
　　⑥ 企業結合の合意成立日前1年以内に、当該企業結合を目的として自己株式を受け入れていない。

　※2　次のいずれにも該当しない場合には、支配関係を示す一定の事実が存在しないものと判断されます。
　　① いずれかの結合当事企業の役員もしくは従業員である者またはこれらであった者が、結合後企業の取締役会その他これに準ずる機関（重要な経営事項の意思決定機関）を事実上支配している。
　　② 重要な財務及び営業の方針決定を支配する契約等により、結合当事企業のうち、いずれかの企業が他の企業より有利な立場にある。
　　③ 企業結合日後2年以内にいずれかの結合当事企業が投資した大部分の事業を処分する予定がある。

2 共同支配企業側における会計処理

　共同支配企業の形成において、共同支配企業は、共同支配投資企業から移転する資産及び負債を、移転直前に共同支配投資企業において付されて

いた適正な帳簿価額により計上します（38項）。

3 共同支配投資企業側における会計処理

共同支配企業の形成において、共同支配企業に事業を移転した共同支配投資企業は以下の会計処理を行います（39項）。

個別・連結	会計処理
個別財務諸表	共同支配投資企業が受け取った共同支配企業に対する投資の取得原価は、移転した事業に係る株主資本相当額に基づいて算定
連結財務諸表	共同支配企業に対する投資について持分法を適用

従来、連結財務諸表上は共同支配企業に対する投資について、共同支配企業の資本のうち投資企業の持分比率に対応する部分との差額（のれん相当額）について処理しない方法によるとされていましたが、平成20年改正によって持分法を適用することとされ、のれん相当額について処理することに改正されました。

3-6 共通支配下の取引等の会計処理

企業集団内における企業結合である共通支配下の取引及び少数株主との取引（以下、あわせて「共通支配下の取引等」）については、以下の会計処理を行います。

1 共通支配下の取引

共通支配下の取引の会計処理は次頁のとおりです。

個別・連結	会計処理
個別財務諸表 (41～43項)	● 企業集団内を移転する資産及び負債は、原則として、移転直前に付されていた適正な帳簿価額により計上[※1] ● 移転された資産及び負債の差額は、純資産として処理[※2] ● 移転された資産及び負債の対価として交付された株式の取得原価は、当該資産及び負債の適正な帳簿価額に基づいて算定
連結財務諸表 (44項)	共通支配下の取引は、内部取引としてすべて消去

[※1] 親会社と子会社が企業結合する場合、子会社の資産及び負債の帳簿価額を連結上修正しているときは、親会社が作成する個別財務諸表においては、連結財務諸表上の金額である修正後の帳簿価額(のれんを含む)により計上する(注9)

[※2] 共通支配下の取引により子会社が法律上消滅する場合、当該子会社に係る子会社株式(抱合せ株式)の適正な帳簿価額とこれに対応する増加資本との差額は、親会社の損益とする(注10)

2 少数株主との取引

少数株主との取引の会計処理は以下のとおりです。

個別・連結	会計処理
個別財務諸表 (45項)	少数株主から追加取得する子会社株式の取得原価は、追加取得時における当該株式の時価とその対価となる財の時価のうち、より高い信頼性をもって測定可能な時価で算定
連結財務諸表 (46項)	少数株主との取引について、「連結財務諸表に関する会計基準」における子会社株式の追加取得及び一部売却等の取扱いに準じて処理

3-7 開 示

1 のれん及び負ののれんの表示

のれん及び負ののれんの表示は以下のとおりです。

	表 示
のれん（47項）	無形固定資産の区分に表示し、のれんの当期償却額は販売費及び一般管理費の区分に表示
負ののれん（48項）	原則として特別利益に表示

2 注記事項

企業結合に関する注記事項は以下のとおりです。

なお、下記❶から❸の注記は、連結財務諸表における注記と個別財務諸表における注記が同じとなる場合には、個別財務諸表においては、連結財務諸表に当該注記がある旨の記載をもって代えることができます（49、52、54項）。

❶ 取得とされた企業結合の注記事項

企業結合年度において、取得とされた企業結合に係る重要な取引がある場合には、次頁の図表の事項を注記します（49項）。

なお、個々の企業結合についての重要性は乏しいが、企業結合年度における複数の企業結合全体について重要性があるという場合には、同図表の(1)、(3)及び(4)については企業結合全体で注記します。

注記事項	内　　容
(1) 企業結合の概要	●被取得企業の名称及び事業の内容 ●事業を取得した場合は相手企業の名称及び取得した事業の内容 ●企業結合を行った主な理由 ●企業結合日 ●企業結合の法的形式 ●結合後企業の名称 ●取得した議決権比率（段階取得の場合には、企業結合直前に所有していた議決権比率、企業結合日に追加取得した議決権比率及び取得後の議決権比率） ●取得企業を決定するに至った主な根拠
(2) 業績の期間	●財務諸表に含まれている被取得企業または取得した事業の業績の期間
(3) 取得原価の算定に関する事項	① 被取得企業または取得した事業の取得原価及びその内訳。株式を交付した場合には、株式の種類別の交換比率及びその算定方法ならびに交付または交付予定の株式数 ② 企業結合契約に定められた条件付取得対価の内容及びそれらの今後の会計処理方針 ③ 段階取得において、連結財務諸表上、155頁上の図表欄外にある(2)※により処理された損益の金額
(4) 取得原価の配分に関する事項	① 企業結合日に受け入れた資産及び引き受けた負債の額ならびにその主な内訳 ② 取得原価の大部分がのれん以外の無形資産に配分された場合には、のれん以外の無形資産に配分された金額及びその主要な種類別の内訳ならびに全体及び主要な種類別の加重平均償却期間 ③ 取得原価の配分が完了していない場合は、その旨及びその理由。なお、企業結合年度の翌年度以降において取得原価の当初配分額に重要な修正がなされた場合には、当該修正がなされた事業年度において、その修正の内容及び金額を注記 ④ 発生したのれんの金額、発生原因、償却方法及び償却期間。負ののれんの場合には、負ののれんの金額及び発生原因

(5) 比較情報	●当該企業結合が当期首に完了したと仮定したときの当期の連結損益計算書への影響の概算額及び当該概算額の算定方法ならびに計算過程における重要な前提条件。ただし、当該影響額に重要性が乏しい場合は、注記を省略可能 ●取得企業が連結財務諸表を作成していない場合は、個別損益計算書への影響の概算額を、連結財務諸表を作成している場合に準じて注記

❷ 連結財務諸表を作成しない場合の注記事項

逆取得となる企業結合及び段階取得について、次の注記事項が定められています。

注記事項	内　　容
逆取得に係る注記 （50項）	●上記❶の(1)〜(4)に準じた事項 ●パーチェス法を適用したとした場合に個別貸借対照表及び個別損益計算書に及ぼす影響額
段階取得に係る注記（51項）	●上記❶に準じた事項（ただし、(3)の③を除く） ●個別財務諸表において、155頁上の図表欄外の(2)※に準じて算定された差額 ●155頁上の図表欄外の(2)※に準じて被取得企業の取得原価を算定したとした場合における個別貸借対照表及び個別損益計算書に及ぼす影響額

　なお、いずれの注記も、影響額の重要性が乏しくなった場合を除き、企業結合年度の翌年度以降においても継続的に開示します。

　また、企業結合年度の翌年度以降に連結財務諸表を作成することとなった場合には、影響額の重要性が乏しくなった場合を除き、当該差額を反映した連結財務諸表を作成します。

❸ 共通支配下の取引等に係る注記事項

　企業結合年度において、共通支配下の取引等に係る重要な取引がある場合には、次の事項を注記します。

　なお、個々の共通支配下の取引等については重要性が乏しいが、企業結合年度における複数の共通支配下の取引等全体では重要性がある場合には、当該企業結合全体で注記します（52項）。

注記事項	内　　容
(1) 企業結合の概要	●結合当事企業または対象となった事業の名称及びその事業の内容 ●企業結合日 ●企業結合の法的形式 ●結合後企業の名称 ●取引の目的を含む取引の概要
(2) 実施した会計処理の概要	左記の内容
(3) 子会社株式を追加取得した場合 ① 取得原価の算定に関する事項	●追加取得した子会社株式の取得原価及びその内訳 ●株式を交付した場合には、株式の種類別の交換比率及びその算定方法ならびに交付または交付予定の株式数 ●企業結合契約に定められた条件付取得対価の内容及びそれらの今後の会計処理方針
② 発生したのれんまたは負ののれんに関する事項	●発生したのれんの金額 ●発生原因 ●償却方法及び償却期間 ●負ののれんの場合には、負ののれんの金額及び発生原因

❹ 子会社が親会社を吸収合併した場合で、子会社が連結財務諸表を作成しないときの注記事項

　子会社が親会社を吸収合併した場合で、子会社が連結財務諸表を作成しないときには、親会社が子会社を吸収合併したものとした場合と比較した当該子会社の個別貸借対照表及び個別損益計算書に及ぼす影響額を注記します。

　なお、当該注記は企業結合年度の翌年度以降においても、影響額の重要性が乏しくなった場合を除き、継続的に開示します。

　また、企業結合年度の翌年度以降に連結財務諸表を作成することとなった場合には、影響額の重要性が乏しくなった場合を除き、当該企業結合時に親会社が子会社を吸収合併したものとした連結財務諸表を作成します（53項）。

❺ 共同支配投資企業における注記事項

　共同支配投資企業は、企業結合年度において重要な共同支配企業の形成がある場合には、前述の**2**の❸の(1)及び(2)に準じた注記を行います。このうち(1)の記載にあたっては、共同支配企業の形成と判定した理由も併せて注記します。

　なお、個々の共同支配企業の形成については重要性が乏しいが、企業結合年度における複数の共同支配企業の形成全体では重要性がある場合には、当該企業結合全体で注記します（54項）。

❻ 重要な後発事象等の注記

　貸借対照表日後に完了した企業結合や貸借対照表日後に主要条件が合意された企業結合が、重要な後発事象に該当する場合には、上記**2**の❶から❺までに準じて注記を行います※。ただし、未確定の事項については注記を要しません。

また、当事業年度中に企業結合の主要条件が合意されたが、貸借対照表日までに企業結合が完了していない場合で重要な後発事象に該当しない場合についても、これらに準じて注記を行います（55項）。

> ※　164頁図表中の(2)、(4)③及び165頁上の図表中(5)、165頁の **2** の**❷**、167頁 **2** の**❹**を除く

3　平成20年改正会計基準の適用初年度に係る注記等

　平成20年改正会計基準の適用初年度においては、会計基準の変更にともなう会計方針の変更として取り扱います。ただし、会計方針の変更による影響額の注記は必要ありません。

　また、平成20年改正会計基準の適用前に実施された企業結合に係る従前の取扱いは、平成20年改正会計基準の適用後においても継続し、平成20年改正会計基準の適用日における会計処理の見直し及び遡及的な処理は行いません（58項）。

3-8　適用時期等

　本会計基準は、平成23年3月期以前から適用されています（56項）。

　なお、平成20年改正は、平成22年4月1日以後実施される企業結合から適用されています（57項）。

第4節

企業会計基準第7号
事業分離等に関する会計基準

決算書作成実務に与える影響

決算手続の流れ

期 首

期 中
- 分離元企業の会計処理
- 資産の現物出資等における移転元企業の会計処理
- 結合当事企業の株主に係る会計処理

四半期決算
- 重要な事業分離に関する事項の注記（四半期財務諸表に関する会計基準19項(18)）

期 中
- 分離元企業の会計処理
- 資産の現物出資等における移転元企業の会計処理
- 結合当事企業の株主に係る会計処理

年度末

個別決算手続

連結決算手続
- 事業分離に関する連結修正

開示書類作成
- 移転損益の表示
- 事業分離の注記
- 重要な後発事象等の注記
- 平成20年改正の適用初年度に係る注記

POINT

1. 本会計基準は、会社分割や事業譲渡などの場合における事業を分離する企業（分離元企業）の会計処理や、合併や株式交換などの企業結合における結合当事企業の株主に係る会計処理などを定めることを目的としています。
2. 本会計基準は、主として以下の事項を定めています。
    (1) 分離元企業の会計処理
    (2) 資産の現物出資等における移転元企業の会計処理
    (3) 結合当事企業の株主に係る会計処理
    (4) 損益計算書における表示
    (5) 重要な事業分離を行った場合の注記事項
    (6) 子会社を結合当事企業とする株主（親会社）の注記事項
3. 分離元企業または結合当事企業の株主の会計処理は、移転した事業に関する投資について以下のいずれの場合かで会計処理が異なります。
    (1) 清算されたとみなされる場合：移転（交換）損益を認識します。
    (2) 継続しているとみなされる場合：移転（交換）損益を認識しません。
4. 平成20年改正で、株式を取得の対価とする場合の対価の測定日、段階取得における会計処理などに関する改正が行われています。
5. 平成20年改正は、平成22年4月1日以後実施される事業分離等から適用されます。
6. 平成20年改正以外は、平成23年3月期以前から適用されています。

4-1 本会計基準の目的

本会計基準では、「企業結合に関する会計基準」（企業会計基準第21号）を受けて、以下の場合の会計処理などを定めることを目的としています（1項）。

- 会社分割や事業譲渡等、事業を分離する企業（分離元企業）の会計処理（移転損益を認識するかどうか）
- 合併や株式交換等、企業結合における結合当事企業の株主に係る会計処理（交換損益を認識するかどうか）

本会計基準を適用する際の指針として、「企業結合会計基準及び事業分離等会計基準に関する適用指針」（企業会計基準適用指針第10号。以下、本節において適用指針）が公表されています（2項）。

4-2 用語の定義

用語の定義は以下のとおりです。

用　語	定　　義
企業 （2-2項）	●会社及び会社に準ずる事業体 ●会社、組合その他これらに準ずる事業体（外国におけるこれらに相当するものを含む）
事業 （3項）	企業活動を行うために組織化され、有機的一体として機能する経営資源

事業分離 （4項）	● ある企業を構成する事業を他の企業（新設される企業を含む）に移転すること ● 複数の取引が1つの事業分離を構成している場合には、それらを一体として取り扱う
分離元企業 （5項）	事業分離において、当該企業を構成する事業を移転する企業
分離先企業 （6項）	事業分離において、分離元企業からその事業を受け入れる企業（新設される企業を含む）
結合当事企業 （7項）	企業結合に係る企業をいい、以下に分類される 結合企業：他の企業または他の企業を構成する事業を受け入れて対価（現金等の財産や自社の株式）を支払う企業 被結合企業：結合企業に対する当該他の企業 結合後企業：企業結合によって統合された1つの報告単位となる企業
事業分離日 （8項）	● 分離元企業の事業が分離先企業に移転されるべき日をいい、通常、事業分離を定める契約書等に記載され、以下の日をいう 　➢ 会社分割の場合は分割期日 　➢ 事業譲渡の場合は譲渡期日 ● 事業分離日の属する事業年度を事業分離年度という

4-3 本会計基準の範囲

本会計基準では、以下の会計処理を定めています（9項）。
(1) 事業分離における分離元企業の会計処理
(2) 資産を移転し移転先の企業の株式を受け取る場合（事業分離に該当する場合を除く）の移転元企業の会計処理
(3) 共同支配企業の形成及び共通支配下の取引以外の企業結合における

結合当事企業の株主（被結合企業または結合企業の株主）に係る会計処理

(4) 分離元企業（分割会社）がある事業を分離先企業（承継会社または新設会社）に移転し、移転に係る対価である当該承継会社または新設会社の株式を事業分離日（分割期日）に直接、分割会社の株主に交付していると考えられる吸収分割または新設分割（いわゆる「分割型の会社分割」）における当該分割会社の株主に係る会計処理

(5) 株主が現金以外の財産（ただし、分割型の会社分割による新設会社または承継会社の株式を除く）の分配を受けた場合は、企業結合に該当しないが、当該株主の会計処理

4-4 分離元企業の会計処理

分離元企業は、事業分離日に、移転した事業に関する投資が、

(1) 清算されたとみる場合
(2) そのまま継続しているとみる場合

に分類して会計処理します（10項）。

移転した事業に関する分類基準は以下のとおりです。

移転した事業に関する投資	分類基準
(1) 清算されたとみなされる場合	● 現金など、移転した事業と明らかに異なる資産を対価として受け取る場合 ● ただし、事業分離後においても、分離元企業の継続的関与（分離元企業が、移転した事業または分離先企業に対して、事業分離後も引き続き関与すること）があり、それが重要であることによって、移転した事業に係る成果の変動性を従来と同様に負っている場合、投資が清算されたとみなさない

(2) そのまま継続しているとみなされる場合	● 子会社株式や関連会社株式となる分離先企業の株式のみを対価として受け取る場合、当該株式を通じて、移転した事業に関する事業投資を引き続き行っていると考えられることから、当該事業に関する投資が継続しているとみなす

　移転した事業に関する投資の分類に応じて、以下の会計処理を行います。

移転した事業に関する投資	会計処理
(1) 清算されたとみなされる場合	移転損益を認識する ⇒　その事業を分離先企業に移転したことにより受け取った対価となる財の時価と、移転した事業に係る株主資本相当額（移転した事業に係る資産及び負債の移転直前の適正な帳簿価額による差額から、当該事業に係る評価・換算差額等及び新株予約権を控除した額。以下同じ）との差額を移転損益として認識するとともに、改めて当該受取対価の時価にて投資を行ったものとする
(2) そのまま継続しているとみなされる場合	移転損益を認識しない ⇒　その事業を分離先企業に移転したことにより受け取る資産の取得原価は、移転した事業に係る株主資本相当額に基づいて算定する

　いずれの場合においても、分離元企業において、事業分離により移転した事業に係る資産及び負債の帳簿価額は、事業分離日の前日において一般に公正妥当と認められる企業会計の基準に準拠した適正な帳簿価額のうち、移転する事業に係る金額を合理的に区分して算定します。
　上記以外に次頁上の図表の事項が定められています。

項　目	内　容
事業分離に要した支出額	発生時の事業年度の費用として処理する（11項）
移転損益を認識する場合の受取対価となる財の時価	● 受取対価が現金以外の資産等の場合、受取対価となる財の時価と移転した事業の時価のうち、より高い信頼性をもって測定可能な時価で算定する（12項） ● 受取対価が市場価格のある分離先企業の株式の場合、財の時価は、事業分離日の株価を基礎にして算定する（13項）

　従来、市場価格のある取得企業等の株式が取得の対価として交付される場合における取得の対価となる財の時価は、原則として、その企業結合の主要条件が合意されて公表された日前の合理的な期間における株価を基礎にして算定するものとされていましたが、平成20年改正より、事業分離日における時価を基礎として算定することとされました。

1　受取対価が現金等の財産のみである場合

❶ 分離元企業の個別財務諸表

　現金等の財産のみを受取対価とする事業分離において、分離元企業（親会社）の個別財務諸表上は、分離先企業が、(1)子会社、(2)関連会社、(3)子会社や関連会社以外、に区分して以下の会計処理を行います（14〜16項）。

項　目	分離先	会計処理
分離元企業が受け取った現金等の財産の価額	(1)　子　会　社	共通支配下の取引として、移転前に付された適正な帳簿価額で計上する
	(2)　関連会社	原則として、時価により計上する
	(3)　上記以外	

上記現金等の財産価額と移転した事業に係る株主資本相当額との差額	(1) 子 会 社	原則として、移転損益として認識する
	(2) 関連会社	
	(3) 上記以外	

❷ 分離元企業の連結財務諸表

分離元企業の連結財務諸表上の移転損益の取扱いは次のとおりです。

分離先	取扱い
(1) 子 会 社	「連結財務諸表に関する会計基準」（企業会計基準第22号）における未実現損益の消去に準じて処理
(2) 関連会社	「持分法に関する会計基準」（企業会計基準第16号）における未実現損益の消去に準じて処理
(3) 上記以外	個別財務諸表と同様

2 受取対価が分離先企業の株式のみである場合

❶ 分離元企業の個別財務諸表

〈1〉分離先企業が子会社または関連会社となる場合

分離元企業の個別財務諸表上の会計処理は、以下のとおりです(17-22項)。

項　目	会計処理
移転損益	認識しない
分離元企業が受け取った分離先企業の株式（子会社株式・関連会社株式）の取得原価	移転した事業に係る株主資本相当額に基づいて算定する

〈2〉分離先企業が子会社や関連会社以外となる場合

分離先企業が子会社や関連会社以外となる場合（共同支配企業の形成の場合を除きます）、分離元企業の個別財務諸表上の会計処理は以下のとおりです（23項）。

項　目	会計処理
移転損益	原則として、認識する
分離元企業が受け取った分離先企業の株式の取得原価	移転した事業に係る時価または当該分離先企業の株式の時価のうち、より高い信頼性をもって測定可能な時価に基づいて算定する

❷ 分離元企業の連結財務諸表

〈1〉分離先企業が子会社となる場合

分離元企業の連結財務諸表上、分離元企業（親会社）の事業が移転されたとみなされる額と、移転した事業に係る分離元企業（親会社）の持分の減少額との間に生じる差額の会計処理は、分離元企業が事業分離前における分離先企業の株式の保有状況に応じて、以下のとおりとなります（17～19項）。

(1) 分離先企業の株式を保有していない場合

支配獲得後における子会社の時価発行増資等にともない生じる親会社持分の増減額（持分変動差額）として取り扱います。

分離元企業は、分離先企業を取得することとなるため、分離元企業の連結財務諸表上、パーチェス法を適用します。

(2) 分離先企業の株式を有し、その他有価証券（売買目的有価証券の場合を含む）または関連会社株式であった場合

持分変動差額として取り扱います。なお、分離先企業を被取得企業としてパーチェス法を適用する際、分離先企業に対して投資したと

みなされる額は、分離元企業が追加的に受け取った分離先企業の株式の取得原価と事業分離前に有していた分離先企業の株式の支配獲得時（事業分離日）の時価との合計額とし、当該時価と、その適正な帳簿価額との差額（その他有価証券としていた場合）またはその持分法評価額との差額（関連会社株式としていた場合）は、当期の段階取得に係る損益として処理します。

　当該投資したとみなされる額と、これに対応する分離先企業の事業分離直前の資本との差額をのれん（または負ののれん）とします。

(3) 分離先企業の株式を有し、子会社株式であった場合
① 分離先企業に対して追加投資したとみなされる額と、これに対応する分離先企業の事業分離直前の資本（追加取得持分）との間に生じる差額については、のれん（または負ののれん）とします。
② 分離元企業（親会社）の事業が移転されたとみなされる額と、移転した事業に係る分離元企業（親会社）の持分の減少額との間に生じる差額については、持分変動差額として取り扱います。
③ 上記①、②のいずれかの金額に重要性が乏しいと考えられる場合には、重要性のある他の金額に含めて処理することができます。
④ 分離元企業である親会社が移転した事業の時価または分離先企業の株式（子会社株式）の時価の算定が困難な場合には、上記①と②における差額をまとめて、持分変動差額とすることができます。

　上記(2)について、取得が複数の取引により達成された場合（段階取得）における被取得企業の取得原価は、従来、支配を獲得するに至った個々の取引ごとの原価の合計額によるものとされていましたが、平成20年改正により、連結財務諸表では、支配を獲得するに至った個々の取引すべての企業結合日における時価をもって算定することとされました。

〈2〉分離先企業が関連会社となる場合

分離元企業の連結財務諸表上、持分法適用において、関連会社に係る分離元企業の持分の増加額と、移転した事業に係る分離元企業の持分の減少額との間に生じる差額の会計処理は、分離元企業が事業分離前における分離先企業の株式の保有状況に応じて、以下のとおりとなります（20〜22項）。

(1) 分離先企業の株式を保有していない場合

① 分離先企業に対して投資したとみなされる額と、これに対応する分離先企業の事業分離直前の資本（関連会社に係る分離元企業の持分の増加額）との間に生じる差額については、のれん（または負ののれん）として処理します。

② 分離元企業の事業が移転されたとみなされる額と、移転した事業に係る分離元企業の持分の減少額との間に生じる差額については、持分変動差額として取り扱います。

③ 上記①と②のいずれかの金額に重要性が乏しいと考えられる場合には、重要性のある他の金額に含めて処理することができます。

(2) 分離先企業の株式を有し、その他有価証券（売買目的有価証券の場合を含む）であった場合

① 分離先企業の株式を受け取った取引ごとに分離先企業に対して投資したとみなされる額の合計と、その取引ごとに対応する分離先企業の資本の合計との間に生じる差額については、のれん（または負ののれん）として処理します。

② 分離元企業の事業が移転されたとみなされる額と、移転した事業に係る分離元企業の持分の減少額との間に生じる差額については、持分変動差額として取り扱います。

(3) 分離先企業の株式を有し、関連会社株式であった場合

① 分離先企業に対して追加投資したとみなされる額と、これに対応する分離先企業の事業分離直前の資本（追加取得持分）との間に生

じる差額については、のれん（または負ののれん）として処理します。
② 分離元企業の事業が移転されたとみなされる額と、移転した事業に係る分離元企業の持分の減少額との間に生じる差額については、持分変動差額として取り扱います。

3 受取対価が現金等の財産と分離先企業の株式である場合

❶ 分離元企業の個別財務諸表

分離元企業（親会社）の個別財務諸表上は、分離先企業が、⑴子会社、⑵関連会社、⑶子会社や関連会社以外、に区分して以下の会計処理を行います（24～26項）。

なお、⑶子会社や関連会社以外の場合の会計処理は、受取対価が分離先企業の株式のみの場合の会計処理（177頁の〈2〉）に準じて行います（26項）。

項　目	分離先	会計処理
分離元企業が受け取った現金等の財産の価額	⑴　子会社	共通支配下の取引として、移転前に付された適正な帳簿価額で計上する
	⑵　関連会社	原則として、時価により計上する
上記現金等の財産価額と移転した事業に係る株主資本相当額との差額	⑴　子会社 ⑵　関連会社	●株主資本相当額を上回る場合 　原則として、当該差額を移転利益として認識（受け取った分離先企業の株式の取得原価はゼロ）する ●株主資本相当額を下回る場合 　当該差額を受け取った分離先企業の株式の取得原価とする

❷ 分離元企業の連結財務諸表

　分離元企業の連結財務諸表上の会計処理は、分離先企業が、(1)子会社、(2)関連会社、の区分に応じて以下のとおりとなります（24～25項）。

項　　目	会計処理
移転利益	連結会計基準または持分法、会計基準における未実現損益の消去に準じて処理する
子会社または関連会社に係る分離元企業の持分の増加額と移転した事業に係る分離元企業の持分の減少額との間に生じる差額	● (1)、(2)の場合ともに、受取対価が分離先企業の株式のみである場合と同様であり、原則として、のれん（または負ののれん）と持分変動差額に区分して処理する（176頁の〈1〉及び177頁の〈2〉参照） ● なお、(1)の場合、事業分離前に分離先企業の株式をその他有価証券または関連会社株式として保有していた場合、事業分離日における時価をもって受け取った分離先企業の株式の取得原価に加算し、その時価と適正な帳簿価額との差額は当期の段階取得に係る損益として認識する

4-5 分離元企業の会計処理に関する開示

1 移転損益の計上区分

　移転損益は、原則として、特別損益に計上します（27項）。

2 注記事項

❶ 事業分離の注記事項

　事業分離年度において、共通支配下の取引や共同支配企業の形成に該当しない重要な事業分離を行った場合、分離元企業は次頁の事項を注記しま

す（28項）。

> (1) 事業分離の概要
>   - 分離先企業の名称
>   - 分離した事業の内容
>   - 事業分離を行った主な理由
>   - 事業分離日及び法的形式を含む取引の概要
> (2) 実施した会計処理の概要
> (3) セグメント情報の開示において、当該分離した事業が含まれていた区分の名称
> (4) 当期の損益計算書に計上されている分離した事業に係る損益の概算額
> (5) 分離先企業の株式を子会社株式または関連会社株式として保有すること以外で分離元企業の継続的関与があるにもかかわらず、移転損益を認識した場合、当該継続的関与の主な概要。ただし、軽微なものについては注記を省略することができる。

なお、個々の取引については重要性が乏しいが、事業分離年度における取引全体について重要性がある場合には、上記(1)及び(2)について、当該取引全体で注記します。

また、連結財務諸表における注記と個別財務諸表における注記が同じとなる場合には、個別財務諸表においては、連結財務諸表に当該注記がある旨の記載をもって代えることができます。

❷ 重要な後発事象等の注記事項

分離元企業は、貸借対照表日後に完了した事業分離や貸借対照表日後に主要条件が合意された事業分離が、重要な後発事象に該当する場合には、上記前頁の❶に準じて注記を行います（ただし、貸借対照表日後に主要条件

が合意された事業分離にあっては、左記の(1)及び(3)に限ります)。

また、当事業年度中に事業分離の主要条件が合意されたが、貸借対照表日までに事業分離が完了していない場合(ただし、重要な後発事象に該当する場合を除きます)についても、左記の(1)及び(3)に準じて注記を行います(30項)。

4-6 資産の現物出資等における移転元の企業の会計処理

資産を移転し移転先の企業の株式を受け取る場合(事業分離に該当する場合を除きます)において、移転元の企業の会計処理は、事業分離における分離元企業の会計処理に準じて行います(31項)。

4-7 結合当事企業の株主に係る会計処理

1 被結合企業の株主に係る会計処理

被結合企業の株主に係る会計処理にあたっては、被結合企業に関する投資が、(1)清算されたとみる場合、と(2)そのまま継続するとみる場合に分類します。分類は173頁の 4-4 「分離元企業の会計処理」の考え方と同様です(32項)。

被結合企業に関する投資	分類基準
(1) 清算されたとみなされる場合	●現金など、被結合企業の株式と明らかに異なる資産を対価として受け取る場合 ●ただし、企業結合後においても、被結合後企業の株主の継続

	的関与（被結合企業の株主が、結合後企業に対して、企業結合後も引き続き関与すること）があり、それが重要であることによって、交換した株式に係る成果の変動性を従来と同様に負っている場合、投資が清算されたとみなさない
(2) そのまま継続しているとみなされる場合	●当該被結合企業の株主が子会社株式や関連会社株式となる結合企業の株式のみを対価として受け取る場合、当該株式を通じて、被結合企業（子会社または関連会社）に関する事業投資を引き続き行っていると考えられることから、当該被結合企業に関する投資が継続しているとみなす

移転した事業に関する投資の分類に応じて、以下の会計処理を行います。

被結合企業に関する投資	会計処理
(1) 清算されたとみなされる場合	交換損益を認識する ⇒ 被結合企業の株式と引換えに受け取った対価となる財の時価と、被結合企業の株式に係る企業結合直前の適正な帳簿価額との差額を交換損益として認識するとともに、改めて当該受取対価の時価にて投資を行ったものとする
(2) そのまま継続されているとみなされる場合	交換損益を認識しない ⇒ 交換損益を認識せず、被結合企業の株式と引換えに受け取る資産の取得原価は、被取得企業の株式に係る適正な帳簿価額に基づいて算定する

　交換損益を認識する場合の受取対価となる財の時価の算定は次頁上のとおりです。

受取対価	時価の算定
現金以外の資産等の場合（33項）	受取対価となる財の時価と引き換えた被結合企業の株式の時価のうち、より高い信頼性をもって測定可能な時価で算定します
市場価格のある結合企業の株式の場合（34項）	受取対価となる財の時価は、企業結合日の株価を基礎にして算定します

　従来、市場価格のある取得企業等の株式が取得の対価として交付される場合における取得の対価となる財の時価は、原則として、その企業結合の主要条件が合意されて公表された日前の合理的な期間における株価を基礎にして算定するものとされていましたが、平成20年改正より、企業結合日における時価を基礎として算定することとされました。

2　受取対価が現金等の財産のみである場合

❶ 子会社を被結合企業とした企業結合の場合

　子会社を被結合企業とする企業結合により、子会社株式である被結合企業の株式が現金等の財産のみと引き換えられた場合、当該被結合企業の株主（親会社）に係る会計処理は、事業分離における分離元企業の会計処理に準じて行います（35項。176頁参照）。

❷ 関連会社または子会社や関連会社以外の投資先を被結合企業とした企業結合の場合

　関連会社または子会社や関連会社以外の投資先を被結合企業とする企業結合により、関連会社株式または子会社株式や関連会社株式以外の被投資先企業の株式が現金等の財産のみと引き換えられた場合、被結合企業の株

主は次の処理を行います（36、37項）。

どちらを被結合企業とする場合でも会計処理は同じ処理になります。

区　分	項　目	会計処理
個別財務諸表	被結合企業の株主が受け取った現金等の財産の価額	原則として、時価により計上する
	当該時価と引き換えられた被結合企業の株式の適正な帳簿価額との差額	原則として、交換損益として認識する
連結財務諸表	被結合企業の株主の子会社または他の関連会社（関連会社）を結合企業とする場合、交換損益は、連結会計基準及び持分法会計基準における未実現損益の消去に準じて処理します

3 受取対価が結合企業の株式のみである場合

❶ 子会社を被結合企業とした企業結合の場合

子会社を被結合企業とする企業結合により、子会社株式である被結合企業の株式が結合企業の株式のみと引き換えられ、

(1) 当該被結合企業の株主（親会社）の持分比率が減少する場合

(2) 企業結合前に被結合企業の株主が被結合企業の株式（子会社株式）に加え結合企業の株式（子会社株式）も有していることから、当該被結合企業の株主としての持分比率が増加（結合企業の株主としての持分比率は減少）する場合

があり、いずれの場合かで会計処理が異なります（次頁上の図表）。

持分比率	会計処理
(1) 減少する場合（38項）	被結合企業の株主（親会社）に係る会計処理は、事業分離における分離元企業の会計処理に準じて行う（176頁の〈1〉参照）
(2) 増加する場合（39項）	被結合企業の株主としての持分の増加については、追加取得に準じて処理し、当該結合企業の株主としての持分の減少については、子会社の時価発行増資等における親会社の会計処理に準じて行う

❷ 関連会社を被結合企業とした企業結合の場合

〈1〉被結合企業の株主の持分比率が減少する場合

関連会社を被結合企業とする企業結合により、関連会社株式である被結合企業の株式が結合企業の株式のみと引き換えられ、当該被結合企業の株主の持分比率は減少するが、

(1) 結合後企業が引き続き当該被結合企業の株主の関連会社である場合（関連会社株式から関連会社株式）

(2) 結合後企業が当該被結合企業の株主の関連会社に該当しないこととなる場合（関連会社株式からその他有価証券）

があり、いずれの場合かで会計処理が異なります。

結合後	項目	会計処理
(1) 関連会社である場合（40項）	交換損益	認識しない
	結合後企業の株式（関連会社株式）の取得原価	引き換えられた被結合企業の株式（関連会社株式）に係る企業結合直前の適正な帳簿価額に基づいて算定する
(2) 関連会社でなくなる場合（41項）	交換損益	原則として認識する
	結合後企業の株式の取得原価	結合後企業の株式の時価または被結合企業の株式の時価のうち、より高い信頼性をもって測定可能な時価に基づいて算定する

◆被結合企業の株主の連結財務諸表

(1) 結合後も関連会社である場合

　持分法適用において、関連会社となる結合後企業に係る被結合企業の株主の持分の増加額と、従来の被結合企業に係る被結合企業の株主の持分の減少額との間に生じる差額は次の処理を行います。

　① 被結合企業に対する持分が交換されたとみなされる額と、これに対応する企業結合直前の結合企業の資本（関連会社となる結合後企業に係る被結合企業の株主の持分の増加額）との間に生じる差額については、のれん（または負ののれん）として処理する。

　② 被結合企業の株式が交換されたとみなされる額と、従来の被結合企業に係る被結合企業の株主の持分の減少額との間に生じる差額については、持分変動差額として取り扱う。

　③ ただし、上記①と②のいずれかの金額に重要性が乏しいと考えられる場合には、重要性のある他の金額に含めて処理することができます。

(2) 結合後に関連会社でなくなる場合

　これまで関連会社としていた被結合企業の株式は、個別貸借対照表上の帳簿価額をもって評価します（41項）。

〈2〉被結合企業の株主の持分比率が増加する場合

　関連会社を被結合企業とする企業結合により、関連会社株式である被結合企業の株式が結合企業の株式のみと引き換えられ、企業結合前に、被結合企業の株主が被結合企業の株式（関連会社株式）に加え結合企業の株式（子会社株式または関連会社株式）も有していることから、当該被結合企業の株主としての持分比率が増加（結合企業の株主としての持分比率は減少）する場合の会計処理は、次頁上の図表のとおりです（42項）。

項　目	会計処理
被結合企業の株主としての持分の増加	追加取得に準じて処理する
結合企業の株主としての持分の減少	子会社または関連会社の時価発行増資等における親会社または投資会社の会計処理に準じて処理する

❸ 子会社や関連会社以外の投資先を被結合企業とした企業結合の場合

　子会社や関連会社以外の投資先を被結合企業とする企業結合により、子会社株式や関連会社株式以外の被結合企業の株式が結合企業の株式のみと引き換えられ、

(1) 結合後企業が引き続き、当該株主の子会社や関連会社にならない場合（その他有価証券からその他有価証券）

(2) 企業結合前に、被結合企業の株主が被結合企業の株式に加え結合企業の株式（子会社株式または関連会社株式）も有していることから、当該被結合企業の株主としての持分比率が増加（結合企業の株主としての持分比率は減少）し、結合後企業は当該株主の子会社または関連会社となる場合（その他有価証券から子会社株式または関連会社株式）

があり、それぞれの会計処理は以下のとおりとなっています。

項　目	会計処理
(1) 結合後企業が子会社や関連子会社以外の投資先となる場合（43項）	● 被結合企業の株主の個別財務諸表上、交換損益は認識されない ● 結合後企業の株式の取得原価は、引き換えられた被結合企業の株式に係る企業結合直前の適正な帳簿価額に基づいて算定する

(2) 結合後企業が子会社または関連会社となる場合（44項）	● 被結合企業の株主としての持分の増加は、段階取得に準じて処理する ● 結合企業の株主としての持分の減少は、子会社または関連会社の時価発行増資等における親会社または投資会社の会計処理に準じて処理する

4 受取対価が現金等の財産と結合企業の株式である場合

❶ 子会社を被結合企業とした企業結合の場合

　子会社を被結合企業とする企業結合により、子会社株式である被結合企業の株式が、現金等の財産と結合企業の株式とに引き換えられ、当該被結合企業の株主（親会社）の持分比率が減少する場合、当該被結合企業の株主（親会社）に係る会計処理は、事業分離における分離元企業の会計処理に準じて行います（181頁の❷参照）。

　なお、企業結合前に、被結合企業の株主が被結合企業の株式（子会社株式）に加え結合企業の株式（子会社株式）も有していることから、当該被結合企業の株主としての持分比率が増加（結合企業の株主としての持分比率は減少）する場合、186頁❶の(2)に準じて処理します。また、連結財務諸表上、交換利益は、連結会計基準における未実現損益の消去に準じて処理します（45項）。

❷ 関連会社を被結合企業とした企業結合の場合

　関連会社を被結合企業とする企業結合により、関連会社株式である被結合企業の株式が、現金等の財産と結合企業の株式とに引き換えられ、当該被結合企業の株主の持分比率は減少するが、結合後企業が引き続き当該被結合企業の株主の関連会社である場合（関連会社株式から関連会社株式）、被結合企業の株主は次頁の図表のとおりの処理を行います（46項）。

被結合企業の株主の個別財務諸表上の会計処理

項　目	会計処理
被結合企業の株主が受け取った現金等の財産の価額	原則として、時価で計上する
現金等の財産の時価が引き換えられた被結合企業の株式に係る適正な帳簿価額との差額	● 現金等の財産の時価が上回る場合 　⇒　原則として、当該差額を交換利益として認識（受け取った結合企業の株式の取得原価はゼロ）する ● 現金等の財産の時価が下回る場合 　⇒　当該差額を受け取った結合企業の株式の取得原価とする

被結合企業の株主の連結財務諸表上の会計処理

項　目	会計処理
交換利益	持分法会計基準における未実現損益の消去に準じて処理する
関連会社となる結合後企業に係る被結合企業の株主の持分の増加額と、従来の被結合企業に係る被結合企業の株主の持分の減少額との間に生じる差額	● 187頁の〈1〉の(1)に準じ、原則として、のれん（または負ののれん）と持分変動差額に区分して処理する ● 企業結合前に、被結合企業の株主が被結合企業の株式（関連会社株式）に加え結合企業の株式（子会社株式または関連会社株式）も有していることから、当該被結合企業の株主としての持分比率が増加（結合企業の株主としての持分比率は減少）する場合、188頁の〈2〉に準じて処理する ● 結合後企業が子会社や関連会社に該当しないこととなる場合には、185頁の❷及び187頁の〈1〉の(2)に準じて処理する

❸ 子会社や関連会社以外の投資先を被結合企業とした企業結合の場合

　子会社や関連会社以外の投資先を被結合企業とする企業結合により、子会社株式や関連会社株式以外の被結合企業の株式が、現金等の財産と結合企業の株式とに引き換えられた場合、被結合企業の株主は、「金融商品に関する会計基準」（企業会計基準第10号）に準じて処理します。

なお、企業結合前に、被結合企業の株主が被結合企業の株式に加え結合企業の株式（子会社株式または関連会社株式）も有していることから、当該被結合企業の株主としての持分比率が増加（結合企業の株主としての持分比率は減少）し、結合後企業は当該株主の子会社または関連会社となる場合（その他有価証券から子会社株式または関連会社株式）、190頁上の図表の(2)に準じて処理します。

　また、連結財務諸表上、交換損益は、連結会計基準及び持分法会計基準における未実現損益の消去に準じて処理します（47項）。

5 結合企業の株主に係る会計処理

　結合企業の株主は、次の処理を行います（48項）。

企業結合による結合企業の株主の持分比率	項　　目	会計処理
減少する場合	① 子会社や関連会社を結合企業とする企業結合	子会社または関連会社の時価発行増資等における親会社の会計処理に準じて処理する（結合企業の株主が被結合企業の株式も有しており、結合後企業は当該株主の子会社または関連会社となる場合については、186頁❶(2)、188頁の〈2〉及び190頁上の図表(2)参照）
	② 子会社や関連会社以外の投資先を結合企業（その他有価証券からその他有価証券）	会計処理不要

増加する場合	① 企業結合前に、結合企業の株主が結合企業の株式に加え被結合企業の株式（子会社株式または関連会社株式）も有していることから、当該結合企業の株主としての持分比率が増加（被結合企業の株主としての持分比率は減少）し、結合後企業は当該株主の子会社または関連会社となる場合	有している被結合企業の株式が子会社株式であるときには186頁❶の(1)、有している被結合企業の株式が関連会社株式であるときには187頁の〈1〉の(1)による
	② 企業結合前に、結合企業の株主が結合企業の株式に加え被結合企業の株式（その他有価証券）も有していることから、当該結合企業の株主としての持分比率が増加（被結合企業の株主としての持分比率は減少）するが、結合後企業が引き続き子会社や関連会社以外の投資先である場合（その他有価証券からその他有価証券）	会計処理不要

6 分割型の会社分割における分割会社の株主に係る会計処理

❶ 受取対価が新設会社または承継会社の株式のみである場合

　分割型の会社分割により分割会社の株主が新設会社または承継会社の株式のみを受け取った場合、当該分割会社の株主は、これまで保有していた分割会社の株式の全部または一部と実質的に引き換えられたものとみなして、被結合企業の株主に係る会計処理に準じて処理します（49項。186頁

3 参照)。

　この場合、被結合企業の株主に係る会計処理における被結合企業の株式に係る企業結合直前の適正な帳簿価額に代えて、分割した部分に係る分割会社の株式の適正な帳簿価額を用います。

　なお、分割直前の分割会社の株式の適正な帳簿価額のうち、引き換えられたものとみなされる部分を合理的な方法によって按分し算定します（50項）。

❷ 受取対価が現金等の財産と新設会社または承継会社の株式である場合

　分割型の会社分割により分割会社の株主が現金等の財産と新設会社または承継会社の株式を受け取った場合、当該分割会社の株主は、これまで保有していた分割会社の株式の全部または一部と実質的に引き換えられたものとみなして、被結合企業の株主に係る会計処理に準じて処理します（51項。190頁 4 参照）。

7 現金以外の財産の分配を受けた場合の株主に係る会計処理

　株主が現金以外の財産の分配を受けた場合、企業結合に該当しないが、当該株主は、原則として、これまで保有していた株式と実質的に引き換えられたものとみなして、被結合企業の株主に係る会計処理に準じて処理します（185頁 2 参照）。この際、これまで保有していた株式のうち実質的に引き換えられたものとみなされる額は、分配を受ける直前の当該株式の適正な帳簿価額を合理的な方法によって按分し算定します（52項）。

4-8 結合当事企業の株主に係る会計処理に関する開示

1 損益の計上区分

交換損益は、原則として、特別損益に計上します（53項）。

2 注記事項

❶ 子会社を結合当事企業とする株主（親会社）の注記事項

子会社を結合当事企業とする株主（親会社）は、結合当事企業（子会社）の企業結合により、子会社に該当しなくなった場合には、当該企業結合日の属する連結会計年度において、連結財務諸表上、当該企業結合に関する次の事項を注記します（54項）。

ただし、重要性が乏しい取引については、注記を省略することができるものとし、個々の取引については重要性が乏しいが、連結会計年度における取引全体について重要性がある場合には、下記(1)及び(2)を当該取引全体で注記します。

(1) 子会社が行った企業結合の概要
- 各結合当事企業の名称
- その事業の内容
- 企業結合を行った主な理由
- 企業結合日及び法的形式を含む取引の概要

(2) 実施した会計処理の概要

(3) セグメント情報の開示において、当該結合当事企業が含まれていた区分の名称

> (4) 当期の連結損益計算書に計上されている結合当事企業に係る損益の概算額
> (5) 結合後企業の株式を関連会社株式として保有すること以外で結合当事企業の株主の継続的関与があるにもかかわらず、交換損益を認識した場合、当該継続的関与の主な概要
>
> ただし、軽微なものについては注記を省略することができます。

❷ 重要な後発事象等の注記事項

　子会社を結合当事企業とする株主（親会社）は、貸借対照表日後に完了した企業結合や貸借対照表日後に主要条件が合意された企業結合が、重要な後発事象に該当する場合には、上記❶に準じて注記を行います（ただし、貸借対照表日後に主要条件が合意された企業結合にあっては、上記❶(1)及び(3)に限ります）。

　また、当事業年度中に企業結合の主要条件が合意されたが、貸借対照表日までに企業結合が完了していない場合（ただし、重要な後発事象に該当する場合を除く）についても、上記❶(1)及び(3)に準じて注記を行います（56項）。

❸ 平成 20 年改正会計基準の適用初年度に係る注記等

　平成 20 年改正会計基準の適用初年度においては、会計基準の変更に伴う会計方針の変更として取り扱います。ただし、会計方針の変更による影響額の注記は必要ありません。

　また、平成 20 年改正会計基準の適用前に実施された事業分離等に係る従前の取扱いは、平成 20 年改正会計基準の適用後においても継続し、平成 20 年改正会計基準の適用日における会計処理の見直し及び遡及的な処理は行いません（57-3 項）。

4-9 適用時期等

本会計基準は、平成23年3月期以前から適用されています（57項）。

なお、平成20年改正は、平成22年4月1日以後実施される事業分離等から適用されます（57-2項）。

第5節

企業会計基準第5号
貸借対照表の純資産の部の表示に関する会計基準

決算書作成実務に与える影響

決算手続の流れ

期　首

期　中

四半期決算

期　中

年度末

個別決算手続
- 純資産の部の表示
- 評価・換算差額等及びその税効果会計の取扱い

連結決算手続
- 連結子会社で計上されている評価・換算差額等の取扱い

開示書類作成
- 純資産の部の表示

POINT

1. 本会計基準では、以下の事項が定められています。
   (1) 貸借対照表における純資産の部の表示
   (2) 連結子会社で計上されている評価・換算差額等の取扱い
   (3) 評価・換算差額等
   (4) 評価・換算差額等の項目に係る税効果会計の取扱い

2. 平成21年に以下の改正が行われており、この改正は平成22年4月1日以後実施される企業結合から適用されています。
   - 「連結財務諸表に関する会計基準」（企業会計基準第22号）において、支配獲得時の子会社の資産及び負債の評価は全面時価評価法のみとなったことによる技術的な改正

3. 平成21年改正以外は平成23年3月期以前から適用されています。

4. 「包括利益の表示に関する会計基準」（企業会計基準第25号）の公表により、関連する項目の改正が予定されています。

5. 「包括利益の表示に関する会計基準」は平成23年3月31日以後終了する連結会計年度の年度末に係る連結財務諸表から適用されます。連結貸借対照表の純資産の部の表示について、「評価・換算差額等」は「その他の包括利益累計額」という表示になります。

5-1 本会計基準の目的

　本会計基準は、貸借対照表における純資産の部の表示を定めることを目的としています（1項）。貸借対照表における純資産の部の表示に関して、以下の事項に留意する必要があります。

- 既存の会計基準と異なる取扱いを定めているものについては、本会計基準の取扱いが優先されます。
- 本会計基準において特に定めのないものについては、該当する他の会計基準の定めによります。
- 貸借対照表項目の認識及び消滅の認識、貸借対照表価額の算定などの会計処理については、既存の会計基準によることとなります。

　本会計基準の適用にあたって、参照する必要がある「貸借対照表の純資産の部の表示に関する会計基準等の適用指針」（企業会計基準適用指針第8号。以下、本節において適用指針）では、以下の事項も規定しています（適用指針2項）。

会計基準	項　　目
「税効果会計に係る会計基準」の適用指針の一部	評価・換算差額等に関する税効果会計の適用
「連結財務諸表に関する会計基準」（企業会計基準第22号）及び「持分法に関する会計基準」（企業会計基準第16号）の適用指針の一部	資本連結における子会社の資本及び持分法の適用における被投資会社の資本
「外貨建取引等会計処理基準」の適用指針の一部	在外子会社の純資産の換算

5-2 純資産の部の表示

　本会計基準では、資産性または負債性を持つものを資産の部または負債の部に記載することとし、それらに該当しないものは資産と負債との差額として、「純資産の部」に記載することとしています（21項）。資産や負債に該当しない項目（株主資本以外）は株主に帰属する「資本」ではないため、「資本の部」という表記を「純資産の部」に変更されています（21項）。

　なお、適用指針3項では、個別貸借対照表と連結貸借対照表の純資産の部について、次頁の表示例が記載されています。

1 連結子会社で計上されている評価・換算差額等の取扱い

　連結貸借対照表において、連結子会社の個別貸借対照表上、純資産の部に直接計上されている評価・換算差額等は、持分比率に基づき親会社持分割合と少数株主持分割合とに按分し、親会社持分割合は当該区分において記載し、少数株主持分割合は少数株主持分に含めて記載します（7項）。

2 評価・換算差額等

　評価・換算差額等には、以下の項目が含まれます（8項）。
- その他有価証券評価差額金　　● 繰延ヘッジ損益
- 為替換算調整勘定等（連結貸借対照表の場合）

　なお、当該評価・換算差額等については、これらに係る繰延税金資産または繰延税金負債の額を控除した金額を記載します（8項）。
　上記以外に土地再評価差額も評価・換算差額に含まれます。

（個別貸借対照表）	（連結貸借対照表）
純資産の部 　Ⅰ　株主資本 　　1　資本金 　　2　新株式申込証拠金 　　3　資本剰余金 　　　(1)　資本準備金 　　　(2)　その他資本剰余金 　　　　　　　　資本剰余金合計 　　4　利益剰余金 　　　(1)　利益準備金 　　　(2)　その他利益剰余金 　　　　××積立金 　　　繰越利益剰余金 　　　　　　　　利益剰余金合計 　　5　自己株式 　　6　自己株式申込証拠金 　　　　　　　　株主資本合計 　Ⅱ　評価・換算差額等 　　1　その他有価証券評価差額金 　　2　繰延ヘッジ損益 　　3　土地再評価差額金 　　　　　　　評価・換算差額等合計 　Ⅲ　新株予約権 　　　　　　　　　　純資産合計	純資産の部 　Ⅰ　株主資本 　　1　資本金 　　2　新株式申込証拠金 　　3　資本剰余金 　　4　利益剰余金 　　5　自己株式 　　6　自己株式申込証拠金 　　　　　　　　株主資本合計 　Ⅱ　評価・換算差額等 　　1　その他有価証券評価差額金 　　2　繰延ヘッジ損益 　　3　土地再評価差額金 　　4　為替換算調整勘定 　　　　　　　評価・換算差額等合計 　Ⅲ　新株予約権 　Ⅳ　少数株主持分 　　　　　　　　　　純資産合計

出所　企業会計基準委員会「貸借対照表の純資産の部の表示に関する会計基準等の適用指針」（企業会計基準適用指針第8号）

❶「包括利益の表示に関する会計基準」

「包括利益の表示に関する会計基準」(企業会計基準第25号)の公表により、「評価・換算差額等」は「その他の包括利益累計額」で表示することになります。「包括利益の表示に関する会計基準」の公表は平成22年6月30日ですが、これを受け、本会計基準の改正が予定されています(「包括利益の表示に関する会計基準」43項)。

❷ 税効果会計

税効果会計の適用に関する取扱いは以下のとおりです(適用指針4項)。

項　目	取扱い
「税率の変更」または「繰延税金資産の回収可能性の見直し」	法人税等の税率変更または繰延税金資産の回収可能性の見直しにより、評価・換算差額等に係る繰延税金資産または繰延税金負債の金額を修正した場合、修正差額を当該評価・換算差額等に加減して処理する
その他有価証券評価差額金に対する税効果	「その他有価証券の評価差額及び固定資産の減損損失に係る税効果の適用における監査上の取扱い」(監査委員会報告第70号)の「Ⅰ　その他有価証券の評価差額」に取扱いによる
繰延ヘッジ損益に対する税効果	「個別財務諸表における税効果会計に関する実務指針」(会計制度委員会報告第10号)による
為替換算調整勘定に対する税効果	「連結財務諸表における税効果会計に関する実務指針」(会計制度委員会報告第6号)による
土地再評価差額金に対する税効果	「土地再評価差額金の会計処理に関するQ&A」(会計制度委員会)Q4(税率変更に伴う再評価に係る繰延税金の増減額は再評価差額金に加減)による

5-3 適用時期等

　本会計基準は、平成21年3月に以下の改正がなされています。この平成21年改正は平成22年4月1日以後開始事業年度から適用されています。平成21年改正以外は平成23年3月期以前から適用されています（9、10-2項）。

> 平成20年12月に公表された「連結財務諸表に関する会計基準」（企業会計基準第22号）において、支配獲得時の子会社の資産及び負債の評価は全面時価評価法のみとされたことなどに対応した技術的な改正（17-2項）

第3章

平成23年4月1日以後開始事業年度から新たに適用される会計基準

第1節

企業会計基準第24号
会計上の変更及び誤謬の訂正に関する会計基準

決算書作成実務に与える影響

決算手続の流れ

期　首

期　中

四半期決算
- 会計方針及び表示方法の変更の遡及適用
- 会計方針及び表示方法の変更の注記
- 会計上の見積りの変更、過去の誤謬の注記

期　中

年度末

個別決算手続
- 会計方針及び表示方法の変更の遡及適用

連結決算手続
- 会計方針及び表示方法の変更の遡及適用

開示書類作成
- 会計方針及び表示方法の変更の遡及適用
- 会計方針及び表示方法の変更の注記
- 会計上の見積りの変更、過去の誤謬の注記
- 未適用の会計基準の注記

POINT

1. 本会計基準は、会計上の変更及び過去の誤謬の訂正に関する会計処理及び開示について定めています。
2. 会計上の変更とは会計方針の変更、表示方法の変更、会計上の見積りの変更をいい、誤謬の訂正は会計上の変更には該当しません。
3. 会計方針の変更及び表示方法の変更の場合、原則、遡及適用します。
4. 会計上の見積りの変更の場合、遡及適用しません。
5. 過去の誤謬の訂正の場合、原則、遡及適用します。
6. 減価償却方法の変更については、会計上の見積りの変更と同様、遡及修正は行いません。
7. 臨時償却が廃止されています。
8. 会計上の変更及び過去の誤謬に関する注記事項が定められています。
9. 未適用の会計基準等がある場合、注記が求められています。
11. 平成23年4月1日以後開始する事業年度の期首以後に行われる会計上の変更及び過去の誤謬の訂正から適用されます。
12. 未適用の会計基準に関する注記は平成23年4月1日以後開始する事業年度から適用されます。
13. 早期適用は認められていません。

1-1 本会計基準の目的

　本会計基準は、会計上の変更及び過去の誤謬の訂正に関する会計処理及び開示について定めることを目的としています（1項）。

　本会計基準を適用する際の指針として「会計上の変更及び誤謬の訂正に関する会計基準の適用指針」（企業会計基準適用指針第24号。以下、本節において適用指針）が公表されています（2項）。

1-2 本会計基準の原則的取扱い

　本会計基準の適用による原則的な取扱いと従来の取扱いを比較すると以下のとおりとなります。

項目		従来の取扱い	本会計基準の原則的取扱い
会計上の変更	会計方針の変更	変更の影響を当期の財務諸表に反映	遡及適用します
	表示方法の変更	当期の財務諸表から変更	遡及適用します（財務諸表の組替）
	会計上の見積りの変更	変更の影響を当期の財務諸表に反映	従来の取扱いと同様に遡及適用しません
過去の誤謬の訂正		前期損益修正として処理	遡及適用します（修正再表示）

1-3 用語の定義

本会計基準における用語の定義は以下のとおりです（4項）。

用　語	定　義
会計上の変更	● 会計方針、表示方法、会計上の見積りの変更 ● 過去の財務諸表における誤謬の訂正は、会計上の変更には該当しません
会計上の見積りの変更	新たに入手可能となった情報に基づいて、過去に財務諸表を作成する際に行った会計上の見積りを変更すること
誤　謬	原因となる行為が意図的であるか否かに関わらず、財務諸表作成時に入手可能な情報を使用しなかったこと、またはこれを誤用したことによる、次のような誤りのこと ①　財務諸表の基礎となるデータの収集または処理上の誤り ②　事実の見落としや誤解から生じる会計上の見積りの誤り ③　会計方針の適用の誤り、または表示方法の誤り
遡及適用	新たな会計方針を過去の財務諸表に遡って適用していたかのように会計処理すること
財務諸表の組替え	新たな表示方法を過去の財務諸表に遡って適用していたかのように表示を変更すること
修正再表示	過去の財務諸表における誤謬の訂正を財務諸表に反映すること

1-4 会計方針の変更の取扱い

1 会計方針の変更の分類

会計方針は、正当な理由により変更を行う場合を除き、毎期継続して適用します。正当な理由により変更を行う場合は、次のいずれかに分類されます（5項）。

正当な理由の分類	内　容
(1) 会計基準等の改正に伴う会計方針の変更	● 会計基準等の改正によって特定の会計処理の原則及び手続が強制される場合 ● 従来認められていた会計処理の原則及び手続を任意に選択する余地がなくなる場合 ● 会計基準等の改正に伴って会計方針の変更を行うこと 　➢ 会計基準等の改正には、既存の会計基準等の改正または廃止のほか、新たな会計基準等の設定が含まれます 　➢ 会計基準等に早期適用の取扱いが定められており、これを適用する場合も含まれます
(2) 上記以外の正当な理由による会計方針の変更	正当な理由に基づき自発的に会計方針の変更を行うこと

2 会計方針の変更の具体的範囲

会計方針の変更の範囲として留意する事項は次頁のとおりです。

会計方針の変更として取り扱うもの	会計方針の変更として取り扱わないもの（適用指針8項）
● 会計処理の変更に伴う表示方法の変更（適用指針7項） ● キャッシュ・フロー計算書における資金の範囲の変更 　▶ キャッシュ・フロー計算書の表示の内訳の変更は、表示方法の変更（適用指針9項）	● 会計事象等の重要性が増したことにともなう本来の会計処理の原則及び手続への変更 ● 新たな事実の発生にともなう新たな会計処理の原則及び手続の採用 ● 連結または持分法の適用の範囲に関する変動

3 会計方針の変更に関する原則的な取扱い

会計方針の変更に関する原則的な取扱いは、上記 1 の分類に従って、新たな会計方針を遡及修正する場合、以下の処理を行います（6項）。

《会計方針の変更に関する原則的取扱い》

(1) 会計基準等の改正に伴う会計方針の変更
　① 会計基準等に特定の経過的な取扱い（適用開始時に遡及適用を行わないことを定めた取扱いなど）が定められていない場合
　　⇒ 新たな会計方針を過去の期間のすべてに遡及適用します。
　② 会計基準等に特定の経過的な取扱いが定められている場合
　　⇒ その経過的な取扱いに従います。
(2) 上記以外の正当な理由による会計方針の変更
　　⇒ 新たな会計方針を過去の期間のすべてに遡及適用します。

4 新たな会計方針を遡及適用する場合の取扱い

新たな会計方針を遡及適用する場合には、以下の処理を行います（7

項)。

> 《新たな会計方針を遡及適用する場合の取扱い》
> (1) 表示期間(当期の財務諸表及びこれに併せて過去の財務諸表が表示されている場合の、その表示期間)より前の期間に関する遡及適用による累積的影響額は、表示する財務諸表のうち、最も古い期間の期首の資産、負債及び純資産の額に反映します。
> (2) 表示する過去の各期間の財務諸表には、当該各期間の影響額を反映します。

❶ 計算書類と有価証券報告書への対応

　会社法計算書類の場合、単年度表示のため、当期首の数値に反映することになり、金融商品取引法による有価証券報告書の場合、2期比較で開示されるため、前期期首の数値に反映することになるものと考えます。

　なお、会社法では会計監査や株主総会といった一連の手続が完了した計算書類に基づいてのみ、分配可能限度額等が算定されます。そのため、本会計基準に従い有価証券報告書の過年度財務諸表が遡及修正されたとしても、それにより過去の会社法上の分配可能限度額等が変動してしまうということはありません。

❷ 原価計算における簡便的な方法

　会計方針の変更が製造原価等に影響を与える場合、棚卸資産及び売上原価等の金額の計算において、新たな会計方針により算定することが原則ですが、簡便的に次頁上の方法で算定することが認められています(46項)。

影響額の重要性	簡便的な方法
ある	製造原価における会計方針の変更前と変更後の差額を算出したうえで、これを合理的な方法で棚卸資産と売上原価等に配賦し、変更前の会計方針による金額に加算して算定します
ない	製造原価における会計方針の変更前と変更後の差額をすべて売上原価に含めて処理します

5 原則的な取扱いが実務上不可能な場合の取扱い

❶ 遡及適用が実務上不可能な場合

遡及適用が実務上不可能な場合とは、次のような状況が該当します（8項）。

(1) 過去の情報が収集・保存されておらず、合理的な努力を行っても、遡及適用による影響額を算定できない場合
(2) 遡及適用にあたり、過去における経営者の意図について仮定することが必要な場合
(3) 遡及適用にあたり、会計上の見積りを必要とするときに、会計事象や取引が発生した時点の状況に関する情報について、対象となる過去の財務諸表が作成された時点で入手可能であったものと、その後判明したものとに、客観的に区別することが時の経過により不可能な場合

❷ 原則的な取扱いが実務上不可能な場合の取扱い

遡及適用の原則的な取扱いが実務上不可能な場合の取扱いは、以下のとおりです（9項）。

《原則的な取扱いが実務上不可能な場合の取扱い》

(1) 当期の期首時点において、過去の期間のすべてに新たな会計方針を遡及適用した場合の累積的影響額を算定することが可能だが、表示期間のいずれかにおいて、当該期間に与える影響額を算定することが実務上不可能な場合
⇒ 遡及適用が実行可能な最も古い期間の期首時点で累積的影響額を算定し、当該期首残高から新たな会計方針を適用します。

(2) 当期の期首時点において、過去の期間のすべてに新たな会計方針を遡及適用した場合の累積的影響額を算定することが実務上不可能な場合
⇒ 期首以前の実行可能な最も古い日から将来にわたり新たな会計方針を適用します。

1-5 会計方針の変更に関する注記

1 会計基準等の改正に伴う会計方針の変更に関する注記

会計基準等の改正に伴う会計方針の変更の場合で、次のいずれかに該当する場合は、当期において、以下の事項を注記します（10項）。

- 当期または過去の期間に影響があるとき
- 将来の期間に影響を及ぼす可能性があるとき

(1) 会計基準等の名称
(2) 会計方針の変更の内容
(3) 経過的な取扱いに従って会計処理を行った場合、その旨及び当該経過的な取扱いの概要

(4) 経過的な取扱いが将来に影響を及ぼす可能性がある場合には、その旨及び将来への影響
- ただし、将来への影響が不明またはこれを合理的に見積もることが困難である場合には、その旨

(5) 表示期間のうち過去の期間について、影響を受ける財務諸表の主な表示科目に対する影響額及び1株当たり情報に対する影響額
- ただし、経過的な取扱いに従って会計処理を行った場合ならびに原則的な取扱いが実務上不可能な場合で、表示する過去の財務諸表について遡及適用を行っていないときには、表示期間の各該当期間において、実務上算定が可能な、影響を受ける財務諸表の主な表示科目に対する影響額及び1株当たり情報に対する影響額

(6) 表示されている財務諸表のうち、最も古い期間の期首の純資産の額に反映された、表示期間より前の期間に関する会計方針の変更による遡及適用の累積的影響額
- ただし、前頁の上にある(1)に該当する場合は、累積的影響額を反映させた期におけるその金額
- 前頁の上にある(2)に該当する場合は、その旨

(7) 原則的な取扱いが実務上不可能な場合には、その理由、会計方針の変更の適用方法及び適用開始時期

なお、(3)〜(7)については、(5)ただし書きに該当する場合を除き、連結財務諸表における注記と個別財務諸表における注記が同一であるときには、個別財務諸表においては、その旨の記載をもって代えることができます(10項)。

2 その他の会計方針の変更に関する注記

　会計基準等の改正に伴う会計方針の変更以外の正当な理由による会計方針の変更の場合で、215頁 1 の「会計基準等の改正に伴う会計方針の変更に関する注記」同様、次のいずれかに該当する場合は、当期において、以下の事項を注記します（11項）。

- 当期または過去の期間に影響があるとき
- 将来の期間に影響を及ぼす可能性があるとき

　なお、以下の注記事項は215頁 1 の「会計基準等の改正に伴う会計方針の変更に関する注記」(2)、(5)、(6)、(7)と共通の注記事項となっています。

(1)　会計方針の変更の内容
(2)　会計方針の変更を行った正当な理由
(3)　表示期間のうち過去の期間について、影響を受ける財務諸表の主な表示科目に対する影響額及び1株当たり情報に対する影響額
　　● ただし、原則的な取扱いが実務上不可能な場合で、表示する過去の財務諸表について遡及適用を行っていないときには、表示期間の各該当期間において、実務上算定が可能な、影響を受ける財務諸表の主な表示科目に対する影響額及び1株当たり情報に対する影響額
(4)　表示されている財務諸表のうち、最も古い期間の期首の純資産の額に反映された、表示期間より前の期間に関する会計方針の変更による遡及適用の累積的影響額
　　● ただし、前述215頁上の(1)に該当する場合は、累積的影響額を反映させた期におけるその金額
　　● 215頁上の(2)に該当する場合は、その旨
(5)　原則的な取扱いが実務上不可能な場合には、その理由、会計方針の変更の適用方法及び適用開始時期

なお、(2)～(5)については、(3)ただし書きに該当する場合を除き、連結財務諸表における注記と個別財務諸表における注記が同一であるときには、個別財務諸表においては、その旨の記載をもって代えることができます（11項）。

3 同一期間に複数の会計方針の変更を行った場合の注記

実務上可能な範囲において、変更の内容ごとに上記 1 または 2 で定める事項を注記します。変更の内容ごとに影響額を区分することが困難な場合には、その旨を注記します（適用指針10項）。

4 未適用の会計基準等に関する注記

すでに公表されているものの、いまだ適用されていない新しい会計基準等がある場合には、次の事項を注記します。

なお、連結財務諸表で注記を行っている場合は、個別財務諸表での注記は必要ありません（12項）。

> (1) 新しい会計基準等の名称及び概要
> (2) 適用予定日（早期適用する場合：早期適用予定日）に関する記述
> (3) 新しい会計基準等の適用による影響に関する記述
>   適用の影響について定量的に把握していない場合には、定性的な情報を注記します。なお、財務諸表の作成時点において企業が未だその影響について評価中であるときには、その事実を注記します（適用指針11項）。

上記(3)の注記を行うことが求められていますので、従来よりも早期に新しい会計基準の適用による影響額の算定や早期適用の有無等の判断が必要

になってくるものと想定されます。

1-6 表示方法の変更

1 表示方法の変更の取扱い

表示方法の変更の取扱いは以下のとおりです。

区　　分	取扱い
原則的な取扱い	●表示方法は、次のいずれかの場合を除き、毎期継続して適用します（13項） 　➢表示方法を定めた会計基準または法令等の改正により表示方法の変更を行う場合 　➢会計事象等を財務諸表により適切に反映するために表示方法の変更を行う場合 ●財務諸表の表示方法を変更した場合、表示する過去の財務諸表について、新たな表示方法に従い財務諸表の組替えを行います（14項）
原則的な取扱いが実務上不可能な場合	表示する過去の財務諸表のうち、財務諸表の組替えが実行可能な最も古い期間から新たな表示方法を適用します（15項）

2 表示方法の変更に関する注記

表示方法の変更を行った場合には、次頁上の事項を注記します（16項）。

> (1) 財務諸表の組替えの内容
> (2) 財務諸表の組替えを行った理由
> (3) 組替えられた過去の財務諸表の主な項目の金額
> (4) 原則的な取扱いが実務上不可能な場合には、その理由

(2)から(4)については、連結財務諸表における注記と個別財務諸表における注記が同一である場合には、個別財務諸表においては、その旨の記載をもって代えることができます。

1-7 会計上の見積りの変更

1 会計上の見積りの変更の取扱い

会計上の見積りの変更の取扱いは以下のとおりです。

区　分	取扱い
原則（17項）	会計上の見積りの変更が ➤ 変更期間のみに影響する場合 　当該変更期間に会計処理を行います ➤ 将来の期間にも影響する場合 　将来にわたり会計処理を行います
会計方針の変更を会計上の見積りの変更と区別することが困難な場合	●会計上の見積りの変更と同様に取り扱い、遡及適用は行いません（19項） ●ただし、注記については、217頁 2 の「注記事項」(1)・(2)及び221頁の 3 「注記事項」(2)に関する記載を行います（19項）

- 有形固定資産等の減価償却方法及び無形固定資産の償却方法は、会計方針に該当するが、その変更については、会計上の見積りの変更として遡及適用は行いません（20項）

　なお、過去の見積りの方法がその見積りの時点で合理的なものであり、それ以降の見積りの変更も合理的な方法に基づく場合、当該変更は過去の誤謬には該当しません（適用指針12項）。

2 引当額の過不足が計上時の見積り誤りに起因する場合

　引当額の過不足が計上時の見積り誤りに起因する場合には、過去の誤謬に該当するため、修正再表示を行います。

　一方、過去の財務諸表作成時において入手可能な情報に基づき最善の見積りを行った場合には、当期中における状況の変化により会計上の見積りの変更を行った時の差額、または実績が確定した時の見積金額との差額は、その変更のあった期、または実績が確定した期に、同性質により、営業損益または営業外損益として認識します（55項）。

3 会計上の見積りの変更に関する注記

　会計上の見積りの変更を行った場合には、次の事項を注記します（18項）。

(1) 会計上の見積りの変更の内容
(2) 会計上の見積りの変更が、当期に影響を及ぼす場合は当期への影響額
- 当期への影響がない場合でも将来の期間に影響を及ぼす可能性があり、かつ、その影響額を合理的に見積もることができるときには、当該影響

額。ただし、将来への影響額を合理的に見積もることが困難な場合に
　は、その旨

4 臨時償却の廃止

　固定資産の耐用年数の変更等について、従来は臨時償却による方法も認められていましたが、国際的な会計基準とのコンバージェンスの観点も踏まえて、臨時償却は廃止し、当期以降の費用配分に影響させる方法のみを認める取扱いになります（57項）。

1-8 過去の誤謬

1 過去の誤謬に関する取扱い

　過去の財務諸表における誤謬が発見された場合には、次の方法により修正再表示します（21項）。

《過去の誤謬が発見された場合の修正再表示》
(1) 表示期間より前の期間に関する修正再表示による累積的影響額は、表示する財務諸表のうち、最も古い期間の期首の資産、負債及び純資産の額に反映します。
(2) 表示する過去の各期間の財務諸表には、当該各期間の影響額を反映します。

　過去の誤謬については、修正再表示が実務上不可能な場合の取扱いは規定されていません。ただし、まれに実務において誤謬の修正再表示が不可

能な場合が生じる可能性を否定するものではないとされています (67項)。

2 過去の誤謬を前期損益修正項目で計上する従来の実務

　過去の誤謬を前期損益修正項目として当期の特別損益に計上する実務は、比較情報として表示される過去の財務諸表を修正再表示する方法に変更されることになりましたが、重要性の判断に基づいて、過去の財務諸表を修正再表示しない場合は、損益計算書上、その性質により営業損益または営業外損益として認識することになります (65項)。

3 過去の誤謬に関する注記

　過去の誤謬の修正再表示を行った場合、次の事項を注記します (22項)。

---

(1) 過去の誤謬の内容
(2) 表示期間のうち過去の期間について、影響を受ける財務諸表の主な表示科目に対する影響額及び1株当たり情報に対する影響額
(3) 表示されている財務諸表のうち、最も古い期間の期首の純資産の額に反映された、表示期間より前の期間に関する修正再表示の累積的影響額

1-9 重要性の判断

　本会計基準のすべての項目について、財務諸表利用者の意思決定への影響に照らした重要性が考慮されます。重要性の判断にあたっては以下の事項を考慮する必要があります (35項)。

項　　目	重要性の判断にあたって考慮する事項
金額的重要性	● 以下により判断します 　➢ 損益への影響額 　➢ 累積的影響額が重要であるか否か 　➢ 損益への趨勢に重要な影響を与えている否か 　➢ 財務諸表項目への影響が重要であるか否か ● 具体的な判断基準は、企業の個々の状況により異なります
質的重要性	● 以下により判断します 　➢ 企業の経営環境 　➢ 財務諸表項目の性質 　➢ 誤謬が生じた原因

1-10 適用時期等

1 適用時期

　本会計基準は、平成23年3月期では適用されません。平成23年4月1日以後開始する事業年度の期首以後に行われる会計上の変更及び過去の誤謬の訂正から適用されます。ただし、未適用の会計基準等に関する注記については、平成23年4月1日以後開始する事業年度から適用されます（23項）。

2 適用初年度の取扱い

　本会計基準適用初年度においては、当該事業年度の期首以後に行われる会計上の変更及び過去の誤謬の訂正から本会計基準を適用している旨を注記します（24項）。

第4章

平成23年4月1日以後開始事業年度から一部改正が新たに適用される会計基準

第1節

企業会計基準第2号
1株当たり当期純利益に関する会計基準

決算書作成実務に与える影響

決算手続の流れ

期 首

期 中

四半期決算
➢ 四半期における以下の算定方法
  ・1株当たり当期純利益
  ・潜在株式調整後1株当たり当期純利益
  ・1株当たり純資産額

期 中

年度末

個別決算手続

連結決算手続

開示書類作成
➢ 以下の1株当たり指標の注記及び計算方法
  ・1株当たり当期純利益
  ・潜在株式調整後1株当たり当期純利益
  ・1株当たり純資産額
➢ 上記指標の算定上の基礎の注記
➢ 株式併合または株式分割が行われた場合の注記
  ・当期に行われた場合
  ・当期の貸借対照表日後に行われた場合

POINT

1. 本会計基準は、1株当たり当期純利益、潜在株式調整後1株当たり当期純利益の算定方法を定めています。

2. 主として以下の事項が定められています。
   (1) 普通株式に係る当期純利益
   (2) 普通株式の期中平均株式数
   (3) 連結財務諸表における1株当たり当期純利益の算定にあたって、子会社及び関連会社が保有する親会社の普通株式の取扱い
   (4) 株式併合または株式分割が行われた場合の取扱い

3. 「会計上の変更及び誤謬の訂正に関する会計基準」(企業会計基準第24号)の公表により、平成22年6月に一部改正が行われています。改正の主な内容は以下のとおりです。
   (1) 当期及び当期の貸借対照表日後に株式併合または株式分割が行われた場合、普通株式の期中平均株式数及び普通株式増加数は、表示する財務諸表のうち、最も古い期間の期首に当該株式併合または株式分割が行われたと仮定して算定
   (2) 会計方針の変更または過去の誤謬の訂正が行われた場合、遡及修正または修正再表示の影響を1株当たり当期純利益、潜在株式調整後1株当たり当期純利益及び1株当たりの純資産額に反映

4. 平成22年6月改正は平成23年4月1日以後開始する事業年度から適用されますので、平成23年3月期では適用されません。早期適用も認められません。

5. 平成22年6月改正以外は平成23年3月期以前から適用されています。

1-1 本会計基準の目的

　本会計基準は、以下の算定方法を定めることを目的としています（1項）。なお、本会計基準は、開示項目としての算定方法を定めたものであり、損益計算書における当期純利益の算定等、会計処理に影響を与えるものではありません（2項）。

① 　1株当たり当期純利益
② 　潜在株式調整後1株当たり当期純利益

　本会計基準の適用にあたって、参照する必要がある「1株当たり当期純利益に関する会計基準の適用指針」（企業会計基準適用指針第4号。以下、本節において適用指針）では、以下の算定方法等についても定めています（適用指針1項）。

① 　1株当たり純資産額
② 　配当優先株式以外の種類株式の取扱い

1-2 用語の定義

　本会計基準の用語の定義は以下のとおりです。

用　　語	定　　義
普通株式（5項）	株主の権利内容に制限のない標準となる株式
普通株主（6項）	普通株式を有する者
配当優先株式（7項）	普通株式よりも配当請求権が優先的に認められている株式

優先配当（8項）	配当優先株式における優先的な剰余金の配当であって、本会計基準では留保利益から行われるもの
潜在株式（9項）	その保有者が普通株式を取得することができる権利もしくは普通株式への転換請求権またはこれらに準じる権利が付与された証券または契約をいい、ワラントや転換証券が含まれる
ワラント（10項）	その保有者が普通株式を取得することができる権利またはこれに準じる権利をいい、新株予約権が含まれる
転換証券（11項）	普通株式への転換請求権もしくはこれに準ずる権利が付された金融負債または普通株式以外の株式をいい、一括法で処理されている新株予約権付社債や一定の取得請求権付株式が含まれる
条件付発行可能普通株式（適用指針4項）	特定の条件を満たした場合に普通株式を発行することとなる証券または契約
条件付発行可能潜在株式（適用指針5項）	特定の条件を満たした場合に潜在株式を発行することとなる証券または契約（たとえば、行使制限条項が付された新株予約権）
優先的ではないが異なる配当請求権を有する株式（適用指針6項）	普通株式より配当請求権が優先的ではなく、かつ、普通株式の配当請求権とは異なる内容の配当請求権に基づく金額が、あらかじめ定められた方法により算定可能な株式（たとえば、配当請求権に基づく金額があらかじめ定められた方法により算定可能な非参加型の子会社連動株式（いわゆるトラッキング・ストック）や非転換型の配当劣後株式（後配株式））

1-3 1株当たり当期純利益の算定

1株当たり当期純利益は、次頁上の計算式で算定します（12項）。

$$1株当たり当期純利益 = \frac{普通株式に係る当期純利益}{普通株式の期中平均株式数}$$

$$= \frac{損益計算書上の当期純利益 - 普通株主に帰属しない金額}{普通株式の期中平均発行済株式数 - 普通株式の期中平均自己株式数}$$

なお、損益計算書上、当期純損失の場合には、1株当たり当期純損失を算定することになります（12項）。この場合、上記計算式の当期純利益を当期純損失に代えて算定します（適用指針7項）。

1 普通株式と同等の株式が存在する場合

普通株式と同等の株式が存在する場合には、これらの株式数を含めて1株当たり当期純利益を算定することになります（13項）。これは普通株式と同等の株式が存在する場合、それらを普通株式から区分して取り扱うことが困難となるためです（44項）。

なお、普通株式に含めて算定することとなる普通株式と同等の株式とは、以下の株式をいいます。

用　語	定　義
普通株式と同等の株式	普通株式より配当請求権が優先的ではなく、かつ、普通株式の配当請求権とは異なる内容の配当請求権に基づく金額を、あらかじめ定められた方法により算定できない株式

たとえば、以下の株式が含まれます（適用指針8項）。

① 普通株式より配当請求権が優先的ではないが、残余財産分配請求権は普通株式より優先的である株式

② 普通株式より配当請求権が優先的ではなく、残余財産分配請求権は

普通株式より劣後的である株式
③　株主総会における議決権が制限されているため普通株式ではないが、普通株式より配当請求権が優先的ではない株式（たとえば、議決権制限株式）

> 1株当たり当期純利益
> $= \dfrac{\text{普通株式及び普通株式と同等の株式に係る当期純利益}}{\text{普通株式及び普通株式と同等の株式の期中平均株式数}}$
> $= \dfrac{\text{損益計算書上の当期純利益}-\text{普通株主及び普通株主と同等の株主に帰属しない金額}}{\text{普通株式及び普通株式と同等の株式の期中平均株式数}}$

2 普通株式に係る当期純利益

普通株式に係る当期純利益は、損益計算書上の当期純利益から、剰余金の配当に関連する項目で普通株主に帰属しない金額（以下、普通株式に帰属しない金額）を控除して算定します（14項）。

「普通株主に帰属しない金額」には、次の図表の優先配当額などが含まれます（15、16項）。

分　類	普通株主に帰属しない金額
累積型配当優先株式の場合※	1株当たり当期純利益の算定対象となる会計期間に係る要支払額
非累積型配当優先株式の場合	1株当たり当期純利益の算定対象となる会計期間に基準日が属する剰余金の配当を基礎として算定した額

※　累積型：定められた優先配当額に達しないときの当該不足額が翌会計期間以降に優先的に支払われるもの

また、優先配当額以外には、たとえば、以下のものが含まれます（適用指針11項）。

(1) 配当優先株式に係る消却(償還)差額
(2) 普通株主以外の株主が損益計算書上の当期純利益から当期の配当後の配当に参加できる額(「参加可能額」)

3 普通株式の期中平均株式数

　普通株式の期中平均株式数を算定する際、期中に普通株式が発行された場合、発行時から期末までの期間に応じた普通株式数は、当該発行時から期末までの日数に応じた普通株式数を算定する方法の他、合理的な基礎に基づいて算定された当該平均株式数を用いることができます。
　たとえば、以下のような方法が挙げられています(適用指針13項)。
(1) 発行時から期末までの月数に応じた普通株式数を算定する方法
(2) 会計期間における月末の普通株式の発行済株式数から自己株式数を控除した株式数の累計を平均して算定する方法

　上記以外の普通株式の期中平均株式数に係る取扱いは以下のとおりです。

項　目	取　扱　い
連結財務諸表における1株当たり当期純利益(17項)	期中平均自己株式数には、子会社及び関連会社が保有する親会社株式等の発行する普通株式数のうち、親会社等の持分に相当する株式数を含める
潜在株式(18項)	実際に権利が行使されたときに普通株式数に含める
当期に株式併合または株式分割が行われた場合(改正前19項)	普通株式の期中平均株式数は、当期首に当該株式併合または株式分割が行われたと仮定して算定する

「会計上の変更及び誤謬の訂正に関する会計基準」(企業会計基準第24号)の公表にともない、平成22年6月に本会計基準の改正が行われ、株式併合または株式分割が行われた場合の取扱いが以下のように変更されています。当該改正の適用は平成23年4月1日以降開始事業年度からとなっています。早期適用もできません。

改正前	改正後
「当期首」に株式併合または株式分割が行われたと仮定して算定する(改正前19項)	「表示する財務諸表のうち、最も古い期間の期首」に株式併合または株式分割が行われたと仮定して算定する(30-2項)

1-4 潜在株式調整後1株当たり当期純利益

潜在株式に係る権利の行使を仮定することにより算定した1株当たり当期純利益(以下、潜在株式調整後1株当たり当期純利益)が1株当たり当期純利益を下回る場合、当該潜在株式は希薄化効果を有するものとし、希薄化効果がある場合、潜在株式調整後1株当たり当期純利益を開示することになります(20項)。

潜在株式には以下のようなものがあります(適用指針17項)。
(1) ワラント
(2) 転換証券
(3) 条件付発行可能普通株式
(4) 条件付発行可能潜在株式

潜在株式が複数存在する場合、潜在株式を各々の発行単位に分け、希薄

化効果の大きな潜在株式から順に勘案し、最大希薄化効果のある潜在株式調整後1株当たり当期純利益を算定することになります（22項、適用指針18項）。

1 潜在株式調整後1株当たり当期純利益の算定

潜在株式調整後1株当たり当期純利益は、以下の計算式で算定します（21項）。

$$\text{潜在株式調整後1株当たり当期純利益} = \frac{\text{普通株式に係る当期純利益}＋\text{当期純利益調整額}}{\text{普通株式の期中平均株式数}＋\text{普通株式増加数}}$$

当期純利益調整額及び普通株式増加数の算定については、次の 2 「ワラントが存在する場合」、237頁 3 「転換証券が存在する場合」をご覧ください。なお、以下の場合は、その旨を開示し、潜在株式調整後1株当たり当期純利益の開示は行いません（23項）。

(1) 潜在株式が存在しない場合
(2) 潜在株式が存在しても希薄化効果を有しない場合
(3) 1株当たり当期純損失の場合

2 ワラントが存在する場合

ワラントが存在する場合の取扱いは次のとおりです。

項　目	取　扱　い
希薄化効果を有する場合（24項）	以下の不等式が成立する場合、当該ワラントは希薄化効果を有することになります 普通株式の期中平均株価＞ワラント行使価格

潜在株式調整後1株当たり当期純利益の算定（25項）	各々のワラントが希薄化効果を有する場合、分母に「普通株式増加数」を加えた以下の算定式で1株当たり当期純利益を算定します $$\frac{普通株式に係る当期純利益}{普通株式の期中平均株式数＋普通株式増加数}$$
普通株式増加数（26項）	「普通株式増加数」は、以下の(1)から(2)を控除して算定します (1) 希薄化効果を有するワラントが期首または発行時においてすべて行使されたと仮定した場合に発行される普通株式数 (2) 期中平均株価にて普通株式を買い受けたと仮定した普通株式数

　普通株式増加数は、ワラントの行使による入金額で期中平均株価にて自己株式を買い戻した場合、買い戻せなかった株式数を希薄化株式数とするものです（自己株式方式）。

　なお、ワラントが期中に消滅、消却または行使された部分については、期首または発行時から当該消滅時または行使時までの期間に応じた普通株式数を算定します。

　期首または発行時から当該消滅時、消却時もしくは行使時または期末までの日数に応じた普通株式数を算定する方法のほか、合理的な基礎に基づいて算定された当該平均株式数、たとえば、当該発行時から期末までの月数に応じた普通株式数を算定する方法を用いることができます（適用指針20項）。

❶ 平均株価

　平均株価は、各営業日の株価の平均のほか、合理的な基礎に基づいて算定された平均株価、たとえば、当期にワラントが存在する期間の各週また

は各月の末日の株価の平均を用いることができます。これらの場合の株価は、市場において公表されている取引価格の終値を優先適用します（適用指針21項）。

❷ 行使期間が到来していないワラント

希薄化効果を有するワラントは、いまだ行使期間が開始していなくとも、普通株式増加数の算定上、すでに行使期間が開始したものとして取り扱います。したがって、ストック・オプションのうち一定期間の勤務後に権利が確定するものも、希薄化効果を有する場合には、行使期間が開始していなくとも、普通株式増加数の算定上、付与された時点からすでに行使期間が開始したものとして取り扱います（適用指針22項）。

3 転換証券が存在する場合

転換証券が存在する場合の取扱いは次頁の図表のとおりです。

なお、当期に株式併合または株式分割が行われた場合、普通株式増加数は、当期首に当該株式併合または株式分割が行われたと仮定して算定します（改正前30項）。

この取扱いは「会計上の変更及び誤謬の訂正に関する会計基準」（企業会計基準第24号）が公表されたことにより、平成22年6月に改正されており、当期首に当該株式併合または株式分割が行われたと仮定するのではなく、表示する財務諸表のうち、最も古い期間の期首に行われたものと仮定することに変更されています。

この改正後の取扱いは、平成23年3月期では適用されず、平成23年4月1日以後開始する事業年度から適用されます。

項　目	取　扱　い
希薄化効果を有する場合（27項）	以下の不等式が成立する場合、当該転換証券は希薄化効果を有することになります $$\frac{1株当たり}{当期純利益} > \frac{転換証券に関する当期純利益調整額}{普通株式増加数}$$
潜在株式調整後1株当たり当期純利益の算定（28項）	各々の転換証券が希薄化効果を有する場合、分母に「普通株式増加数」を、分子に「当期純利益調整額」を加えた以下の算定式で1株当たり当期純利益を算定します $$\frac{普通株式に係る当期純利益＋当期純利益調整額}{普通株式の期中平均株式数＋普通株式増加数}$$
当期純利益調整額（29項）	(1) 以下の合計額から、当該金額に課税されたと仮定した場合の税金相当額（法定実効税率を用いて算定）を控除した金額 　① 転換負債に係る当期の支払利息の金額 　② 社債金額よりも低い金額または高い価額で発行した場合における当該差額に係る当期償却額 　③ 利払いに係る事務手数料等の費用（重要性の乏しいものは除く（適用指針25項）） (2) 転換株式について、1株当たり当期純利益を算定する際に当期純利益から控除された当該株式に関連する普通株主に帰属しない金額
普通株式増加数（30項）	以下の(1)及び(2)によって算定された普通株式数の合計 (1) 希薄化効果を有する転換証券が期首に存在する場合、期首においてすべて転換されたと仮定した場合に発行される普通株式数 (2) 希薄化効果を有する転換証券が期中に発行された場合は、発行時においてすべて転換されたと仮定し算定した当該発行時から期末までの期間に応じた普通株式数

4 子会社または関連会社の発行する潜在株式が存在する場合

　子会社または関連会社の発行する潜在株式に係る権利の行使を仮定することにより、親会社の持分比率が変動し、その結果、連結上の当期純利益が減少する場合、当該潜在株式は潜在株式調整後1株当たり当期純利益の算定にあたって考慮します（適用指針33項）。

5 親会社が発行する子会社等の潜在株式が存在する場合

　親会社が発行する子会社等の普通株式に転換等の可能な潜在株式について、その権利の行使を仮定することにより、親会社の持分比率が変動し、その結果、連結上の当期純利益が減少する場合、当該潜在株式は、連結上の潜在株式調整後1株当たり当期純利益の算定にあたって考慮します（適用指針33-2項）。

　なお、この取扱いは平成23年3月期には適用されず、平成23年4月1日以後開始する事業年度から適用されます。

1-5　1株当たり純資産額の算定

　1株当たり純資産額は、次頁の計算式で算定します（適用指針34、35項）。

$$
\begin{aligned}
1株当たり純資産額 &= \frac{普通株式に係る期末の純資産額}{期末の普通株式の発行済株式数-期末の普通株式の自己株式数} \\
&= \frac{貸借対照表の純資産の部の合計額-控除する金額}{期末の普通株式の発行済株式数-期末の普通株式の自己株式数}
\end{aligned}
$$

1 貸借対照表の純資産の部から控除する金額

貸借対照表の純資産の部の合計額から控除する金額は、以下のとおりです（適用指針35項）。

(1) 新株式申込証拠金
(2) 自己株式申込証拠金
(3) 普通株式よりも配当請求権または残余財産分配請求権が優先的な株式の払込金額（当該優先的な株式に係る資本金及び資本剰余金の合計額）
(4) 当該会計期間に係る剰余金の配当であって普通株主に関連しない金額
(5) 新株予約権
(6) 少数株主持分（連結財務諸表の場合）

2 連結財務諸表における1株当たり純資産額

連結財務諸表において1株当たり純資産額を算定する際に控除する自己株式数には、1株当たり当期純利益の算定と同様、子会社及び関連会社が保有する親会社等（子会社においては親会社、関連会社においては当該会社に対して持分法を適用する投資会社）の発行する普通株式数のうち、親会社等の持分に相当する株式数を含めます（適用指針34項）。

3 「会計上の変更及び誤謬の訂正に関する会計基準」

「会計上の変更及び誤謬の訂正に関する会計基準」（企業会計基準第24号）に従い、会計方針の変更または過去の誤謬の訂正により財務諸表に遡及適用または修正再表示を行った場合は、表示期間の1株当たり純資産額を、遡及適用後または修正再表示後の金額により算定します（適用指針36-2項）。

なお、この取扱いは平成23年3月期には適用されず、平成23年4月1

1-6 四半期財務諸表における取扱い

　1株当たり四半期純利益及び潜在株式調整後1株当たり四半期純利益の算定は、四半期会計期間または四半期累計期間をそれぞれ一会計期間とみて算定します。また、四半期の1株当たり純資産額は、期末の1株当たり純資産額の算定に準じて算定します（適用指針37-2項）。

　この規定は平成22年改正であり、平成23年3月期は適用されないこととなっていますが、実質的には四半期財務諸表の取扱いを明らかにするための改正であり、従来の実務上の取扱いに変更はないものと考えます。

1-7 開　示

　以下の場合、注記が必要となります。

1 株式併合または株式分割が行われた場合

❶ 当期に行われた場合

　その旨及び前期首に当該株式併合または株式分割が行われたと仮定した場合における前期の1株当たり当期純利益及び潜在株式調整後1株当たり当期純利益を注記します。

　ただし、前期の1株当たり当期純利益及び潜在株式調整後1株当たり当期純利益が、当期の財務諸表との比較形式で開示されていない場合は注記する必要はありません（改正前31項）。

❷ 当期の貸借対照表日後に行われた場合

重要な後発事象として取り扱います。以下のように、当該株式併合または株式分割の影響を反映した、(1)前期及び、(2)当期の1株当たり当期純利益及び潜在株式調整後1株当たり当期純利益を、当該株式併合または株式分割が行われた旨とともに注記します（改正前32項）。

(1) 上記❶の「当期に行われた場合」に準じて算定された前期の1株当たり当期純利益及び潜在株式調整後1株当たり当期純利益

　　ただし、前期の1株当たり当期純利益及び潜在株式調整後1株当たり当期純利益が、当期の財務諸表との比較形式で開示されていない場合の取扱いは、上記❶の「当期に行われた場合」と同様です。

(2) 当期首に当該株式併合または株式分割が行われたと仮定して算定された当期の1株当たり当期純利益及び潜在株式調整後1株当たり当期純利益

2　1株当たり当期純利益または潜在株式調整後1株当たり当期純利益を開示する場合

当該金額の算定上の基礎として以下の事項を注記します。

なお、ほかに同様の開示を財務諸表において行っている場合には、その旨の記載をもって代えることができます（適用指針38項）。

---

(1) 損益計算書上の当期純利益、1株当たり当期純利益の算定に用いられた普通株式に係る当期純利益及びこれらの差額（普通株主に帰属しない金額）の主要な内訳

(2) 1株当たり当期純利益の算定に用いられた普通株式及び普通株式と同等の株式の期中平均株式数の種類別の内訳

(3) 潜在株式調整後1株当たり当期純利益の算定に用いられた当期純利益調整額の主要な内訳

> (4) 潜在株式調整後1株当たり当期純利益の算定に用いられた普通株式増加数の主要な内訳
> (5) 希薄化効果を有しないため、潜在株式調整後1株当たり当期純利益の算定に含まれなかった潜在株式の概要

　なお、(5)希薄化効果を有しないため、潜在株式調整後1株当たり当期純利益の算定に含まれなかった潜在株式の概要には、その旨、潜在株式の種類、潜在株式の数が含まれます（適用指針39項）。

3　1株当たり純資産額を開示する場合の算定上の基礎

　以下の事項を注記することが望ましいとされています。なお、ほかに同様の開示を財務諸表において行っている場合には、その旨の記載をもって代えることができます（適用指針40項）。

(1) 貸借対照表上の純資産の部の合計額と1株当たり純資産額の算定に用いられた普通株式に係る期末の純資産額の差額（貸借対照表の純資産の部の合計額から控除する金額）の主要な内訳
(2) 1株当たり純資産額の算定に用いられた期末の普通株式の数の種類別の内訳

1-8 適用時期等

　本会計基準は、平成22年6月改正箇所を除き、平成23年3月期以前から適用されています（34、34-2項）。本会計基準及び適用指針は、平成22年6月に主として以下の事項について改正されていますが、平成22年改

正の適用時期は平成23年4月1日以後開始する事業年度からになりますので、平成23年3月期では適用されません。早期適用も認められません（62項）。

平成22年6月改正

❶「会計上の変更及び誤謬の訂正に関する会計基準」（企業会計基準第24号）関連

① 当期及び当期の貸借対照表日後に株式併合または株式分割が行われた場合、普通株式の期中平均株式数及び普通株式増加数は、表示する財務諸表のうち、最も古い期間の期首に当該株式併合または株式分割が行われたと仮定して算定します（30-2、30-3、31項、適用指針16、41項）。

② 会計方針の変更または過去の誤謬の訂正が行われた場合、遡及適用または修正再表示の影響を1株当たり当期純利益、潜在株式調整後1株当たり当期純利益及び1株当たり純資産額に反映します（30-4、30-5項、適用指針36-2項）。

❷ その他

① ストック・オプションに関しては、潜在株式調整後1株当たり当期純利益の算定上、自己株式方式を用いる際に、ストック・オプションの権利の行使により払い込まれると仮定された場合の入金額には、ストック・オプションの公正な評価額のうち、将来企業に提供されるサービスに係る分を含めます（適用指針22項）。

② 子会社等が発行する親会社の潜在株式が存在する場合、希薄化効果がある場合には、連結上の潜在株式調整後1株当たり当期純利益の算定にあたり、親会社の潜在株式に含めます（適用指針33項）。

③ 親会社が発行する子会社等の潜在株式が存在する場合、連結上の潜在

株式調整後1株当たり当期純利益の算定にあたっては、当該潜在株式について、当期純利益の調整額のほか、想定される転換の結果、子会社等の普通株式増加に起因する親会社の損益の変動についても普通株式に係る当期純利益に加減します（適用指針33-2項）。

④ ワラントの行使価格等が期中に修正された場合、期中における行使価格（転換価格）の修正を考慮します（「1株当たり当期純利益に関する実務上の取扱い」（実務対応報告第9号）Q5-2）。

第2節

企業会計基準第6号
株主資本等変動計算書に関する会計基準

決算書作成実務に与える影響

決算手続の流れ

- 期　首
- 期　中
- 四半期決算
- 期　中
- 年度末
  - 個別決算手続
  - 連結決算手続
  - 開示書類作成
    - ➢ （連結）株主資本等変動計算書の表示区分及び表示方法

POINT

1. 本会計基準は、株主資本等変動計算書の表示区分及び表示方法等を定めています。
2. 平成22年6月に「会計上の変更及び誤謬の訂正に関する会計基準」(企業会計基準第24号)に従って遡及処理を行った場合の取扱いが追加されています。
3. 平成22年6月改正は平成23年4月1日以後開始する連結会計年度及び事業年度から適用されます。
4. 平成22年6月改正以外は、平成23年3月期以前から適用されています。
5. 「包括利益の表示に関する会計基準」(企業会計基準第25号)の公表により、関連する項目の改正が予定されています。
6. 「包括利益の表示に関する会計基準」は平成23年3月31日以後終了する連結会計年度の年度末に係る連結財務諸表から適用されますが、連結貸借対照表の純資産の部の表示について、「評価・換算差額等」は「その他の包括利益累計額」という表示になります。

2-1 本会計基準の目的

本会計基準は、連結株主資本等変動計算書及び個別株主資本等変動計算書（以下、あわせて「株主資本等変動計算書」という）の表示区分及び表示方法等を定めることを目的としています（1項）。

株主資本等変動計算書は、貸借対照表の純資産の部の一会計期間における変動額のうち、主として、株主に帰属する部分である株主資本の各項目の変動事由を報告するために作成するものです。

本会計基準を適用する際の指針として「株主資本等変動計算書に関する会計基準の適用指針」（企業会計基準適用指針第9号。以下、本節において適用指針）が公表されています。

2-2 表示区分

株主資本等変動計算書の表示区分は、「貸借対照表の純資産の部の表示に関する会計基準」（企業会計基準第5号）に定める貸借対照表の純資産の部の表示区分に従います（4項）。

また、株主資本等変動計算書の表示は以下の様式により作成します（適用指針3項）。

項　目	様　式
原　則	純資産の各項目を横に並べる様式により作成
容　認	純資産の各項目を縦に並べる様式により作成

249・250頁は、①株主資本等変動計算書、②連結株主資本等変動計算

第4章 平成23年4月1日以後開始事業年度から一部改正新たに適用される会計基準

純資産の各項目を横に並べる様式例

① 株主資本等変動計算書

	株主資本								評価・換算差額等(*2)				新株予約権	純資産合計(*3)
	資本金	資本剰余金			利益剰余金			自己株式	株主資本合計	その他有価証券評価差額金	繰延ヘッジ損益	評価・換算差額等合計(*3)		
		資本準備金	その他資本剰余金	資本剰余金合計(*3)	利益準備金	その他利益剰余金(*1)								
						××積立金	繰越利益剰余金	利益剰余金合計(*3)						
前期末当期首残高(*4)	xxx	xxx	xxx	xxx	xxx	xxx	xxx	xxx	△xxx	xxx	xxx	xxx	xxx	xxx	xxx
当期変動額															
新株の発行	xxx	xxx		xxx						xxx					xxx
剰余金の配当							△xxx	△xxx		△xxx					△xxx
当期純利益							xxx	xxx		xxx					xxx
自己株式の処分			xxx						xxx	xxx					xxx
株主資本以外の項目の当期変動額(純額)											(*65)xxx	(*65)xxx	xxx	(*65)xxx	xxx
当期変動額合計	xxx	xxx	―	xxx	―	xxx	xxx	xxx	xxx	xxx	xxx	xxx	xxx	xxx	xxx
当期末残高	xxx	xxx	xxx	xxx	xxx	xxx	xxx	xxx	△xxx	xxx	xxx	xxx	xxx	xxx	xxx

(*1) その他利益剰余金については、その内訳科目の前期末当期首残高、当期変動額及び当期末残高の各金額を個別株主資本等変動計算書においては注記により開示することができる。この場合、その他利益剰余金の前期末当期首残高、当期変動額及び当期末残高の各合計額を個別株主資本等変動計算書に記載する。

(*2) 評価・換算差額等については、その内訳科目の前期末当期首残高、当期変動額及び当期末残高の各金額を個別株主資本等変動計算書においては注記により開示することができる。この場合、評価・換算差額等の前期末当期首残高、当期変動額及び当期末残高の各合計額を個別株主資本等変動計算書に記載する。

(*3) 各合計欄の記載は省略することができる。

(*4) 会計上の変更及び誤謬の訂正に関する会計基準(以下「企業会計基準第24号」という。)に従って遡及処理を行った場合には、表示期間のうち最も古い期間の期首残高に対する、表示期間より前の期間の累積的影響額を個別貸借対照表における表示の順序による。

(*54) 株主資本の各項目の変更事由及びその金額の記載は、概ね個別貸借対照表における表示の順序による。

(*65) 株主資本以外の各項目は、当期変動額を純額で記載することに代えて、変動事由ごとにその金額を個別に記載することができる。

249

② 連結株主資本等変動計算書

	株主資本				評価・換算差額等（*1）					新株予約権	少数株主持分	純資産合計（*2）
	資本金	資本剰余金	利益剰余金	自己株式	株主資本合計	その他有価証券評価差額金	繰延ヘッジ損益	為替換算調整勘定	評価・換算差額等合計（*2）			
前期末残高（*3）	xxx	xxx	xxx	△xxx	xxx	xxx	xxx	xxx	xxx		xxx	xxx
当期変動額（*13）												
新株の発行	xxx	xxx			xxx							xxx
剰余金の配当			△xxx		△xxx							△xxx
当期純利益			xxx		xxx							xxx
×××××												
自己株式の処分				xxx	xxx							xxx
その他			xxx		xxx							xxx
株主資本以外の項目の当期変動額（純額）						（*54）xxx	（*54）xxx	（*54）xxx	xxx	（*54）△xxx	（*54）xxx	xxx
当期変動額合計	xxx	xxx	xxx	xxx	xxx	xxx	xxx	xxx	xxx	△xxx	xxx	xxx
当期末残高	xxx	xxx	xxx	△xxx	xxx	xxx	xxx	xxx	xxx	xxx	xxx	xxx

（*1）評価・換算差額等については、その内訳科目の前期末残高、当期変動額及び当期末残高の各金額を注記により開示することができる。この場合、評価・換算差額等の前期末残高、当期変動額及び当期末残高の各合計額を連結株主資本等変動計算書に記載する。
（*2）各合計欄の記載は省略することができる。
（*3）企業会計基準第24号に従って遡及処理を行った場合には、表示期間のうち最も古い期間の期首残高に対する、表示期間より前の期間の累積的影響額を区分表示するとともに、遡及処理後の期首残高を記載する。
（*13）株主資本の各項目の変動事由及びその金額の記載は、概ね連結貸借対照表における表示の順序による。
（*54）株主資本以外の各項目は、当期変動額を純額で記載することに代えて、変動事由ごとにその金額を記載することができる。また、変動事由ごとにその金額を記載する場合には、概ね株主資本等変動計算書又は注記により表示することとし、変動事由のうち株主資本等変動計算書に関係する各項目に関係する変動事由のうち次のように記載する。

出所 企業会計基準委員会「株主資本等変動計算書に関する会計基準の適用指針」（企業会計基準適用指針第9号）

書を、純資産の各項目を横に並べる場合の様式例です。

なお、それら様式例における修正箇所は「会計上の変更及び誤謬の訂正に関する会計基準」（企業会計基準第24号）の公表によって平成22年6月に改正された箇所を示しています。この改正は平成23年3月期では適用されません。平成23年4月1日以後開始する事業年度から適用されます。

2-3 表示方法

株主資本等変動計算書に表示される各項目の前期末残高及び当期末残高は、前期及び当期の貸借対照表の純資産の部における各項目の期末残高と整合したものでなければなりません（5項）。

また、その他利益剰余金及び評価・換算差額等については、その内訳科目の前期末残高、当期変動額及び当期末残高を株主資本等変動計算書に記載することに代えて、注記により開示することができます。注記する場合は以下の事項を記載することになります。

項　目	注記事項
その他利益剰余金 （適用指針4項）	その他利益剰余金の前期末残高、当期変動額及び当期末残高の各合計額を個別株主資本等変動計算書に記載
評価・換算差額等 （適用指針5項）	評価・換算差額等の前期末残高、当期変動額及び当期末残高の各合計額を株主資本等変動計算書に記載

なお、「包括利益の表示に関する会計基準」（企業会計基準第25号）の公表により、平成23年3月期の連結貸借対照表では「評価・換算差額等」は「その他の包括利益累計額」として表示します。

2-4 株主資本の各項目

　貸借対照表の純資産の部における株主資本の各項目は、前期末残高、当期変動額及び当期末残高に区分し、当期変動額は変動事由ごとにその金額を表示します（6項）。

　連結損益計算書の当期純利益（または当期純損失）は、連結株主資本等変動計算書において利益剰余金の変動事由として表示します。また、個別損益計算書の当期純利益（または当期純損失）は、個別株主資本等変動計算書においてその他利益剰余金またはその内訳科目である繰越利益剰余金の変動事由として表示します（7項）。

　株主資本の各項目の変動事由には、たとえば以下のものが含まれます（適用指針6項）。

(1) 当期純利益または当期純損失
(2) 新株の発行または自己株式の処分
(3) 剰余金（その他資本剰余金またはその他利益剰余金）の配当
(4) 自己株式の取得
(5) 自己株式の消却
(6) 企業結合による増加または分割型の会社分割による減少
(7) 株主資本の計数の変動
　　① 資本金から準備金または剰余金への振替
　　② 準備金から資本金または剰余金への振替
　　③ 剰余金から資本金または準備金への振替
　　④ 剰余金の内訳科目間の振替
(8) 連結範囲の変動または持分法の適用範囲の変動

2-5 株主資本以外の各項目

株主資本以外の各項目の取扱いは以下のとおりです（8項）。

項　　目	取扱い
原　　則	貸借対照表の純資産の部における株主資本以外の各項目は、前期末残高、当期変動額及び当期末残高に区分し、当期変動額は純額で表示します
容　　認	当期変動額について主な変動事由ごとにその金額を表示（注記による開示を含む）することができます。当該表示は、変動事由または金額の重要性などを勘案し、連結会計年度及び事業年度ごとに、また、項目ごとに選択することができます（適用指針9項）

株主資本以外の各項目の主な変動事由及びその金額を表示する場合、当該変動事由には、たとえば次のものが含まれます（適用指針11項）。

項　　目	変動事由
(1) 評価・換算差額等※	
①　その他有価証券評価差額金	●その他有価証券の売却または減損処理による増減 ●純資産の部に直接計上されたその他有価証券評価差額金の増減
②　繰延ヘッジ損益	●ヘッジ対象の損益認識またはヘッジ会計の終了による増減 ●純資産の部に直接計上された繰延ヘッジ損益の増減
③　為替換算調整勘定	●在外連結子会社等の株式の売却による増減 ●連結範囲の変動にともなう為替換算調整勘定の増減 ●純資産の部に直接計上された為替換算調整勘定の増減

(2) 新株予約権	● 新株予約権の発行、取得、行使、失効 ● 自己新株予約権の消却、処分
(3) 少数株主持分	● 少数株主利益（または少数株主損失） ● 連結子会社の増加（または減少）による少数株主持分の増減 ● 連結子会社株式の取得（または売却）による持分の増減 ● 連結子会社の増資による少数株主持分の増減

※ 「包括利益の表示に関する会計基準」（企業会計基準第25号）の公表により、平成23年3月期の連結貸借対照表では「評価・換算差額等」は「その他の包括利益累計額」として表示します

2-6 開 示

株主資本等変動計算書には、次に掲げる事項を注記します（9項）。

連結株主資本等変動計算書	個別株主資本等変動計算書
① 発行済株式の種類及び総数に関する事項 ② 自己株式の種類及び株式数に関する事項 ③ 新株予約権及び自己新株予約権に関する事項 ④ 配当に関する事項	● 自己株式の種類及び株式数に関する事項 なお、上記に加え、左記①、③及び④に準ずる事項を注記することを妨げません。連結財務諸表を作成しない会社は、上記に代えて、左記に準ずる事項を個別株主資本等変動計算書に注記します

2-7 適用時期等

本会計基準は、平成23年3月期以前から適用されています（11項）。

平成22年6月に以下の改正が行われていますが、この平成22年改正は平成23年4月1日以後開始する連結会計年度及び事業年度から適用される（13-2項）ため、平成23年3月期では適用されません。

項　　目	改正内容
表示方法 （5項）	「会計上の変更及び誤謬の訂正に関する会計基準」に従って遡及処理を行った場合には、表示期間のうち最も古い期間の株主資本等変動計算書の期首残高に対する表示期間より前の期間の累積的影響額を区分表示するとともに、遡及処理後の期首残高を記載します

第5章

平成23年3月期以前から適用されている会計基準

第1節

企業会計基準第20号
賃貸等不動産の時価等の開示に関する会計基準

決算書作成実務に与える影響

決算手続の流れ

期　首

期　中

四半期決算
- 賃貸等不動産が前事業年度末と比較して著しく変動している場合の注記

期　中

年度末

　個別決算手続

　連結決算手続

　開示書類作成
- 賃貸等不動産に関する注記

POINT

1. 本会計基準は、賃貸等不動産の時価の注記等の開示について定めています。

2. 賃貸等不動産の総額に重要性がない場合を除き、以下の事項の注記が必要となります。
   (1) 賃貸等不動産の概要
   (2) 貸借対照表計上額及び期中における主な変動
   (3) 当期末における時価及びその算定方法
   (4) 賃貸等不動産に関する損益

3. 賃貸等不動産が前事業年度末と比較して著しく変動している場合、四半期会計期間末における賃貸等不動産の時価及び四半期貸借対照表計上額を注記します。

4. 連結財務諸表において賃貸等不動産の時価等の開示を行っている場合には、個別財務諸表での開示は必要ありません。

5. 平成22年3月31日以後終了する事業年度の年度末の財務諸表から適用されています。

6. 四半期財務諸表は平成23年3月期の第1四半期から適用されています。

7. 本会計基準は上記「**5**」「**6**」の原則適用の事業年度以前の事業年度の期首から適用することができます。

1-1 本会計基準の目的

本会計基準は、財務諸表の注記事項としての賃貸等不動産の時価等の開示について、その内容を定めることを目的としています（1項）。

本会計基準の適用の際の指針として「賃貸等不動産の時価等の開示に関する会計基準の適用指針」（企業会計基準適用指針第23号。以下、本節において適用指針）が公表されています（2項）。

1-2 賃貸等不動産

賃貸等不動産とは、棚卸資産に分類されている不動産以外のものであって、賃貸収益またはキャピタル・ゲインの獲得を目的として保有されている不動産（ファイナンス・リース取引の貸手における不動産を除く）をいいます（4項）。

そのため、物品の製造や販売、サービスの提供、経営管理に使用されている場合は賃貸等不動産には含まれません。

1 賃貸等不動産の対象範囲

賃貸等不動産の対象範囲は以下のようになります（適用指針4項）。
(1) 「有形固定資産」に計上されている土地、建物（建物附属設備を含む）、構築物及び建設仮勘定
(2) 「無形固定資産」に計上されている借地権
(3) 「投資その他の資産」に計上されている投資不動産（投資の目的で所有する土地、建物その他の不動産）

《貸借対照表の勘定科目と賃貸等不動産》

以下の太枠内が賃貸等不動産の範囲となります。

貸借対照表の区分	動　産	不動産
流動資産		販売用不動産 開発事業等支出金
固定資産		
有形固定資産	機械装置、器具及び備品他	建物（附属設備含む）、構築物、土地、建設仮勘定
無形固定資産		借地権
投資その他の資産		投資不動産

2 賃貸等不動産の判定

賃貸等不動産には、以下のものが含まれます（5〜7項）。

① 将来の使用が見込まれていない遊休不動産
② 賃貸されている不動産
③ 将来、賃貸等不動産として使用される予定で開発中の不動産
④ 継続して賃貸等不動産として使用される予定で再開発中の不動産
⑤ 賃貸目的で保有しているが一時的に借手が存在しない不動産
⑥ 物品の製造や販売、サービスの提供、経営管理に使用されている部分と賃貸等不動産として使用される部分で構成されるものの賃貸等不動産として使用される部分

上記⑥の場合の取扱いは以下のとおりです。

項　　目	取扱い
原　　則	賃貸等不動産として使用される部分の区分は管理会計上の区分方法等合理的な方法を用いて賃貸等不動産部分を区分します（適用指針7項）
容　　認	①　賃貸等不動産として使用される部分の割合が低い場合、賃貸等不動産に含めないことができます（7項） 　　なお、「使用される部分が低い」場合の具体的な数値基準は定められていないため、個々の企業で適切に判断することになります ②　賃貸等不動産部分の時価または損益の把握が実務上困難な場合、当該不動産全体を注記対象とすることができます。この場合、その旨及び他の賃貸等不動産と区分して274頁 **1-4** の「賃貸等不動産に関する注記事項」の注記が必要となります（適用指針17項）

❶ 賃貸されている不動産

賃貸等不動産の判定にあたっては、使用目的による区分ではなく、賃貸されているという形式的な区分が重視されますので、たとえば、物品等の製造や販売、サービスの提供、経営管理目的で保有されている不動産であっても、第三者に賃貸している場合には賃貸等不動産に該当します。

上記 **2** の「②　賃貸されている不動産」については、形式的な賃貸借契約を締結している場合に限らず、実質的に賃貸しているか否かで賃貸等不動産の判定を行うことになるものと考えます（次頁上の図表参照）。

❷ 具体的な事例の判定

賃貸等不動産に該当するか否かについての考え方は以下のとおりです。

〈1〉自社生産設備や物流倉庫等の不動産

生産や出荷等を委託している外注先に対して、製品工場の全部または一部や、物流倉庫（出荷センター）等を賃貸している場合は少なくありません。当該賃貸は「物品の製造や販売」のための賃貸であり本業の事業活動の範疇にあり、通常、賃貸収入の獲得が目的ではありません。

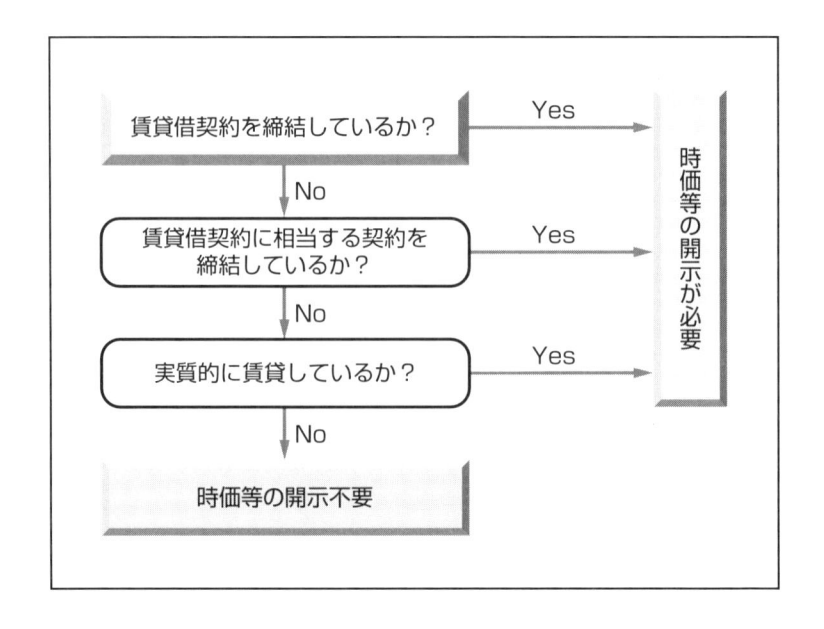

```
┌─────────────────────────────────────────────┐
│  賃貸借契約を締結しているか？  ──Yes──→ ┐    │
│           │                              時  │
│           No                             価  │
│           ↓                              等  │
│  賃貸借契約に相当する契約を                の  │
│  締結しているか？         ──Yes──→      開  │
│           │                              示  │
│           No                             が  │
│           ↓                              必  │
│  実質的に賃貸しているか？ ──Yes──→      要  │
│           │                                  │
│           No                                 │
│           ↓                                  │
│       時価等の開示不要                       │
└─────────────────────────────────────────────┘
```

 しかしながら、本会計基準は、賃貸という形式を重視しているため、当該不動産は賃貸等不動産に含まれるものと考えます。

 なお、工場や物流倉庫を賃貸する場合、関連する機械装置等を併せて賃貸している場合もありますが、機械装置等、動産は本会計基準の範囲に含まれませんので賃貸等不動産には含まれません。

〈2〉社員寮、社宅

 従業員のための社員寮、社宅を保有し、従業員に賃貸している場合も少なくありません。従業員の福利厚生の一環として従業員に利用されている場合には、「経営管理に使用されている」と考えられ、賃貸等不動産には該当しないものと考えます。

3 連結財務諸表において開示を行う場合

 賃貸等不動産に該当するか否かは連結の観点で行うことになります。そ

のため、たとえば、連結会社間で賃貸借されている不動産は、連結財務諸表上、賃貸等不動産には該当しません（適用指針3項）。ただし、連結財務諸表上、賃貸借取引が相殺されない非連結子会社や持分法適用会社に賃貸している場合は、賃貸等不動産に該当します。

なお、連結財務諸表において賃貸等不動産の時価等の開示を行っている場合、個別財務諸表上の開示は必要ありません（3項）。

4 リース取引

リース取引の取扱いは以下のとおりです。

リース取引	取扱い
ファイナンス・リース取引に該当する不動産（適用指針5項）	●貸　手 リース資産は貸手で資産計上されておらず（金銭債権等として計上されている）、賃貸等不動産には該当しません ●借　手 資産として計上されているため、借手が賃貸している場合、賃貸等不動産となります
オペレーティング・リース取引に該当する不動産（適用指針21項）	●貸　手 貸手で資産計上されており、賃貸等不動産に該当します ●借　手 賃貸等不動産に該当しません

なお、「リース取引に関する会計基準」（企業会計基準第13号。以下、新リース基準）の適用初年度開始前の所有権移転外ファイナンス・リース取引で、貸手において賃貸借処理を行っている場合は、賃貸等不動産に該当します。借手が賃貸借処理を行っている場合は、当該不動産は賃貸等不動産

に該当しません（適用指針21項）。

リース資産の取扱い

		ファイナンス・リース取引に該当する不動産	オペレーティング・リースに該当する不動産	摘　要
貸手	新リース基準	賃貸等不動産には該当しない（右摘要参照）	賃貸等不動産に該当する	貸手は不動産ではなく金銭債権等として計上しているため、賃貸等不動産には該当しない
貸手	旧リース基準賃貸借処理を継続※	賃貸等不動産に該当する	賃貸等不動産に該当する	貸手は不動産として計上しているため、賃貸等不動産に該当する
借手	新リース基準	賃貸等不動産に該当する可能性がある（右摘要参照）	賃貸等不動産には該当しない	借手は固定資産として計上しているため、賃貸等不動産に判定される場合、賃貸等不動産に該当する
借手	旧リース基準賃貸借処理を継続※	賃貸等不動産には該当しない	賃貸等不動産には該当しない	借手は固定資産として計上していないため、賃貸等不動産に該当しない

※　新リース基準の適用初年度開始前の所有権移転外ファイナンス・リース取引で、引き続き賃貸借取引に係る方法に準じた会計処理を適用している場合

　なお、リース取引の対象となっている賃貸等不動産については、新リース基準に従った注記も併せて行うことに留意する必要があります。

5 不動産信託

　不動産を信託財産とする信託（不動産信託）の取扱いは以下のとおりで

す（適用指針6項）。

項　　目	取扱い
原　　則	信託財産である不動産が賃貸等不動産に該当する場合、当該不動産の持分割合に相当する部分は賃貸等不動産となります（適用指針6項）
容　　認	以下の場合、各受益者は信託財産を直接保有するものとして会計処理を行うことは困難であることから、受益権を当該信託に対する有価証券とみなして処理するため、信託財産である不動産は賃貸等不動産とは取り扱いません（適用指針22項） ● 当該信託に係る受益権が質的に異なるものに分割されている場合 ● 受益者が多数となる場合

1-3 時　価

本会計基準における時価は公正な評価額をいいます（4項）。

1 賃貸等不動産の当期末における時価の算定方法

賃貸等不動産の当期末における原則的な時価の算定方法は、以下のとおりです（適用指針11項）。

市場価格	時　価
観察される場合	市場価格
観察されない場合	合理的に算定された価額 ●「不動産鑑定評価基準」（国土交通省）による方法または類似の方法

- 契約による売却予定価額がある場合、当該売却予定価額
- 収益物件の場合、割引キャッシュ・フロー法を重視した算定方法も可能（適用指針 30 項）

　賃貸等不動産において、市場価格が観察可能である場合は多くないと考えられるため、通常、時価としては、「合理的に算定された価額」が利用されることになるものと想定されます。「合理的に算定された価額」は、自社における合理的な見積りまたは不動産鑑定士による鑑定評価等として算定されることになります（適用指針 28 項）。
　実務上は、以下のような論点があります。

❶「簡易鑑定」の評価額

　「簡易鑑定」と呼ばれる評価額を時価として考えられるかが問題となります。「簡易鑑定」という名称の評価方法については、「不動産鑑定評価基準」に近いレベルで行われているものから、それとは程遠いレベルでなされるものまでさまざまな実態がありますが、基本的には「不動産鑑定評価基準」と同等の評価方法と判断される場合は限定的だと考えます。
　重要性が乏しいもの以外の賃貸等不動産の時価算定には、不動産鑑定評価基準に則った鑑定評価書が必要になるものと考えます。ただし、合理的な理由によって不動産鑑定評価基準に則ることができないものについては、この限りではないと考えます。
　これらの取扱いに関しては、平成 21 年 12 月 24 日付で国土交通省から「財務諸表のための価格調査の実施に関する基本的な考え方」が公表されています。これは、財務諸表の作成に利用される目的で不動産鑑定士が価格調査を行う際、「不動産鑑定士が不動産に関する価格調査を行う場合の業務の目的と範囲等の確定及び成果報告書の記載事項に関するガイドライン」に従う場合の基本的な考え方を示したものです。

そのなかで、価格調査を「原則的時価算定」と「みなし時価算定」に分け、それぞれを用いるケースの峻別の基準や各々の時価算定方法の指針が示されています。

また、「原則的時価算定」と会計基準が求める原則的な時価算定方法の関係については、平成22年1月28日付で社団法人日本不動産鑑定協会から公表された「財務諸表のための価格調査に関する実務指針─中間報告─」の「Ⅰ」の7-1-1「総　則」において、わかりやすく整理されています。この実務指針は社団法人日本不動産鑑定協会のホームページから入手できます。

❷ 社外の鑑定評価の必要性

賃貸等不動産に関する「合理的に算定された価額」には不動産鑑定士による鑑定評価のほか、自社における合理的な見積りも含まれます。そのため、「合理的に算定された価額」を自社で見積もることを検討する企業も想定されます。

自社における合理的な見積りによって、「不動産鑑定評価基準」またはその類似の方法による評価額を算出する場合、社内の専門部署、社内の不動産鑑定士以外の者による評価が「不動産鑑定評価基準」ないしこれに類似した方法と判断できるか、慎重に検討することが必要になるものと考えます。

不動産業、信託銀行等一部の業種を除いては不動産の評価額算定に関するノウハウが社内に存在する場合は多くないものと考えられますが、その場合でも、「重要性の乏しい」ものでない限り、原則的な不動産鑑定評価が求められることに留意する必要があります。また、J-SOXとの関係も考慮し、当該評価額を事後的にチェックする体制を自社で構築できるか等といった点も検討する必要があるものと考えます。

2 容認されている算定方法

　第三者からの取得または直近の原則的な時価算定を行った時から、一定の評価額や適切に市場価格を反映していると考えられる指標の変動に応じて、以下の算定方法が認められています（適用指針12項）。

指標の変動	時　　価
重要な変動が生じていない場合	当該評価額や指標を用いて調整した金額（不動産鑑定評価基準における「時点修正」の考え方に準じたもの）
その変動が軽微である場合	取得時の価額または直近の原則的な時価算定による価額

　なお、いずれの場合でも、第三者からの取得時や直近の原則的な時価算定を行った時から長期間経過した場合には、原則的な時価算定の必要性が高まることにご留意ください（適用指針32項）。

　実務上は以下のような論点があります。

❶ 時価算定のタイミング

　賃貸等不動産のうち、重要性が乏しいものを除いて、原則として期末日を基準日とする鑑定評価を行うことになるものと考えられますが、期末日を基準日に鑑定評価を依頼した場合、決算手続中に鑑定評価額が算定されない場合が考えられます。そのような場合、上記図表に示される一定の調整を加えて、期末日の時価とみなすことができる規定を用いることになるものと考えます。

❷ 時点修正の考え方（「長期間」の取扱い）

　第三者からの不動産の取得時または直近の原則的な時価算定を行った時

から「長期間」経過した場合、原則的な時価算定の必要性が高まるとされていますが、「長期間」がどの程度かは示されていません。

賃貸等不動産の時価等の開示は原則として年度末に行われるものであり、前回の原則的な時価算定から1年を経過した時点で「重要な変動」が生じていない場合にも原則的な時価算定を検討する必要があることになると、結果的に毎期、原則的な時価算定が求められることになるため、この「長期間」については、原則的に「1年」は含まれないものと考えます。

3 重要性が乏しい場合の算定方法

開示対象となる賃貸等不動産のうち、重要性が乏しいものは、一定の評価額や適切に市場価格を反映していると考えられる指標に基づく価額等を時価とみなすことができます（適用指針13項）。

指標に基づく価額には、容易に入手できる評価額や指標を合理的に調整したものが含まれます（適用指針33項）。

項　　目	内　　容
容易に入手できる評価額	実勢価格や査定価格が含まれます
容易に入手できる指標	土地の価格指標として、公示価格、都道府県基準地価格、路線価による相続税評価額、固定資産税評価額が含まれます

なお、建物等の償却資産については、適正な帳簿価額を時価とみなすことができます（適用指針33項）。

また、上記の容易に入手できる指標については、日本公認会計士協会「販売用不動産等の評価に関する監査上の取扱い」（監査・保証実務委員会報告第69号）の付録2において次頁のとおりその概要がまとめられています。

種　類	公示価格	都道府県基準地価格	路　線　価	固定資産税評価額
準拠法	地価公示法	国土利用計画法	相続税法	地方税法
価格決定機関	国土交通省土地鑑定委員会	都道府県知事	国税局長	市町村長
価格時点	毎年1月1日	毎年7月1日	毎年1月1日	3年ごとに基準年を置き、その年の1月1日
公表時期	毎年3月下旬頃	毎年9月下旬頃	毎年7月上旬頃	基準年の4月頃（縦覧毎年4月頃）
評価の目的	① 一般の土地取引の指標 ② 公共用地の取得価格算定の規準	① 国土利用計画法による規制価格基準 ② 公共用地の取得価格の算定の規準 ③ 公示価格を補うもの	① 相続税課税 ② 贈与税課税	固定資産税課税
地点数	29,100地点（平成20年）	23,749地点（平成20年）	路線価地区すべて	課税土地すべて
備　考	（都市計画区域のみ）	ほぼ公示価格と同一価格水準（都市計画区域外を含む）	公示価格の80％程度	公示価格の70％程度

出所　日本公認会計士協会「販売用不動産等の評価に関する監査上の取扱い」（監査・保証実務委員会報告第69号）

賃貸等不動産を保有している場合において、賃貸等不動産の総額に重要性が乏しいときは注記を省略することができます。当該賃貸等不動産の総額に重要性が乏しいかどうかは、賃貸等不動産の貸借対照表日における時価を基礎とした金額と当該時価を基礎とした総資産の金額との比較をもって判断します（適用指針8項）。

$$重要性の判断 = \frac{貸借等不動産の時価}{総資産 + 貸借等不動産の含み損益相当額}$$

賃貸等不動産の総額に重要性が乏しいか否かの判断にあたっては以下の点に留意する必要があります（適用指針23項）。

① 時価の把握にあたっては一定の評価額や適切な市場価格を反映していると考えられる指標に基づく価額等を用いることができる
② 建物等の償却資産は適正な帳簿価額を用いることができる
③ 明らかに重要性が乏しいと判断される場合、貸借対照表日における時価を基礎とした金額による重要性の判断を行わずに注記を省略できる
④ 賃貸等不動産の総額に重要性が乏しい場合及び上記③の明らかに重要性が乏しいと判断される場合の判断基準は示されていない

上記④から、個々の企業は適切と考えられる基準案を設定することが必要になるものと考えます。

4 時価の把握が極めて困難な場合

時価の把握が極めて困難な場合は、時価を注記せず、重要性が乏しいものを除き、その事由、当該賃貸等不動産の概要及び貸借対照表計上額を他の賃貸等不動産とは別に記載します（適用指針14項）。

時価の把握が極めて困難な場合とは、以下のようなものが考えられます

が、賃貸等不動産の状況は一様ではないため、状況に応じて適切に判断する必要があります（適用指針 34 項）。
① 現在も将来も使用が見込まれておらず売却も容易にできない山林
② 着工して間もない大規模開発中の不動産

1-4 賃貸等不動産に関する注記事項

賃貸等不動産を保有している場合は、次の事項を注記します（8項）。ただし、賃貸等不動産の総額に重要性が乏しい場合は注記を省略することができます。また、管理状況等に応じて、注記事項を用途別、地域別等に区分して開示することができます。

(1) 賃貸等不動産の概要
　　主な賃貸等不動産の内容、種類、場所が含まれます（適用指針 9 項）。
(2) 賃貸等不動産の貸借対照表計上額及び期中における主な変動
　　次の事項に留意します（適用指針 10 項）。
　　① 貸借対照表計上額の注記にあたっての取扱いは以下のとおりです。

項　目	取扱い
原　則	取得価額から減価償却累計額及び減損損失累計額（減損損失累計額を取得原価から直接控除している場合を除く）を控除した金額をもって記載します
容　認	当期末における減価償却累計額及び減損損失累計額を別途記載する場合には、取得原価をもって記載することができます。この場合には、当期末における取得原価から減価償却累計額及び減損損失累計額を控除した金額についても記載します

②　貸借対照表計上額に関する期中の変動に重要性がある場合、その事由及び金額

　　期中の変動には、取得、処分等による変動に加え、棚卸資産（販売用不動産）との振替による変動も含まれます（適用指針 26 項）。自社利用への振替も同様の取扱いになるものと考えます。
(3)　賃貸等不動産の当期末における時価及びその算定方法
(4)　賃貸等不動産に関する損益

　　次の事項に留意します（適用指針 16 項）。
　①　損益計算書における金額に基づく
　②　重要性が乏しい場合を除き、賃貸収益と賃貸費用による損益、売却損益、減損損失及びその他の損益等を区分
　③　上記②の損益は収益と費用を総額で記載できる。また賃貸費用は主な費用に区分して記載できる

1 開示例

A社の有価証券報告書における開示例

（賃貸等不動産関係）

当連結会計年度（自 平成 21 年 4 月 1 日 至 平成 22 年 3 月 31 日）

　当社及び一部の子会社では東京都、大阪府、その他の海外を含む地域において、賃貸用のオフィスビル、原油備蓄タンク、商業施設等（土地を含む）を有しております。平成 22 年 3 月期における当該賃貸等不動産に関する賃貸損益は 958 百万円（賃貸収益は主に売上高、賃貸費用は主に販売費及び一般管理費に計上）、固定資産除売却損益は 1,294 百万円（特別損益に計上）、減損損失は 4,849 百万円（特別損失に計上）であります。

また、当該賃貸等不動産の連結貸借対照表計上額、当連結会計年度増減及び時価は次のとおりであります。

連結貸借対照表計上額（百万円）			当連結会計年度末の時価（百万円）
前連結会計年度末残高	当連結会計年度増減額	当連結会計年度末残高	
101,323	1,500	102,824	97,487

（注）1. 連結貸借対照表計上額は取得原価から減価償却累計額及び減損損失累計額を控除した金額であります。
    2. 当連結会計年度増減額のうち、主な増加要因は遊休資産の増加等（2,335百万円）であり、主な減少要因は、減価償却費（779百万円）であります。
    3. 当連結会計年度末の時価は、主として「不動産鑑定評価基準」に基づいて自社で算定した金額（指標等を用いて調整を行ったものを含む）であります。

時価の把握が極めて困難な場合の開示例は次のとおりです。

A社の有価証券報告書における開示例

4. 当社は愛媛県に賃貸土地（連結貸借対照表計上額645百万円）を所有しておりますが、歴史的経緯もあり、土地の面積の確定及び確認が困難なことから、その時価の把握が極めて困難な状況にあるため賃貸等不動産には含めておりません。

2 四半期財務諸表の取扱い

企業結合などにより賃貸等不動産が前事業年度末と比較して著しく変動している場合、四半期会計期間末における賃貸等不動産の時価及び四半期

貸借対照表計上額を注記することになります（32項）。

1-5 適用時期等

本会計基準は、平成22年3月31日以後終了する事業年度の年度末に係る財務諸表から適用されています（9項）。

四半期財務諸表については平成23年3月期の第1四半期から適用されます（33項）。

なお、本会計基準は原則適用の事業年度以前の事業年度の期首から適用することができます（9項）。

第2節

企業会計基準第15号
工事契約に関する会計基準

決算書作成実務に与える影響

決算手続の流れ

期　首

期　中
- 「成果の確実性」で工事進行基準、工事完成基準の選択

四半期決算
- 工事契約が赤字となった場合、工事損失引当金を計上
- 工事原価総額の見直しをしない場合の規定

期　中
- 「成果の確実性」で工事進行基準、工事完成基準の選択

年度末

個別決算手続
- 工事契約が赤字となった場合、工事損失引当金を計上

連結決算手続

開示書類作成
- 工事契約に関する注記
- 工事損失引当金の注記

POINT

1. 本会計基準は、工事契約に係る収益及び原価に関する会計処理及び開示について定めています。
2. 工事契約について「成果の確実性」が認められる場合は工事進行基準、認められない場合は工事完成基準を適用します。
3. 「成果の確実性」が認められる場合は以下の3項目について信頼性をもって見積もれる場合をいいます。
    ① 工事収益総額
    ② 工事原価総額
    ③ 決算日における工事進捗度
4. 工事契約には土木、建築等の請負契約のほか、受注制作のソフトウェアも含まれます。
5. 工事契約について、赤字が見込まれる場合の会計処理を定めています。
    (1) 工事損失引当金を計上すること
    (2) 工事損失引当金及びその繰入額の貸借対照表及び損益計算書の計上区分
    (3) 同一工事契約に関して仕掛品と工事損失引当金が計上されている場合の貸借対照表の表示方法
6. 工事契約に関する注記事項を定めています。
7. 平成23年3月期以前から適用されています。

2-1 本会計基準の目的

　本会計基準は、工事契約に係る収益（以下、工事収益）及びその原価（以下、工事原価）に関し、施工者における会計処理及び開示について定めることを目的としています（1項）。

　本会計基準を適用する際の指針として「工事契約に関する会計基準の適用指針」（企業会計基準適用指針第18号。以下、本節において適用指針）が公表されています（3項）。

2-2 本会計基準の適用範囲

　本会計基準の「工事契約」とは、仕事の完成に対して対価が支払われる請負契約のうち、土木、建築、造船や一定の機械装置の製造等、基本的な仕様や作業内容を顧客の指図に基づいて行うものをいいます（4項）。

　受注制作のソフトウェアについても、工事契約に準じて本会計基準を適用することとなります（5項）。

2-3 工事契約に係る認識の単位

　工事契約に係る「認識の単位」とは、工事収益及び工事原価の認識に係る判断を行う単位をいいます（6項）。「認識の単位」は、工事契約において当事者間で合意された実質的な取引の単位に基づくことになります。

　工事契約に関する契約書は、当事者間で合意された実質的な取引の単位で作成されることが一般的ですが、契約書が当事者間で合意された実質的

な取引の単位を適切に反映していない場合には、これを反映するように複数の契約書上の取引を結合したり、契約書上の取引の一部をもって工事契約に係る認識の単位とする必要があります（7項）。

　工事収益及び工事原価は、工事契約に係る認識の単位ごとに、工事契約に係る認識基準を適用することにより計上することになります（8項）。

2-4 工事進行基準が適用される場合

　工事契約に関して、工事の進行途上において、その進捗部分について成果の確実性が認められる場合には工事進行基準を適用し、成果の確実性が認められない場合には工事完成基準を適用することになります。

　成果の確実性が認められるためには、工事収益総額、工事原価総額、決算日における工事進捗度について、信頼性をもって見積もることができなければなりません（9項）。

1 工事収益総額の信頼性をもった見積り

❶ 前提条件

　信頼性をもって工事収益総額を見積もるためには前提条件として、工事の完成見込みが確実であることが必要です。そのためには、以下の項目を満たす必要があります（10項）。

《前提条件》
- 施工者に当該工事を完成させるに足りる十分な能力がある
- 完成を妨げる環境要因が存在しない

❷ 対価の定め

　工事収益総額の信頼性をもった見積りを行うためには、工事契約についての対価の定めがあることも必要となります。
　「対価の定め」とは、以下の3項目に関する定めをいいます（11項）。

《対価の定め》
- 当事者間で実質的に合意された対価の額に関する定め
- 対価の決済条件
- 決済方法に関する定め

　なお、対価の額に関する定めには、対価の額が固定額で定められている場合のほか、その一部または全部が将来の不確実な事象、たとえば、資材価格等に関連づけて定められている場合もあります。

2 工事原価総額の信頼性をもった見積り

　信頼性をもって工事原価総額を見積もるためには、工事原価の事前の見積りと実績を対比することにより、適時・適切に工事原価総額の見積りの見直しが行われることが必要です（12項）。
　工事原価総額は、工事契約に着手した後もさまざまな状況の変化により変動します。このため、信頼性をもって工事原価総額の見積りを行うためには、こうした見積りが工事の各段階における工事原価の見積りの詳細な積上げとして構成されている等、実際の原価発生と対比して適切に見積りの見直しができる状態となっており、工事原価の事前の見積りと実績を対比することによって、適時・適切に工事原価総額の見積りの見直しが行われる必要があります。この条件を満たすためには、当該工事契約に関する実行予算や工事原価等に関する管理体制の整備が不可欠です。

このため、工事契約に金額的な重要性がない等の理由により、個別にこうした管理が行われていない工事契約については、工事進行基準の適用要件を満たさないことになります（50項）。

3 決算日における工事進捗度の見積方法

決算日における工事進捗度は、工事契約における施工者の履行義務全体のうち、決算日までに遂行した部分の割合です。施工者が工事契約の義務を履行するために、単に目的物を完成させるだけでなく、その移設や据付等、引渡しのための作業が必要となる場合には、そのような付随的な作業内容を含む施工者の履行義務全体のうち、決算日までに遂行した部分の割合をいいます（35項）。決算日における当該義務の遂行の割合を合理的に反映する方法としては以下の方法が挙げられています（15、57項）が、原価比例法を採用する場合には、工事原価総額を信頼性をもって見積もれる場合は通常、決算日における工事進捗度も信頼性をもって見積もることができることとされています（13項）。

工事進捗度の見積方法	内容
原価比例法	既発生原価が工事原価総額に占める割合
直接作業時間比率	既発生直接作業時間が工事の総直接作業時間に占める割合
施工面積比率	既施工面積が工事の総施工面積に占める割合

2-5 見積りの変更

工事進行基準が適用される場合において、工事収益総額、工事原価総額

または決算日における工事進捗度の見積りが変更されたときには、その見積りの変更が行われた期に影響額を損益として処理します（16項）。

見積りの変更の影響額を財務諸表に反映する方法としては、影響額を将来に向かって調整する方法と、変更した期にすべての影響額を反映する方法とが考えられますが、見積りの変更は、事前の見積りと実績とを対比した結果として求められることが多く、こうした場合には、修正の原因は当期に起因することが多いと考えられることや実務上の便宜も考慮して、見積りの変更が行われた期にその影響額をすべて反映する方法を採用しています（58項）。

2-6 成果の確実性の事後的な獲得と喪失

1 成果の確実性の事後的な獲得

工事進行基準の適用要件を満たさないために工事完成基準を適用している工事契約については、その後に工事が進捗し、工事の完成が近づいたことによって成果の確実性が増した場合でも、そのことのみを理由として、工事契約に係る認識基準を工事完成基準から工事進行基準に変更することは適切でないとされています（55項）。

しかし、工事進行基準を適用できないケースのなかには、本来、工事の着手に先立って定められるべき工事収益総額や仕事の内容等といった工事契約の基本的な内容が決まっておらず工事原価総額を信頼性をもって見積もることができない場合があります。このような場合、工事契約の内容が決まって、工事収益総額、工事原価総額を信頼性をもって見積もれることになった期からは成果の確実性が認められることになりますので、その期から工事進行基準を適用することになります（適用指針14項）。

なお、この場合、工事進行基準への変更と工事完成基準の選択適用ではなく、成果の確実性が認められた期において工事進行基準を適用することになることにご留意ください。

2 成果の確実性の事後的な喪失

　工事進行基準を適用していた工事契約についても、事後的な事情の変化により成果の確実性が失われることも考えられます。成果の確実性が失われた場合には、工事進行基準の適用要件を満たさないため、それ以降は工事進行基準を継続して適用することはできず、成果の確実性が事後的に失われた時点以降の工事収益及び工事原価の認識については、工事完成基準を適用することになります（適用指針16項）。

　この場合、それまでに計上した工事収益及び工事原価の取扱いが問題となりますが、事後的な事情の変化は会計事実の変化と考え、工事収益及び工事原価を計上した時点で成果の確実性が認められていたとすれば、そのような工事収益及び工事原価の認識に問題はなく、事後的な修正は必要ありません（適用指針17項）。

　なお、これまで工事進行基準により工事収益を計上したことにともなって貸借対照表に計上された未収入額については、別途、貸倒引当金の設定対象となりますが、成果の確実性が失われるような状況においては、貸倒引当金の見積額を見直すべき場合があることに留意する必要があります。

2-7 工事契約の変更の取扱い

　既存の工事契約に関して、当事者間の新たな合意等によって、工事の追加や削減、工事の内容（仕様（機能を含む）、設計、デザイン、工事方法（使用

する技術等を含む)、場所、工期等)の変更もしくは対価の定めの変更が行われることがあります。

このうち、既存の契約部分とは別の認識の単位とすべき工事の追加、内容の変更等については、既存の契約部分とは独立して会計処理を行うことになります。たとえば、工事の追加がなされた場合で、追加部分に関する対価の確定的な請求権が、当初の契約の対象とされた工事に関する対価と独立して獲得されるときには、追加部分は当初の契約に係る部分とは別の認識の単位を構成することになります。

一方、工事の追加、内容の変更等が当初の工事契約とは別の認識の単位として扱われないもの(工事契約の変更)は、見積りの変更として会計処理を行うことになります(適用指針20項)。

工事の追加が合意されたにもかかわらず、これに対応する対価を請求できるか否かが不明な場合もありますが、そうした場合には対価についての変更が合意されるまでは、現在の対価についての合意が有効であると考えられ、それまで工事進行基準を適用していた工事契約については、現在の合意に基づく工事収益総額により、引き続き同基準を適用することになります。

なお、工事契約の変更としての対価の変更は、それが何らかの形で合意された時点で、それに基づく信頼性のある見積りができる場合に限り、合意された変更を工事収益総額に反映することになります(適用指針21項)。

2-8 工事契約に複数の通貨がかかわる場合

1 原価比例法を用いて工事進捗度を見積もる場合

決算日における工事進捗度の見積方法として原価比例法を用いる際、工事原価が複数の通貨で発生する場合には、通貨間の為替相場の変動が工事

進捗度の算定結果に影響を及ぼすため、適切に工事進捗度を表さないことがあります。このような場合、工事契約の内容や状況に応じて、為替相場変動の影響を排除するための調整が必要となります（適用指針7項）。

2 為替相場の変動により工事契約から損失が見込まれる場合の取扱い

工事損失引当金の計上に際しては、見込まれる工事損失のなかに為替相場の変動による部分が含まれている場合であっても、その部分を含めて、会計処理の要否の判断及び計上すべき工事損失引当金の額の算定を行うことになります（適用指針8項）。

3 工事進行基準における外貨建工事未収入金及び工事収益

工事進行基準における外貨建工事未収入金及び工事収益については、本会計基準及び同適用指針に特段の記載がないため、原則として、当該取引発生時の為替相場による円換算額をもって記録することになると考えます。また、当該工事未収入金は金銭債権として取り扱われるため（17項）、決算時においては決算時の為替相場による円換算額を付すこととなります。

2-9 四半期決算における取扱い

開示の適時性の観点から、四半期会計期間末における工事原価総額が、前事業年度末または直前の四半期会計期間末に見積もった工事原価総額から著しく変動していると考えられる工事契約等を除き、前事業年度末または直前の四半期会計期間末に見積もった工事原価総額を、当該四半期会計

期間末における工事原価総額の見積額とすることができます（適用指針9項）。

工事原価総額の著しい変動をもたらす要因としては、たとえば、重要な工事契約の変更や資材価格の高騰などが考えられます。

2-10 受注制作のソフトウェア

受注制作のソフトウェアの場合、ソフトウェアの制作にあたって締結される契約形態には請負契約、準委任契約、SES（システム・エンジニアリング・サービス）契約等がありますが、一定のプログラムを作成する等ソフトウェアとしての一定の機能を有する成果物が給付の対象となる取引である場合、形式的な契約形態にはかかわらず本会計基準が適用されます。

ソフトウェアの場合、無形の資産であることもあり、成果物と契約が一致していない場合もあるため、工事契約に係る認識の単位にあたっては、契約書単位と安易に判断することなく、当事者間で合意された実質的な取引単位を適切に反映しているかに十分留意することが必要です。

受注制作のソフトウェアの場合、制作を受注する時点で仕様が決まっていないことや、決まっていても制作過程で仕様の変更が行われることも少なくありません。そのため、工事原価総額の信頼性のある見積りの可否が特に問題となります。一般的に、ハードウェアの供給を目的とする取引と比較すると、ソフトウェアの制作途上において信頼性をもって工事原価総額を見積もるためには、原価の発生やその見積りに対する「より高度な管理」が必要とされています（51項）。

2-11 工事損失引当金

　工事契約について、工事原価総額等（工事原価総額のほか、販売直接経費がある場合にはその見積額を含めた額）が工事収益総額を超過する可能性が高く、かつ、その金額を合理的に見積もることができる場合には、その超過すると見込まれる額（以下、工事損失）のうち、当該工事契約に関してすでに計上された損益の額を控除した残額を、工事損失が見込まれた期の損失として処理して工事損失引当金を計上することとなります（19項）。

　工事損失引当金は、工事契約に係る認識基準が工事進行基準であるか工事完成基準であるかにかかわらず、また、工事の進捗の程度にかかわらず適用されます（20項）。

　なお、受注制作のソフトウェアの場合、工事損失引当金という名称ではなく、受注損失引当金という名称が実務的に広く使われています。

2-12 開　示

1 財務諸表の開示

　本会計基準に関連する勘定科目の計上区分は以下のとおりとなります（21項）。

- 工事損失引当金の繰入額は売上原価で計上
- 工事損失引当金の残高は貸借対照表に流動負債として計上
- 同一の工事契約に関する棚卸資産（仕掛品）と工事損失引当金がともに計上される場合、貸借対照表の表示上、相殺表示が可能

2 注記事項

以下の事項を注記することになります（22項）。

(1) 工事契約に係る認識基準
(2) 決算日における工事進捗度を見積もるために用いた方法
(3) 当期の工事損失引当金繰入額
(4) 同一の工事契約に関する棚卸資産と工事損失引当金がともに計上されることとなる場合には、次の①または②のいずれかの額（該当する工事契約が複数存在する場合にはその合計額）
　① 棚卸資産と工事損失引当金を相殺せずに両建て表示した場合
　　 その旨及び当該棚卸資産の額のうち工事損失引当金に対応する額
　② 棚卸資産と工事損失引当金を相殺して表示した場合
　　 その旨及び相殺表示した棚卸資産の額

2-13 適用時期等

本会計基準は、平成23年3月期以前から適用されています（23項）。

第3節

企業会計基準第13号
リース取引に関する会計基準

決算書作成実務に与える影響

決算手続の流れ

期　首

期　中
- リース契約時の会計処理
- リース料支払時の会計処理（利息計上等）

四半期決算
- 減価償却費の計上

期　中
- リース契約時の会計処理
- リース料支払時の会計処理（利息計上等）

年度末

個別決算手続
- 減価償却費の計上

連結決算手続

開示書類作成
- リース取引に係る注記

POINT

1. 本会計基準は、リース取引を以下の取引に分類する基準及び会計処理を定めています。
   (1) ファイナンス・リース取引
      ① 所有権移転ファイナンス・リース取引
      ② 所有権移転外ファイナンス・リース取引
   (2) オペレーティング・リース
2. ファイナンス・リース取引とは、
      ① ノン・キャンセラブル
      ② フルペイアウト
   の2要件を満たすリース取引をいいます。
3. オペレーティング・リース取引とは、ファイナンス・リース取引以外のリース取引をいいます。
4. 本会計基準では、主として以下の事項を定めています。
   (1) ファイナンス・リース取引について、通常の売買取引に係る方法に準じた会計処理方法を適用します。
   (2) 所有権移転外ファイナンス・リース取引について、自社の資産とは異なる償却方法を定めています。
   (3) オペレーティング・リース取引について、通常の賃貸借取引に係る方法に準じた会計処理方法を適用します。
   (4) リース取引に係る注記事項
5. 平成23年3月期以前から適用されています。

3-1 本会計基準の目的

本会計基準は、リース取引に係る会計処理を定めることを目的としています（1項）。

本会計基準を適用する際の指針として「リース取引に関する会計基準の適用指針」（企業会計基準適用指針第16号。以下、本節において適用指針）が公表されています（2項）。

3-2 用語の定義

本会計基準の適用にあたって、用語の定義は以下のとおりです。

用　　語	定　　義
リース取引（4項）	特定の物件の所有者たる貸手（レッサー）が当該物件の借手（レッシー）に対し、合意された期間（リース期間）にわたりこれを使用収益する権利を与え、借手は合意された使用料（リース料）を貸手に支払う取引
ファイナンス・リース取引（5項）	以下の2要件を満たすリース取引 ① ノン・キャンセラブル 　リース契約に基づくリース期間の中途において当該契約を解除することができないリース取引またはこれに準ずるリース取引[※] ② フルペイアウト 　借手が、当該契約に基づき使用する物件（リース物件）からもたらされる経済的利益を実質的に享受することができ、かつ、当該リース物件の使用にともなって生じるコストを実質的に負担することとなるリース取引

オペレーティング・リース取引（6項）	ファイナンス・リース取引以外のリース取引

※　「これに準ずるリース取引」とは、法的形式上は解約可能であっても解約に際し相当の違約金を支払わなければならない等の理由から事実上解約不能であるリース取引をいいます（適用指針6項）。

3-3 ファイナンス・リース取引

1 ファイナンス・リース取引の判定基準

　以下のいずれかに該当する場合、ファイナンス・リース取引と判定されます（適用指針9項）。

判定基準	内　　容
現在価値基準	解約不能のリース期間中のリース料総額の現在価値が見積現金購入価額のおおむね90％以上であるとき
経済的耐用年数基準	解約不能のリース期間が、当該リース物件の経済的耐用年数のおおむね75％以上であるとき

　現在価値基準の適用にあたっては、当該リース取引が置かれている状況からみて借手が再リースを行う意思が明らかな場合を除き、再リース期間またはリース料は、解約不能のリース期間またはリース料総額に含めません（適用指針11項）。

　また、経済的耐用年数基準の適用にあたっては、当該リース取引が置かれている状況からみて借手が再リースを行う意思が明らかな場合を除き、

再リース期間は解約不能のリース期間に含めないものとし、また、リース物件の経済的耐用年数は、物理的使用可能期間ではなく経済的使用可能予測期間に見合った年数によります（適用指針12項）。

2 ファイナンス・リース取引の分類

ファイナンス・リース取引は所有権移転ファイナンス・リース取引と所有権移転外ファイナンス・リース取引に分類されます（8項）。

ファイナンス・リース取引	内容
所有権移転	リース契約上の諸条件に照らしてリース物件の所有権が借手に移転すると認められるもの
所有権移転外	上記以外のリース取引

以下のいずれかの条件を満たす場合には、所有権移転ファイナンス・リース取引と判定されます（適用指針10項）。

条件	内容
所有権移転条項	リース契約上、リース期間終了後またはリース期間の中途で、リース物件の所有権が借手に移転することとされているリース取引
割安購入選択権	リース契約上、借手に対して、リース期間終了後またはリース期間の中途で、名目的価額またはその行使時点のリース物件の価額に比して著しく有利な価額で買い取る権利（割安購入選択権）が与えられており、その行使が確実に予想されるリース取引

特別仕様物件	リース物件が、借手の用途等に合わせて特別の仕様により製作または建設されたものであって、当該リース物件の返還後、貸手が第三者に再びリースまたは売却することが困難であるため、その使用可能期間を通じて借手によってのみ使用されることが明らかなリース取引

上記のいずれにも該当しない場合には、所有権移転外ファイナンス・リース取引となります。

3-4 ファイナンス・リース取引の会計処理

ファイナンス・リース取引については、通常の売買取引に係る方法に準じて会計処理を行います（9項）。

1 借手側の会計処理

借手は、リース取引開始日に、リース物件とこれに係る債務をリース資産及びリース債務として計上します（10項）。

❶ リース資産及びリース債務の計上価額

リース物件とこれに対応する債務をリース資産及びリース債務として計上する場合の取扱いは以下のとおりです。

〈1〉借手において当該リース物件の貸手の購入価額等が明らかな場合

《所有権移転ファイナンス・リース取引》
　リース資産及びリース債務の計上価額は貸手の購入価額等によります（適用指針37項）。

《所有権移転外ファイナンス・リース取引》
　リース料総額（残価保証がある場合、残価保証額を含む）を割引率で割り引いた現在価値と貸手の購入価額等とのいずれか低い額によります（適用指針22項）。なお、割引率は借手が貸手の計算利子率を知りうる場合は当該利率とし、知り得ない場合は借手の追加借入に適用されると合理的に見積もられる利率となります（適用指針17項）。

〈2〉貸手の購入価額等が明らかでない場合

　所有権移転ファイナンス・リース取引、所有権移転外ファイナンス・リース取引に関わらず、上記〈1〉の現在価値と見積現金購入価額とのいずれか低い額によります（適用指針22、37項）。

❷ 利息相当額の処理

　リース資産及びリース債務の計上価額を算定するにあたっては、原則として、リース契約締結時に合意されたリース料総額からこれに含まれている利息相当額の合理的な見積額を控除する方法によります。

　原則として、リース料総額のうち、利息相当額部分は支払利息として処理し、リース債務の元本返済額部分はリース債務の元本返済として処理します。全リース期間にわたる利息相当額の総額は、リース取引開始日におけるリース料総額とリース資産（リース債務）の計上価額との差額となります（11項、適用指針23、38項）。

　当該利息相当額については、原則としてリース期間にわたり利息法により配分します（適用指針24、39項）。利息法とは、各期の支払利息相当額をリース債務の未返済元本残高に一定の利率を乗じて算定する方法であり、当該利率は、リース料総額の現在価値が、リース取引開始日におけるリース資産（リース債務）の計上額と等しくなる利率として求められます（適用指針24項）。

❸ リース資産の減価償却費

所有権移転ファイナンス・リース取引と所有権移転外ファイナンス・リース取引に係るリース資産の減価償却費は、以下のように異なった償却方法が規定されています（12項）。

分 類	償却期間	残存価額
所有権移転	自己所有の固定資産に適用する減価償却方法と同一の方法により算定	
所有権移転外	リース期間[※1]	ゼロ[※2]

※1　原則としてリース期間を耐用年数としますが、再リース期間をファイナンス・リース取引の判定においてリース期間に含めている場合は、再リース期間を当該耐用年数に含めます（適用指針27項）

※2　原則としてゼロとしますが、リース契約上に残価保証の取決めがある場合は、原則として、当該残価保証額を残存価額とします（適用指針27項）

《ファイナンス・リース取引の会計処理（まとめ）》

ファイナンス・リース取引	貸手の購入価額	リース資産及びリース債務の計上額	リース料総額に含まれている利息相当額
所有権移転	明らか	購入価額等	● 原　則 控除して利息法により期間配分します（適用指針23、24項） ● 例　外[※1] リース資産総額に重要性が乏しい場合[※2]、利息相当額を控除しないことができます。また、利息の配分方法を定額法とす
	明らかでない	リース料総額の現在価値と見積現金購入価額とのいずれか低い額	
所有権移転外	明らか	リース料総額の現在価値と購入価額等とのいずれか低い額	
	明らかでない	リース料総額の現在価値	

		と見積現金購入価額との いずれか低い額	ることができます（適用 指針31項）

※1 所有権移転ファイナンス・リースについては適用されません
※2 リース資産総額に重要性が乏しい場合は以下の算式により判断します
（適用指針32項）

$$\frac{\text{未経過リース料の期末残高}}{\text{未経過リース料の期末残高} + \text{有形固定資産の期末残高} + \text{無形固定資産の期末残高}} < 10\%$$

❹ 少額リース資産、短期リース取引の例外処理

以下の要件を満たす場合、個々のリース資産に重要性が乏しいものとして通常の賃貸借取引に準じて会計処理できます（適用指針34、35項）。

《少額リース資産、短期のリース取引》

1. 重要性が乏しい減価償却資産について、購入時に費用処理する方法を採用している場合で、リース料総額がその基準額以下のリース取引
2. リース期間が1年以内のリース取引
3. 企業の事業内容に照らして重要性の乏しいリース取引で、リース契約1件当たりのリース料総額（維持管理費用相当額または通常の保守等の役務提供相当額のリース料総額に占める割合が重要な場合には、その合理的見積額を除くことができる）が300万円以下のリース取引

上記3.の場合、1つのリース契約に科目の異なる有形固定資産または無形固定資産が含まれている場合は、異なる科目ごとに、その合計金額により判定することができます（適用指針35項）。

❺ 中途解約の会計処理

　所有権移転ファイナンス・リース取引、所有権移転外ファイナンス・リース取引にかかわらず、リース契約を中途解約した場合は、リース資産の未償却残高をリース資産除却損等として処理します。貸手に対して中途解約による規定損害金を一時または分割払いで支払う必要が生じた場合は、リース債務未払残高（未払利息の額を含む）と当該規定損害金の額との差額を支払額の確定時に損益に計上します（適用指針30、44項）。

2 貸手側の会計処理

　貸手は、リース取引開始日に、通常の売買取引に係る方法に準じた会計処理により、所有権移転ファイナンス・リース取引についてはリース債権として、所有権移転外ファイナンス・リース取引については、リース投資資産として計上します（13項）。

貸手の会計処理

ファイナンス・リース取引の分類	会計処理
所有権移転	リース債権として計上
所有権移転外	リース投資資産として計上

❶ 基本となる会計処理

　貸手は、ファイナンス・リース取引の取引実態に応じて、以下のいずれかの方法を選択し、継続して適用します（適用指針51、61項）。

〈1〉リース取引開始日に売上高と売上原価を計上する方法

　リース取引開始日に、リース料総額で売上高を計上し、同額で所有権移転外ファイナンス・リースの場合「リース投資資産」、所有権移転ファイ

ナンス・リース取引の場合「リース債権」(以下、「リース投資資産」または「リース債権」)を計上します。また、リース物件の現金購入価額により売上原価を計上します。

　リース取引開始日に計算された売上高と売上原価との差額は、利息相当額として取り扱います。リース期間中の各期末において、リース取引開始日に計算された利息相当額の総額のうち、各期末日後に対応する利益は繰り延べることとし、「リース投資資産」または「リース債権」と相殺して表示します。

　〈2〉リース料受取時に売上高と売上原価を計上する方法

　リース取引開始日に、リース物件の現金購入価額により、「リース投資資産」または「リース債権」を計上します。リース期間中の各期に受け取るリース料(以下、受取リース料)を各期において売上高として計上し、当該金額からリース期間中の各期に配分された利息相当額を差し引いた額をリース物件の売上原価として処理します。

　〈3〉売上高を計上せずに利息相当額を各期へ配分する方法

　リース取引開始日に、リース物件の現金購入価額により、「リース投資資産」または「リース債権」を計上します。各期の受取リース料を利息相当額と「リース投資資産」または「リース債権」の元本回収とに区分し、前者を各期の損益として処理し、後者を「リース投資資産」または「リース債権」の元本回収額として処理します。

❷ 利息相当額の処理

　利息相当額の総額は、リース契約締結時に合意されたリース料総額及び見積残存価額の合計額から、これに対応するリース資産の取得価額を控除することによって算定します。当該利息相当額については、原則として、リース期間にわたり利息法により配分します(14項)。

3-5 オペレーティング・リース取引の会計処理

ファイナンス・リース取引以外のリース取引はオペレーティング・リース取引となります。オペレーティング・リース取引については、通常の賃貸借取引に係る方法に準じて会計処理を行います（15項）。

3-6 その他のリース取引

1 セール・アンド・リースバック取引の会計処理

所有する物件を貸手に売却し、貸手から当該物件のリースを受ける取引のことをセール・アンド・リースバック取引といいます。

当該リース取引がファイナンス・リース取引に該当する場合には借手は、リースの対象となる物件の売却損益を長期前払費用または長期前受収益等として繰延処理し、リース資産の減価償却費の割合に応じ減価償却費に加減して損益に計上します。

ただし、当該物件の売却損失が、当該物件の合理的な見積市場価額が帳簿価額を下回ることにより生じたものであることが明らかな場合は、売却損を繰延処理せずに売却時の損失とします（適用指針48、49項）。

2 転リース取引の会計処理

転リース取引とは、リース物件の所有者から当該物件のリースを受け、さらに、同一物件をおおむね同一の条件で第三者にリースする取引であって、借手としてのリース取引及び貸手としてのリース取引の双方がファイ

ナンス・リース取引に該当する場合、貸借対照表上はリース債権またはリース投資資産とリース債務の双方を計上することになります。この場合、支払利息、売上高、売上原価等は計上せずに、貸手として受け取るリース料総額と借手として支払うリース料総額の差額を手数料収入として各期に配分し、転リース差益等の名称で損益計算書に計上します。

なお、リース債権またはリース投資資産とリース債務は利息相当額控除後の金額で計上することが原則ですが、利息相当額控除前の金額で計上することもできます（適用指針47項）。

3-7 開示

1 貸借対照表の開示科目

ファイナンス・リース取引の貸借対照表の表示は以下のとおりです。

	開示科目	摘要
借手	リース資産（16項）	（原則）有形固定資産、無形固定資産の別に一括してリース資産として表示します （容認）有形固定資産または無形固定資産に属する各科目に含めることもできます
借手	リース債務（17項）	貸借対照表日後1年以内に支払期限が到来するものは流動負債、1年を超えて支払期限が到来するものは固定負債として表示します
貸手	リース債権またはリース投資資産（18項）	リース債権（所有権移転ファイナンス・リース取引）、またはリース投資資産（所有権移転外ファイナンス・リース取引）は、

	●企業の主目的たる営業取引により発生した場合 流動資産に表示します ●企業の営業の主目的以外の取引により発生した場合 貸借対照表日の翌日から起算して1年以内に入金の期限が到来するものは流動資産に、1年を超えて到来するものは固定資産に表示します

2 ファイナンス・リース取引の注記

　ファイナンス・リース取引の注記事項は以下のとおりです。なお、重要性が乏しい場合は注記を省略できます。

借手・貸手	注記内容
借手（19項）	リース資産ついて、 ●その内容（主な資産の種類等） ●減価償却の方法
貸手（20、21項）	リース投資資産について、 ●将来のリース料を収受する権利（「リース料債権」）部分 ●見積残存価額（リース期間終了時に見積もられる残存価額で借手による保証のない額）部分の金額（各々、利息相当額控除前） ●受取利息相当額 リース債権及びリース投資資産に係るリース料債権部分について、貸借対照表日後5年以内における1年ごとの回収予定額及び5年超の回収予定額

3 オペレーティング・リース取引の注記

オペレーティング・リース取引の借手及び貸手の注記事項は以下のとおりです。ただし、重要性が乏しい場合には注記を要しません（22項）。

- オペレーティング・リース取引のうち解約不能のリース取引に係る未経過リース料は、貸借対照表日後1年以内に係るものと、1年超のものとに区分して注記します。

4 ファイナンス・リース取引の貸手の注記

ファイナンス・リース取引の貸手は重要な会計方針において、300頁の❶〈1〉から〈3〉のいずれの方法を採用したかを注記します（適用指針72項）。

5 転リース取引に係る注記

リース債権またはリース投資資産とリース債務を利息相当額控除前の金額で計上する場合は、貸借対照表に含まれる当該リース債権またはリース投資資産とリース債務の金額を注記します（適用指針73項）。

3-8 適用時期等

本会計基準は、平成23年3月期以前から適用されています（23項）。

第4節

企業会計基準第11号
関連当事者の開示に関する会計基準

決算手続の流れ	決算書作成実務に与える影響
	期　首
	期　中
	四半期決算
	期　中
	年度末
	個別決算手続
	連結決算手続
	開示書類作成 　➢ 関連当事者との取引に関する注記

POINT

1. 本会計基準は、関連当事者の開示について定めています。
2. 主として以下の事項を定めています。

    (1) 関連当事者の範囲

    (2) 開示対象となる関連当事者との取引の範囲

    (3) 関連当事者との取引の開示対象期間

    (4) 関連当事者との取引に関する開示項目

    (5) 関連当事者の存在に関する開示項目

    (6) 開示の重要性判断基準

3. 平成23年3月期以前から適用されています。

4-1 本会計基準の目的

　本会計基準は、財務諸表の注記事項としての関連当事者の開示について、その内容を定めることを目的としています（1項）。

　本会計基準を適用する際の指針として、「関連当事者の開示に関する会計基準の適用指針」(企業会計基準適用指針第13号。以下、本節において適用指針)が公表されています（3項）。

4-2 本会計基準の適用範囲

　本会計基準は、連結財務諸表または個別財務諸表における関連当事者の開示に適用されます。

　なお、連結財務諸表で関連当事者の開示を行っている場合は、個別財務諸表での開示は必要ありません（4項）。

4-3 関連当事者の開示フロー

　関連当事者の開示フローは次頁のとおりです。

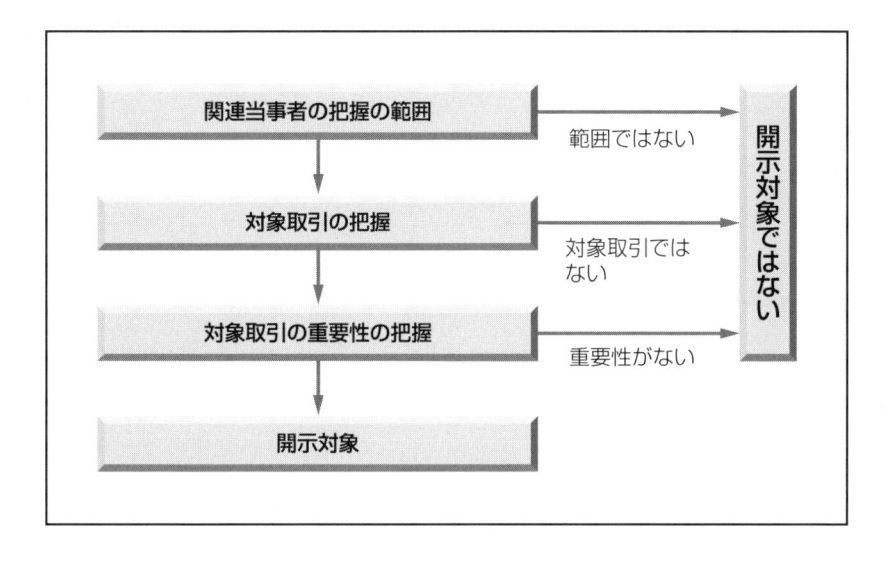

```
┌─────────────────────┐
│ 関連当事者の把握の範囲 │──範囲ではない──┐
└──────────┬──────────┘              │
           ↓                         │
┌─────────────────────┐              │開
│    対象取引の把握    │──対象取引では─┤示
└──────────┬──────────┘  ない        │対
           ↓                         │象
┌─────────────────────┐              │で
│ 対象取引の重要性の把握│──重要性がない─┤は
└──────────┬──────────┘              │な
           ↓                         │い
┌─────────────────────┐              │
│       開示対象       │              │
└─────────────────────┘              │
```

4-4 用語の定義

1 関連当事者とは

　関連当事者とは、ある当事者が他の当事者を支配しているか、または、他の当事者の財務上及び業務上の意思決定に対して重要な影響力を有している場合の当事者等をいい、次に掲げる者をいいます（5項）。

《関連当事者の範囲》
① 親会社
② 子会社
③ 財務諸表作成会社と同一の親会社をもつ会社
④ 財務諸表作成会社が他の会社の関連会社である場合における当該他の会社（以下、その他の関係会社）並びに当該その他の関係会社の親会社及び

子会社
⑤　関連会社及び当該関連会社の子会社
⑥　財務諸表作成会社の主要株主及びその近親者
⑦　財務諸表作成会社の役員及びその近親者
⑧　親会社の役員及びその近親者
⑨　重要な子会社の役員及びその近親者
⑩　⑥から⑨に掲げる者が議決権の過半数を自己の計算において所有している会社及びその子会社
⑪　従業員のための企業年金（企業年金と会社の間で掛金の拠出以外の重要な取引を行う場合に限る）

　①～⑪を図表で表すと、次頁のとおりとなります。なお、以下のものは関連当事者の範囲から除かれます。

《関連当事者の範囲から除かれるもの》
● 連結財務諸表上：連結子会社
● 個別財務諸表上：重要な子会社の役員及びその近親者並びにこれらの者が議決権の過半数を自己の計算において所有している会社及びその子会社

関連当事者の範囲（直接的に関係している者同士を線で結んでいる）

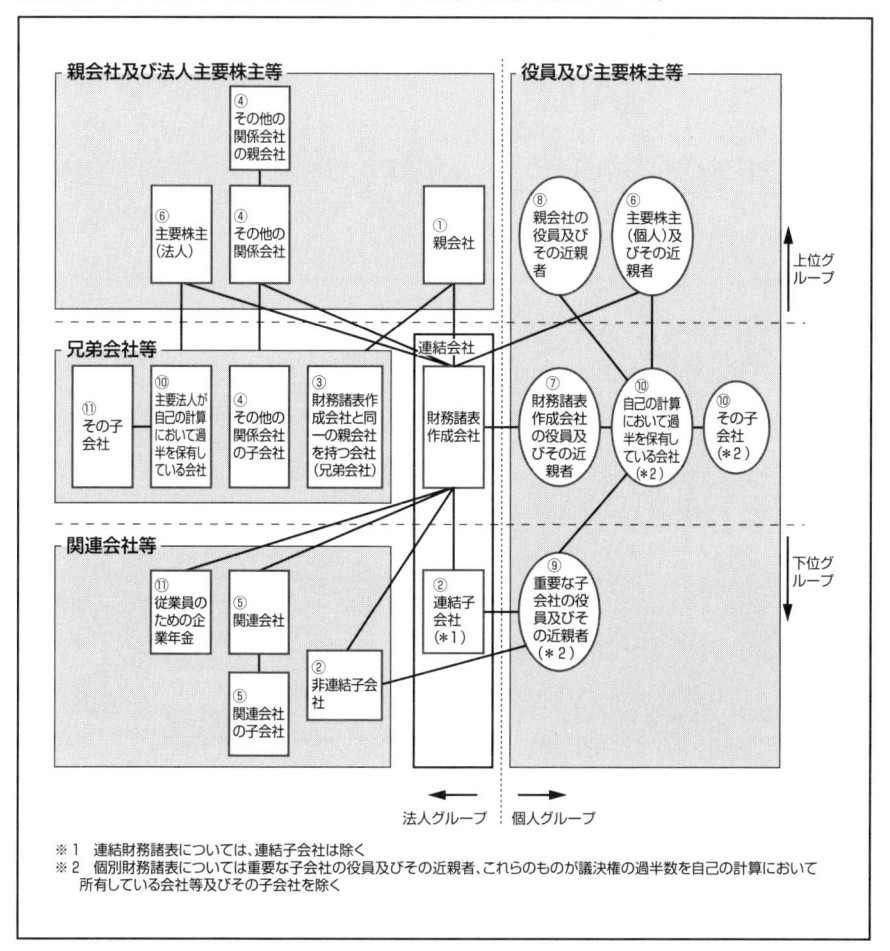

```
┌─ 親会社及び法人主要株主等 ──────────┐  ┌─ 役員及び主要株主等 ──────┐
│                                              │  │                                │
│              ④その他の                      │  │   ⑧親会社の    ⑥主要株主       │  ↑
│              関係会社                        │  │   役員及び    （個人）及       │  上位
│              の親会社                        │  │   その近親    びその近          │  グ
│                                              │  │   者          親者              │  ループ
│   ⑥主要株主  ④その他の   ①親会社           │  │                                │
│   （法人）    関係会社                       │  │                                │  ↓
│                                              │  │                                │
├─ 兄弟会社等 ───────────── 連結会社 ──┤  │                                │
│                        ③財務諸表              │  │  ⑦財務諸表   ⑩自己の計算  ⑩その子│
│  ⑪その子 ⑩主要法人が ④その他の 作成会社と同 │  │  作成会社    において過    会社  │
│  会社    自己の計算  関係会社  一の親会社     │財務諸表│  の役員及    半を保有し   （*2）│
│          において過  の子会社  を持つ会社     │作成会社│  びその近    ている会社        │
│          半を保有し              （兄弟会社）  │  │  親者        （*2）              │
│          ている会社                           │  │                                │
├─ 関連会社等 ─────────────────┤  │                                │  ↑
│                                              │  │  ⑨重要な子                    │  下位
│  ⑪従業員の ⑤関連会社                        │  │  会社の役                      │  グ
│  ための企                        ②連結子    │  │  員及びそ                      │  ループ
│  業年金                          会社         │  │  の近親者                      │  ↓
│                                  （*1）       │  │  （*2）                        │
│            ⑤関連会社  ②非連結子              │  │                                │
│            の子会社    会社                    │  │                                │
└──────────────────────┘  └────────────────┘
                              ←──────→ ←────→
                               法人グループ  個人グループ
```

※1　連結財務諸表については、連結子会社は除く
※2　個別財務諸表については重要な子会社の役員及びその近親者、これらのものが議決権の過半数を自己の計算において所有している会社等及びその子会社を除く

関連当事者の定義にあたっては以下の点に留意が必要です。

関連当事者	留意事項
①～⑤及び⑩に掲げる会社	組合その他これらに準ずる事業体も含まれます。この場合、業務執行組合員が組合の財務及び営業または事業の方針を決定しているときには、⑩の「議決権」は「業務執行を決定す

	る権限」と読み替えます
④その他の関係会社	「共同支配投資企業」（財務諸表作成会社を共同で支配する企業）が含まれます
⑤関連会社	「共同支配企業」（財務諸表作成会社（連結財務諸表上は連結子会社を含む）と他の独立した企業により共同で支配されている企業）が含まれます
⑥主要株主	保有態様を勘案したうえで、自己または他人の名義をもって総株主の議決権の10％以上を保有している株主 以下の場合は主要株主には該当しません（適用指針3項） ● 信託業を営む者が信託財産として株式を保有している場合 ● 証券業を営む者が引受けまたは売出しを行う業務により株式を保有している場合 ● 証券金融会社がその業務として株式を保有している場合
⑦～⑨役員	取締役、会計参与、監査役、執行役またはこれらに準ずる者 ● これらに準ずる者とは、相談役、顧問、執行役員、その他これらに類する者で、会社内の地位や職務等からみて実質的に会社の経営に強い影響を及ぼしていると認められる者、創業者等で役員を退任した者についても、実質的な判定が必要（適用指4項）。
⑥～⑨近親者	二親等以内の親族で以下の者 ● 配偶者、父母、兄弟、姉妹、祖父母、子、孫及び配偶者の父母、兄弟、姉妹、祖父母並びに兄弟、姉妹、子、孫の配偶者

❶ 関連当事者の範囲の把握

　関連当事者の把握においては、自社の役員のみならず、主要株主、親会社の役員、重要な子会社の役員についてもその近親者の把握やこれらの者が議決権の過半数を所有している会社及びその子会社の把握まで行わなければなりません。そのため、事前に十分な説明を行い、情報収集が可能と

なる体制を構築することが重要になります。

たとえば、必要な情報が入手できるような調査票を作成し、該当者に記入を依頼して回収するというような方法等が考えられます。

❷ 実質的な判断

関連当事者の範囲は形式的に判定するのではなく、実質的に判断する必要があります（17項）。

実質的な判断にあたっては、以下のような留意事項があります。

項　目	留意事項
退任した役員の取扱い	創業者等の中には、役員を退任した後でも、実質的に会社に強い影響力を持つ場合も考えられますので、役員を退任した者も取締役等に準ずる者として関連当事者の範囲に含められる場合があるので、慎重な対応が求められます（適用指針4、23項）
子会社の役員	一律に関連当事者の範囲に含めるのではなく、子会社の中でも重要な役員についてのみ、関連当事者となります たとえば、企業グループの中核となる事業活動を子会社に委ねている場合にあって、当該子会社の役員のうち、当該業務を指示し、統制する役員は、企業グループの事業運営に強い影響力を持つものと考えられます（21項）

2 関連当事者以外の用語の定義

関連当事者以外の用語の定義は次頁のとおりです（5項）。

用　語	定　義
関連当事者との取引	会社と関連当事者との取引とは、対価の有無にかかわらず、資源若しくは債務の移転、または役務の提供をいいます。また、以下の取引も含まれます ● 関連当事者が第三者のために会社との間で行う取引 ● 会社と第三者との間の取引で関連当事者が当該取引に関して会社に重要な影響を及ぼしているもの
会社と関連当事者との取引における「会社」	連結財務諸表上：連結財務諸表作成会社及び連結子会社（以下、連結会社） 個別財務諸表上：財務諸表作成会社

4-5 開示対象となる取引の範囲

1 開示対象

　会社と関連当事者との取引のうち、重要な取引を開示対象とします（6項）。開示対象となる取引の範囲にあたっては以下の点に留意が必要です。

項　目	留意事項
連結財務諸表（6項）	● 連結会社と関連当事者との取引が開示対象 ● 連結財務諸表を作成するにあたって相殺消去した取引は開示対象外 ● 連結会社が直接かかわらない関連当事者同士の取引については、正確かつ網羅的な情報の入手が困難であることや影響が軽微な場合が多いため、開示対象外（34項）

無償取引や低廉な価格での取引（7項）	独立第三者間取引であったと仮定した場合の金額を見積もったうえで、重要性の判断を行い、開示対象とするかどうかを決定
形式的・名目的に第三者を経由した取引（8項）	実質上の相手先が関連当事者であることが明確な場合は開示対象
開示対象外取引（9項）	●一般競争入札による取引ならびに預金利息及び配当の受取りその他取引の性質から見て取引条件が一般の取引と同様であることが明白な取引 ●役員に対する報酬、賞与及び退職慰労金の支払い ●役員と会社間の報酬、賞与及び退職慰労金の支払以外の取引であっても、当該役員が従業員としての立場で行っていることが明らかな取引（例：使用人兼務役員が会社の福利厚生制度による融資を受ける場合等）（適用指針5項）

なお、役員に対する報酬等については、開示対象外取引となりますが、相談役や顧問等役員に準じる者が実質的判断で関連当事者に該当する場合、これらの者への報酬は会社法上の役員報酬に該当しないため、関連当事者との取引として開示対象となることにご留意ください。

2 資本取引

資本取引（増資の引受けや自己株式の取得）については、開示対象の取引に含まれますが、公募増資は、取引条件が一般の取引と同様であることが明白な取引に該当するため、開示対象外です。

また、期末残高の開示も、債権債務関係とは異なるため、求められていません（28項）。

3 関連当事者との取引の開示対象期間

連結会計年度または事業年度の途中において関連当事者に該当することとなった場合、または関連当事者に該当しなくなった場合には、関連当事者であった期間中の取引が開示対象となります。

期末に子会社を取得（みなし取得を含む）し、貸借対照表のみ連結している場合で、取得前の期間において関連当事者に該当する場合には、当該会社との取引は連結財務諸表上相殺消去されていないため、関連当事者との取引の開示対象となります（適用指針6項）。

4-6 関連当事者との取引に関する開示

1 関連当事者との取引に関する開示項目

開示対象となる関連当事者との取引がある場合、原則として個々の関連当事者ごとに、以下の項目を開示します（10項）。

(1) 関連当事者の概要
(2) 会社と関連当事者との関係
(3) 取引の内容
　　なお、形式的・名目的には第三者との取引である場合は、形式上の取引先名を記載したうえで、実質的には関連当事者との取引である旨を記載する。
(4) 取引の種類ごとの取引金額
(5) 取引条件及び取引条件の決定方針
(6) 取引により発生した債権債務に係る主な科目別の期末残高
(7) 取引条件の変更があった場合は、その旨、変更内容及び当該変更が財務

> 諸表に与えている影響の内容
> (8) 関連当事者に対する貸倒懸念債権及び破産更生債権等に係る情報（貸倒引当金繰入額、貸倒損失等）

❶ 関連当事者の概要

上記 **1** の(1)の関連当事者の概要には、名称または氏名のほか、以下の内容を記載します（適用指針7項）。

関連当事者	記載内容
法人の場合（会社に準ずる事業体などを含む）	●所在地 ●資本金（出資金） ●事業の内容 ●当該関連当事者の議決権に対する会社の所有割合または財務諸表作成会社の議決権に対する当該関連当事者の所有割合
個人の場合	●職　業 ●財務諸表作成会社の議決権に対する当該関連当事者の所有割合

❷ 取引条件

上記 **1** の(5)の取引条件について、関連当事者との取引のなかには競争的で自由な取引市場が存在しない場合も少なくありません。この場合、関連当事者との取引が独立第三者間取引と同様の一般的な取引条件で行われた旨を記載するには、関連当事者以外の第三者との取引を比較して同等の取引条件であることを要すると定められています（36項）。

そのため、実務的には第三者との取引条件と同等であることの根拠となる資料を準備する必要があります。内部統制の観点からも、当該資料が準備・保管される体制を構築することが求められるものと考えます。

❸ 貸倒懸念債権及び破産更生債権等

上記 **1** の(8)の関連当事者に対する債権が貸倒懸念債権及び破産更生債権等に該当する場合、以下の項目を開示します（適用指針8項）。

---
(1) 債権の期末残高に対する貸倒引当金残高

(2) 当期の貸倒引当金繰入額等

(3) 当期の貸倒損失額（一般債権に区分されている場合において貸倒損失が生じた場合も含む）

(4) 債務保証損失引当金の期末残高や繰入額など

なお、開示にあたっては以下の事項に留意します。
- 関連当事者ごとに開示せず、関連当事者の種類ごとに合算して記載することができます。
- 連結財務諸表においては、連結子会社に対する債権で相殺消去の対象とされているものに係る貸倒引当金及び貸倒損失等は、開示対象外です。

2 資金貸借取引、債務保証等及び担保提供または受入れ

以下の内容を記載します（適用指針9項）。

取引項目	開示内容
資金貸借取引	●連結会計年度中または事業年度中の貸付金額または借入金額 ●当該取引に関する期末残高
債務保証等	●期末残高 ●保証等をしているのか、保証等を受けているのか、その内容を注記で具体的に記載

担保提供または受入れ	● 担保資産に対応する債務の期末残高 ● 担保を提供しているのか、担保を受け入れているのか、その内容を注記で具体的に記載

4-7 関連当事者の存在に関する開示

1 関連当事者の開示項目

親会社または重要な関連会社が存在する場合には、以下の項目を開示します（11項）。

---

(1) 親会社が存在する場合には、親会社の名称等
(2) 重要な関連会社が存在する場合には、その名称及び当該関連会社の要約財務情報
　➤ 要約財務情報は合算して記載できます。

上記(1)及び(2)の開示項目として以下の事項を記載します。

---

(1) 親会社情報として、親会社の名称及び上場または非上場の別（適用指針10項）
(2) 重要な関連会社の要約財務情報は、持分法投資損益（共同支配企業の場合は、持分法に準ずる処理を適用した場合の投資損益）の算定に用いた財務情報をもとに、主な貸借対照表項目及び損益計算書項目

たとえば、以下の内容を記載します（適用指針11項）。

財務諸表	記載内容
貸借対照表項目	流動資産合計、固定資産合計、流動負債合計、固定負債合計、純資産合計
損益計算書項目	売上高、税引前当期純損益、当期純損益

なお、要約財務情報を合算して記載する場合は、持分法投資損益の算定対象としたすべての関連会社の財務情報を合算したものを記載することもできます。その場合には、その旨及び重要な関連会社の名称を記載します。

2 親会社及び重要な関連会社に関する情報の開示例

親会社及び重要な会社関連会社に関する情報の開示例は、次の図表とおりです。

(1) 親会社情報
　　株式会社○○○○（□□証券取引所に上場）
(2) 重要な関連会社の要約情報
〈重要な関連会社を個別に記載する場合〉
　当連結会計年度において、重要な関連会社はA社及びB社であり、その要約財務情報は以下のとおりである。

	A　社	B　社
流動資産合計	x,xxx	x,xxx
固定資産合計	x,xxx	x,xxx

流動負債合計	×,×××	×,×××
固定負債合計	×,×××	×,×××
純資産合計	×××	×××
売上高	××,×××	××,×××
税引前当期純益	×,×××	×,×××
当期純利益	×,×××	×,×××

4-8 重要性の判断基準

　会社と関連当事者との取引は、重要な取引が開示対象となります（6項、適用指針12項）。この場合の重要性の判断基本は以下のとおりです。

1 重要性の判断に係るグループ区分

　法人または個人の別、支配または被支配の別、影響力の度合いなどに基づき、関連当事者は以下に示す4つのグループに分類します（次頁図表参照）。

　開示に際しては、各グループに適用される重要性の判断基準に従って開示の要否を判定し、開示を要する事項について当該各グループ順に並べて開示します（適用指針13項）。

グループ	開示事項
(1) 親会社及び法人主要株主等（財務諸表作成会社の上位に位置する法人のグループ）	① 親会社 ② その他の関係会社及び当該その他の関係会社の親会社 ③ 財務諸表作成会社の主要株主（法人）
(2) 関連会社等（財務諸表作成会社の下位に位置する法人のグループ）	① 子会社 ② 関連会社及び当該関連会社の子会社 ③ 従業員のための企業年金（企業年金と会社の間で掛金の拠出以外の重要な取引を行う場合に限ります）
(3) 兄弟会社等（財務諸表作成会社の上位に位置する法人の子会社のグループ）	① 財務諸表作成会社と同一の親会社をもつ会社 ② その他の関係会社の子会社 ③ 財務諸表作成会社の主要株主（法人）が議決権の過半数を自己の計算において所有している会社及びその子会社
(4) 役員及び個人主要株主等（財務諸表作成会社の役員・個人主要株主等のグループ）	① 財務諸表作成会社の主要株主（個人）及びその近親者 ② 財務諸表作成会社の役員及びその近親者 ③ 親会社の役員及びその近親者 ④ 重要な子会社の役員及びその近親者 ⑤ ①から④に掲げる者が議決権の過半数を自己の計算において所有している会社及びその子会社

　関連当事者との取引について、上記グループを、さらに法人グループ（上記(1)～(3)）または個人グループ（上記(4)）のいずれかに区分して、重要性の判断を行います（次頁上にもある図表も参照）。

　この判断に際しては、原則として各関連当事者との取引ごとに行います（適用指針14項）。

分　類	摘　要
法人グループ	(1)　親会社及び法人主要株主等 (2)　関連会社等 (3)　兄弟会社等
個人グループ	(4)　役員及び個人主要株主等

2　開示の重要性判断基準の概要

開示対象となる重要性判断基準の概要は以下の図表のとおりです。

	法人グループ	個人グループ
損益計算書項目		
売上高	売上高の10%超	10百万円超
売上原価	売上原価と販管費の合計の10%超	
販売費及び一般管理費		
営業外収益	営業外収益の10%超[※1]	
営業外費用	営業外費用の10%超[※1]	
特別利益	10百万円超[※1]	
特別損失	10百万円超[※1]	
貸借対照表項目		
資産・負債残高	総資産の1%超	10百万円超
資金貸借取引／有形固定資産の購入・売却取引等や有価証券	総資産の1%超[※2]	

事業譲渡・譲受	対象資産・負債のいずれか大きい額が総資産の1％超※3	
その他の項目		
債務保証等	総資産の1％超	10百万円超
担保提供または受入れ	総資産の1％超	

※1　その取引総額を開示し、取引総額と損益が相違する場合には損益を併せて開示

※2　それぞれの残高が総資産の1％以下であっても、取引の発生総額（資金貸付額等）が総資産の1％を超える取引。ただし、以下の場合、期中の平均残高が総資産の1％を超える取引を開示できます
- 取引が反復的に行われている場合
- その発生総額の把握が困難である場合

※3　譲受または譲渡の対象となる資産や負債が個々に取引されるのではなく、一体として取引されると考えられることから、対象となる資産または負債の総額のいずれか大きい額が、総資産の1％を超える取引

❶ 関連当事者が法人の場合

　営業外収益、営業外費用、特別利益、特別損失の各項目に係る関連当事者との取引について、上記図表の判断基準により開示対象となる場合であっても、その取引総額が、税金等調整前当期純損益または最近5年間の平均の税金等調整前当期純損益（当該期間中に税金等調整前当期純利益と税金等調整前当期純損失がある場合には、原則として税金等調整前当期純利益が発生した年度の平均）の10％以下となる場合には、開示は不要です（適用指針15項）。

　なお、個別財務諸表で関連当事者との取引を開示する場合、連結損益計算書項目、連結貸借対照表項目、税金等調整前当期純損益は、それぞれ、損益計算書項目、貸借対照表項目、税引前当期純損益と、適宜読み替えます。

❷ 関連当事者が個人の場合

関連当事者との取引が、連結損益計算書項目及び連結貸借対照表項目等のいずれに係る取引についても、すべて開示対象となります。

ただし、会社の役員（親会社及び重要な子会社の役員を含む）もしくはその近親者が、他の法人の代表者を兼務しており（当該役員等が当該法人または当該法人の親会社の議決権の過半数を自己の計算において所有している場合を除く）、当該役員等がその法人の代表者として会社と取引を行うような場合には、法人間における商取引に該当すると考えられるため、関連当事者が個人グループの場合の取引としては扱わず、法人グループの場合の取引に属するものとして扱います（適用指針16項）。

❸ 資金貸借取引、債務保証等及び担保提供または受入れ

資金貸借取引、債務保証等及び担保提供または受入れに関する重要性の判断については、次のように行います（適用指針17項）。

取引内容	重要性の判断
資金貸借取引	資金貸借取引の期末残高に重要性が乏しい場合であっても、その取引に係る利息に関して❷の図表（323頁）の「営業外収益、営業外費用」に基づく重要性の判断を行うとともに、その取引の発生総額に関しても同図表の「資金貸借取引／有形固定資産の購入・売却取引等や有価証券」に基づく重要性の判断を行います
債務保証等	債務保証等の重要性の判断は、期末における保証債務等（被保証債務等）の金額で行います
担保提供または受入れ	担保資産の重要性の判断は、期末における対応する債務の残高をもって行います

❹ 外注先等への有償支給取引の取扱い

関連当事者である外注先等への有償支給取引における開示のための重要性の判断は、当該有償支給取引に係る一連の取引が連結財務諸表上相殺消去されている場合には、消去された後のそれぞれの取引金額について行います（適用指針18項）。

❺ 重要な関連会社

関連会社は、以下のいずれかに該当した場合に、要約財務情報の開示を必要とする重要な関連会社となります。

なお、個別財務諸表において開示を行う場合、税金等調整前当期純損益は、税引前当期純損益と読み替えます（適用指針19項）。

《重要な関連会社》
(1) 各関連会社の総資産（持分相当額）が総資産の10％を超える場合
(2) 各関連会社の税引前当期純損益（持分相当額）が、税金等調整前当期純損益の10％を超える場合

ただし、(2)については上記の基準を満たす場合であっても、会社の最近5年間の平均の税金等調整前当期純損益（当該期間中に税金等調整前当期純利益と税金等調整前当期純損失がある場合には、原則として税金等調整前当期純利益が発生した年度の平均）の10％を超えない場合には、開示は不要です。

❻ 開示の継続性

関連当事者の開示における重要性の判断基準の適用にあたり、これまで開示対象となっていた取引等について、ある連結会計年度または事業年度に数値基準を下回っても、それが一時的であると判断されるような場合には、ただちに開示対象から除外するなどの画一的な取扱いをせず、開示の

継続性が保たれるよう留意する必要があります（適用指針20項）。

4-9 適用時期等

本会計基準は、平成23年3月期以前から適用されています（12項）。

第5節

企業会計基準第10号
金融商品に関する会計基準

決算書作成実務に与える影響

決算手続の流れ

期首

期中
- 金融資産の発生及び消滅の会計処理
- ヘッジ会計の要件が充たされなくなったときの会計処理
- ヘッジ会計の終了の会計処理
- 複合金融商品の取得・発行時の会計処理

四半期決算
- 金融資産及び金融負債の貸借対照表価額
- ヘッジ会計

期中
- 金融資産の発生及び消滅の会計処理
- ヘッジ会計の要件が充たされなくなったときの会計処理
- ヘッジ会計の終了の会計処理
- 複合金融商品の取得・発行時の会計処理

年度末

個別決算手続
- 金融資産及び金融負債の貸借対照表価額
- ヘッジ会計

連結決算手続

開示書類作成
- 金融商品に係る注記

POINT

1. 本会計基準は、金融商品に関する会計処理について定めています。
2. 本会計基準では、以下の事項を定めています。
   (1) 金融資産及び金融負債の範囲
   (2) 金融資産及び金融負債の時価
   (3) 金融資産及び金融負債の発生及び消滅の認識、会計処理
   (4) 以下の項目の貸借対照表価額
      ① 債　権
      ② 有価証券
      ③ 運用を目的とする金銭の信託
      ④ デリバティブ取引により生じる正味の債権及び債務
      ⑤ 金銭債務
   (5) 貸倒見積高の算定方法
   (6) ヘッジ会計
   (7) 新株予約権付社債等の複合金融商品
   (8) 金融商品に係る注記事項
3. 平成23年3月期以前から適用されています。
4. 注記事項である「金融商品のリスク管理体制」のうち、「金融商品の時価等の開示に関する適用指針」（企業会計基準適用指針第19号）において、特に定める以下の事項は平成23年3月31日以後終了する事業年度の年度末に係る財務諸表から適用することができます。
   ① リスク管理上、市場リスクに関する定量的分析を利用している金融商品
   ② リスク管理上、市場リスクに関する定量的分析を利用していない旨

5-1 本会計基準の目的

　本会計基準は、金融商品に関する会計処理を定めることを目的としています（1項）。本会計基準を適用するにあたっては、以下も参照する必要があります（2項）。

- 「金融商品会計に関する実務指針」（会計制度委員会報告第14号。以下、本節において実務指針）
- 「その他の複合金融商品（払込資本を増加させる可能性のある部分を含まない複合金融商品）に関する会計基準」（企業会計基準適用指針第12号）
- 「払込資本を増加させる可能性のある部分を含む複合金融商品に関する会計処理」（企業会計基準適用指針第17号）
- 「金融商品の時価等の開示に関する適用指針」（企業会計基準適用指針第19号）

5-2 金融資産及び金融負債の範囲等

　金融資産及び金融負債の範囲は次頁上の図表のとおりです。

　なお、金融資産及び金融負債の範囲には、複数種類の金融資産または金融負債が組み合わされている複合金融商品も含まれます。

　また、現物商品（コモディティ）に係るデリバティブ取引のうち、通常差金決済により取引されるものから生じる正味の債権または債務についても、本会計基準により処理されます（注1）。

項　目	範　囲
金融資産（4項）	●金銭債権（現金預金、受取手形、売掛金及び貸付金等） ●株式その他の出資証券 ●公社債等の有価証券 ●先物取引、先渡取引、オプション取引、スワップ取引及びこれらに類似する取引（以下、デリバティブ取引）により生じる正味の債権等
金融負債（5項）	●金銭債務（支払手形、買掛金、借入金及び社債等） ●デリバティブ取引により生じる正味の債務等

5-3 時　価

　時価とは公正な評価額をいい、市場で形成されている取引価格、気配または指標その他の相場（以下、市場価格）に基づく価額をいいます。市場価格がない場合には合理的に算定された価額を公正な評価額とします（6項）。なお、市場には公設の取引所及びこれに類する市場のほか、随時、売買・換金等を行うことができる取引システム等が含まれます（54項）。

《時　価》

　時価 ＝ 公正な評価額

市場価格	公正な評価額
あ　る	取引価格、気配または指標その他の相場に基づく価額
な　い	合理的に算定された価額

　また、デリバティブ取引等において、個々のデリバティブ取引について

市場価格がない場合でも、当該デリバティブ取引の対象としている何らかの金融商品の市場価格に基づき合理的に価額が算定できるときには、当該合理的に算定された価額は公正な評価額と認められます（54項）。

5-4 金融資産及び金融負債の発生及び消滅の認識

金融資産及び金融負債の発生及び消滅の認識は以下のとおりです。

	発生（7項）	消滅（8、10項）
金融資産	● 契約締結時 ● 商品等の売買や役務提供の対価に係る金銭債権債務の場合は当該商品等の受渡しまたは役務提供の完了時	● 契約上の権利を行使したとき ● 権利を喪失したとき ● 権利に対する支配が他に移転したとき
金融負債		● 契約上の義務を履行したとき ● 義務が消滅したとき ● 第一次債務者の地位から免責されたとき

金融資産の契約上の権利に対する「支配が他に移転」するとは、次の要件がすべて充たされる場合をいいます（9項）。

(1) 譲渡された金融資産に対する譲受人の契約上の権利が譲渡人及びその債権者から法的に保全されていること
(2) 譲受人が譲渡された金融資産の契約上の権利を直接または間接に通常の方法で享受できること
(3) 譲渡人が譲渡した金融資産を当該金融資産の満期日前に買戻す権利及び義務を実質的に有していないこと

5-5 金融資産及び金融負債の消滅の認識に係る会計処理

　金融資産または金融負債がその消滅の認識要件を充たした場合には、当該金融資産または金融負債の消滅を認識するとともに、帳簿価額とその対価としての受払額との差額を当期の損益として処理します（11項）。

　金融資産または金融負債の一部がその消滅の認識要件を充たした場合には、当該部分の消滅を認識するとともに、消滅部分の帳簿価額とその対価としての受払額との差額を当期の損益として処理します。

　消滅部分の帳簿価額は、当該金融資産または金融負債全体の時価に対する消滅部分と残存部分の時価の比率により、当該金融資産または金融負債全体の帳簿価額を按分して計算します（12項）。

《金融資産または金融負債の消滅の認識に係る会計処理》

当期の損益 ＝ 受払額 － 金融資産または金融負債の帳簿価額

※　一部売却における帳簿価額の算定方法

$$帳簿価額 ＝ 全体の帳簿価額 \times \frac{消滅部分の時価}{金融資産または金融負債全体の時価}$$

　なお、金融資産または金融負債の消滅にともなって新たな金融資産または金融負債が発生した場合には、当該金融資産または金融負債は時価により計上します（13項）。

5-6 金融資産及び金融負債の貸借対照表価額等

1 債権及び金銭債務

債権及び金銭債務の貸借対照表価額は、次の図表のとおりです。

勘定科目	貸借対照表価額
受取手形 売掛金 貸付金 その他債権 (14項)	● 取得価額－貸倒引当金 ● 償却原価法に基づいて算定された価額－貸倒引当金 （債権を債権金額より低い価額または高い価額で取得した場合において、取得価額と債権金額との差額の性格が金利の調整と認められるとき）
支払手形 買掛金 借入金 社債その他債務 (26項)	● 債務額 ● 償却原価法に基づいて算定された価額 （社債を社債金額よりも低い価額または高い価額で発行した場合など、収入に基づく金額と債務額が異なる場合）

2 有価証券

有価証券は次の4つの分類にします。

分類	定義
売買目的有価証券（15項）	時価の変動により利益を得ることを目的として保有する有価証券
満期保有目的の債券（16項）	満期まで所有する意図をもって保有する社債その他の債券

子会社株式及び関連会社株式（17項）	子会社または関連会社の株式
その他有価証券（18項）	上記以外の有価証券

❶ 有価証券の保有目的区分の変更

有価証券の保有目的区分は、正当な理由なく変更することはできません。保有目的区分の変更が認められるのは、以下の場合に限られます（実務指針80項）。

> ① 資金運用方針の変更または特定の状況の発生にともなって、保有目的区分を変更する場合
> ② 本報告により、保有目的区分の変更があったとみなされる場合※
> ③ 株式の追加取得または売却により持分比率等が変動したことにともない、子会社株式または関連会社株式区分から他の保有目的区分にまたはその逆の保有目的区分に変更する場合
> ④ 法令または基準等の改正または適用により、保有目的区分を変更する場合

※ 満期保有目的の債券の一部を正当な理由なく他の保有目的区分の有価証券に振り替えたり、償還期限前に売却した場合などが該当します

❷ 有価証券の貸借対照表価額

有価証券は上記分類に従って、貸借対照表価額は以下のとおりになります。

時価	有価証券の分類	貸借対照表価額	評価差額
	売買目的有価証券（15項）	時　価	当期の損益
		取得原価	―

時価把握可能	満期保有目的の債券（16項）	償却原価法に基づいて算定された価額	償却原価法の適用による償却額は利息計上
	子会社株式及び関連会社株式（17項）	取得原価	――
	その他有価証券（18項）	時価※1	洗替方式に基づき、次のいずれかの方法で処理 ●純資産の部に計上※2 ●取得原価＞時価 　当期の損失 ●取得原価＜時価 　純資産の部に計上※2
把握困難	有価証券（19項）	●社債その他の債券 　⇒ 債権の貸借対照表価額に準じる ●それ以外 　⇒ 取得原価	――

※1　時価は、原則として、期末日の市場価格に基づいて算定された価額とします。ただし、継続して適用することを条件として、期末前1か月の市場価格の平均に基づいて算定された価額を用いることもできます

※2　評価差額は、税効果会計を適用しなければなりません

❸ 時価が著しく下落した場合

　満期保有目的の債券、子会社株式及び関連会社株式ならびにその他有価証券のうち、時価を把握することが極めて困難と認められる金融商品以外のものについて、時価が著しく下落したときは、回復する見込みがあると認められる場合を除き、時価をもって貸借対照表価額とし、評価差額は当期の損失として処理しなければなりません（20項）。

　時価を把握することが極めて困難と認められる株式については、発行会

社の財政状態の悪化により実質価額が著しく低下したときは相当の減額をなし、評価差額は当期の損失としなければなりません（21項）。

上記の場合、当該時価及び実質価額を翌期首の取得価額とします（22項）。

❹ 有価証券の表示区分

有価証券の表示区分は次の図表のとおりです（23項）。

有価証券の種類	表示区分
● 売買目的有価証券 ● 1年内に満期の到来する社債その他の債券	流動資産
上記以外の有価証券	投資その他の資産

3 運用を目的とする金銭の信託

運用を目的とする金銭の信託（合同運用を除く）は、当該信託財産の構成物である金融資産及び金融負債について、本会計基準により付されるべき評価額を合計した額をもって貸借対照表価額とし、評価差額は当期の損益として処理します（24項）。

運用目的の信託財産の構成物である有価証券は、売買目的有価証券とみなしてその評価基準に従って処理します（注8）。

4 デリバティブ取引により生じる正味の債権及び債務

デリバティブ取引により生じる正味の債権及び債務は、時価をもって貸借対照表価額とし、評価差額は、原則として、当期の損益として処理します（25項）。

5-7 貸倒見積高の算定

貸倒見積高の算定にあたっては、債務者の財政状態及び経営成績等に応じて、債権を次の図表のとおりに区分し、その区分に応じてそれぞれ算定します。

債権の区分と貸倒見積高の算定

債権区分	定義（27項）	貸倒見積高の算定方法（28項）
一般債権	経営状態に重大な問題が生じていない債務者に対する債権	債権全体または同種・同類の債権ごとに、債権の状況に応じて求めた過去の貸倒実績率等合理的な基準により算定
貸倒懸念債権	経営破綻の状態には至っていないが、債務の弁済に重大な問題が生じているかまたは生じる可能性の高い債務者に対する債権	債権の状況に応じて、次のいずれかの方法により算定 ① 債権額から担保の処分見込額及び保証による回収見込額を減額し、その残額について債務者の財政状態及び経営成績を考慮して算定する方法 ② 債権の元本の回収及び利息の受取りに係るキャッシュ・フローを合理的に見積もることができる債権については、債権の元本及び利息について元本の回収及び利息の受取りが見込まれるときから当期末までの期間にわたり当初の約定利子率で割り引いた金額の総額と債権の帳簿価額との差額を貸倒見積高とする方法
破産更生債権等	経営破綻または実質的に経営破綻に陥っている債務者に対する債権	債権額から担保の処分見込額及び保証による回収見込額を減額し、その残額を貸倒見積高とする

1 債権の未収利息の処理

債務者から契約上の利払日を相当期間経過しても利息の支払いを受けていない債権及び破産更生債権等については、すでに計上されている未収利息を当期の損失として処理するとともに、それ以降の期間に係る利息を計上することができません（注9）。

2 破産更生債権等の貸倒見積高の処理

破産更生債権等の貸倒見積高は、原則として、貸倒引当金として処理します。ただし、債権金額または取得価額から直接減額することもできます（注10）。

5-8 ヘッジ会計

1 ヘッジ会計の意義

ヘッジ会計とは、ヘッジ取引のうち一定の要件を満たすものについて、ヘッジ対象に係る損益とヘッジ手段に係る損益を同一の会計期間に認識し、ヘッジの効果を会計に反映させるための特殊な会計処理をいいます（29項）。

2 ヘッジ取引

ヘッジ取引についてヘッジ会計が適用されるためには、以下のいずれかの関係になければなりません。

《ヘッジ会計が適用されるためには》
① ヘッジ対象が相場変動等による損失の可能性にさらされており、ヘッジ対象とヘッジ手段とのそれぞれに生じる損益が互いに相殺される関係
② ヘッジ手段によりヘッジ対象のキャッシュ・フローが固定され、その変動が回避される関係

なお、ヘッジ対象が複数の資産または負債から構成されている場合は、個々の資産または負債が共通の相場変動等による損失の可能性にさらされており、かつ、その相場変動等に対して同様に反応することが予想されるものでなければなりません（注11）。

3 ヘッジ対象

ヘッジ会計が適用されるヘッジ対象は、以下のものをいいます（30項）。

《ヘッジ会計が適用されるヘッジ対象》
ヘッジ対象は、相場変動等による損失の可能性がある資産または負債で、以下のものをいいます。
① 当該資産または負債に係る相場変動等が評価に反映されていないもの
② 相場変動等が評価に反映されているが評価差額が損益として処理されないもの
③ 当該資産または負債に係るキャッシュ・フローが固定されその変動が回避されるもの
なお、ヘッジ対象には予定取引により発生が見込まれる資産または負債も含まれます。

4 ヘッジ会計の要件

ヘッジ取引にヘッジ会計が適用されるのは、次の図表の要件をすべて充たす必要があります（31項）。

項　目	要　件
ヘッジ取引時	① 当該取引が企業のリスク管理方針に従ったものであることが、文書により確認できること ② 企業のリスク管理方針に関して明確な内部規定及び内部統制組織が存在し、当該取引がこれに従って処理されることが期待されること
ヘッジ取引時以降	ヘッジ対象とヘッジ手段の損益が高い程度で相殺される状態またはヘッジ対象のキャッシュ・フローが固定され、その変動が回避される状態が引き続き認められることによって、ヘッジ手段の効果が定期的に確認されていること

5 ヘッジ会計の方法

ヘッジ取引に係る損益認識時点は以下のとおりです（32項）。

	分　類	損益認識時点
原則	繰延ヘッジ会計	時価評価されているヘッジ手段に係る損益または評価差額を、ヘッジ対象に係る損益が認識されるまで純資産の部において繰り延べる方法
容認	時価ヘッジ会計	ヘッジ対象である資産または負債に係る相場変動等を損益に反映させることにより、その損益とヘッジ手段に係る損益とを同一の会計期間に認識する方法

なお、純資産の部に計上されるヘッジ手段に係る損益または評価差額に

ついては、税効果会計を適用しなければなりません。

❶ 複数の資産または負債から構成されているヘッジ対象

複数の資産または負債から構成されているヘッジ対象をヘッジしている場合には、ヘッジ手段に係る損益または評価差額は、損益が認識された個々の資産または負債に合理的な方法により配分します（注13）。

❷ 金利スワップの特例処理

資産または負債に係る金利の受払条件を変換することを目的として利用されている金利スワップが金利変換の対象となる資産または負債とヘッジ会計の要件を充たしており、かつ、その想定元本、利息の受払条件（利率、利息の受払日等）及び契約期間が当該資産または負債とほぼ同一である場合には、金利スワップを時価評価せず、その金銭の受払いの純額等を当該資産または負債に係る利息に加減して処理することができます（注14）。

❸ ヘッジ会計の要件が充たされなくなったときの会計処理

ヘッジ会計の要件が充たされなくなったときの会計処理は以下のとおりです（33項）。

項　目	会計処理
ヘッジ会計の要件が充たされていた間のヘッジ手段に係る損益または評価差額	ヘッジ対象に係る損益が認識されるまで引き続き繰り延べます
繰り延べられたヘッジ手段に係る損益または評価差額について、ヘッジ対象に係る含み益が減少することによりヘッジ会計の終了時点で重要な損失が生じるおそれがあるとき	当該損失部分を見積もり、当期の損失として処理します

❹ ヘッジ会計の終了

　ヘッジ会計は、ヘッジ対象が消滅したときに終了し、繰り延べられているヘッジ手段に係る損益または評価差額は当期の損益として処理しなければなりません。

　また、ヘッジ対象である予定取引が実行されないことが明らかになったときにおいても同様に処理します（34項）。

5-9 複合金融商品

1 払込資本を増加させる可能性のある部分を含む複合金融商品

　契約の一方の当事者の払込資本を増加させる可能性のある部分を含む複合金融商品である新株予約権付社債は、次のように会計処理します（35項）。

新株予約権付社債の発行者及び取得者の会計処理

種類	立場	会計処理
転換社債型新株予約権付社債	発行者（36項）	発行にともなう払込金額は以下のいずれかによります ● 社債の対価部分と新株予約権の対価部分とに区分せず普通社債の発行に準じて処理 ● 転換社債型新株予約権付社債以外の新株予約権付社債に準じて処理
	取得者（37項）	社債の取得価額は、社債の対価部分と新株予約権の対価部分とに区分せず普通社債の取得に準じて処理し、権利を行使したときは株式に振り替えます
		発行にともなう払込金額は区分法に従って処理します ● 社債の対価部分 　普通社債の発行に準じて処理

転換社債型新株予約権付社債以外の新株予約権付社債	発行者 (38項)	●新株予約権の対価部分 純資産の部に計上し、権利が行使され、新株を発行したときは資本金または資本金及び資本準備金に振り替え、権利が行使されずに権利行使期間が満了したときは利益として処理
	取得者 (39項)	社債の取得価額は、区分法に従って処理します ●社債の対価部分 普通社債の取得に準じて処理 ●新株予約権の対価部分 有価証券の取得として処理し、権利を行使したときは株式に振り替え、権利を行使せずに権利行使期間が満了したときは損失として処理

2 新株予約権付社債を区分する方法

新株予約権付社債の発行にともなう払込金額を社債の対価部分と新株予約権の対価部分とに区分する方法は以下のとおりです（注15）。

立　場	区分方法
発行者側	以下のいずれか方法により区分します (1) 社債及び新株予約権の払込金額またはそれらの合理的な見積額の比率で配分する方法 (2) 算定が容易な一方の対価を決定し、これを払込金額から差し引いて他方の対価を算定する方法
取得者側	●上記(1)、(2)いずれかの方法により区分します ●保有社債及び新株予約権に市場価格がある場合には、その比率により区分することもできます

3 払込資本を増加させる可能性のある部分を含まない複合金融商品

契約の一方の当事者の払込資本を増加させる可能性のある部分を含まない複合金融商品は、原則として、それを構成する個々の金融資産または金融負債とに区分せず一体として処理します（40項）。

5-10 注記事項

金融商品に係る次の事項について注記します。ただし、重要性が乏しいものは注記を省略することができます。なお、連結財務諸表において注記している場合には、個別財務諸表において記載することを要しません（40-2項）。

---

(1) 金融商品の状況に関する事項
　① 金融商品に対する取組方針
　② 金融商品の内容及びそのリスク
　③ 金融商品に係るリスク管理体制
　④ 金融商品の時価等に関する事項についての補足説明
(2) 金融商品の時価等に関する事項
　時価を把握することが極めて困難と認められるため、時価を注記していない金融商品については、当該金融商品の概要、貸借対照表計上額及びその理由を注記します。

5-11 適用時期等

　本会計基準は、平成23年3月期以前から適用されています。なお、金融商品に係るリスク管理体制のうち、「金融商品の時価等の開示に関する適用指針」(企業会計基準適用指針第19号) において特に定める以下の事項については、平成23年3月31日以後終了する事業年度の年度末に係る財務諸表から適用することができます (41項)。

　総資産及び総負債の大部分を占める金融資産及び金融負債の双方が事業目的に照らして重要であり、主要な市場リスクに係るリスク変数 (金利や為替、株価等) の変動に対する当該金融資産及び金融負債の感応度が重要な企業は、同指針に基づき注記される科目について、次の①または②の事項を記載します。

① リスク管理上、市場リスクに関する定量的分析を利用している金融商品
　当該分析に基づく定量的情報及びこれに関連する情報 (利用状況、算定方法や主な前提条件、これらが前年度と異なる場合にはその旨及び理由などを含む)

② リスク管理上、市場リスクに関する定量的分析を利用していない金融商品
　ア　リスク管理上、市場リスクに関する定量的分析を利用していない旨
　イ　リスク変数の変動を合理的な範囲で想定した場合における貸借対照表日の時価の増減額及びこれに関連する情報 (算定方法や主な前提条件、これらが前年度と異なる場合にはその旨及び理由などを含む)。当該情報が当該企業の市場リスクの実態を適切に示していないと考えられる場合 (たとえば、貸借対照表日現在の金融資産または金融負債に関連する主要な市場リスクが、期中の当該リスクを反映していない場合) には、その旨及びそのように考える理由を追加して記載する。

第6節

企業会計基準第8号
ストック・オプション等に関する会計基準

決算書作成実務に与える影響

決算手続の流れ

期　首

期　中

- ➢ ストック・オプションの以下の会計処理
  - ・付与時
  - ・失効時
  - ・条件変更時

四半期決算

- ➢ ストック・オプションの公正な評価額の費用計上

期　中

- ➢ ストック・オプションの以下の会計処理
  - ・付与時
  - ・失効時
  - ・条件変更時

年度末

個別決算手続

- ➢ ストック・オプションの公正な評価額の費用計上

連結決算手続

開示書類作成

- ➢ 財務諸表への影響額等の注記

POINT

1. 本会計基準は、ストック・オプション取引の会計処理及び開示を定めています。
2. 本会計基準では、従業員等がストック・オプションを対価としてこれと引換えに企業にサービスを提供し、企業はこれを消費していることを根拠に費用認識を行います。
3. 本会計基準では、主として以下の事項が定められています。
   (1) 権利確定前及び権利確定後の会計処理
   (2) 各会計期間における費用計上額
   (3) ストック・オプションの公正な評価単価の算定
   (4) 権利行使にともなう自己株式の処分
   (5) 権利不行使による失効
   (6) 条件変更
   (7) 未公開企業における取扱い
   (8) ストック・オプションに関する注記事項
4. 平成23年3月期以前から適用されています。

6-1 本会計基準の目的

本会計基準は、主としてストック・オプション取引の会計処理及び開示を明らかにすることを目的としています（1項）。

本会計基準を適用する際の指針として「ストック・オプション等に関する会計基準の適用指針」（企業会計基準適用指針第11号。以下、本節において適用指針）が公表されています（適用指針1項）。

6-2 用語の定義

本会計基準における用語の定義は以下のとおりです（2項）。

用　語	定　義
自社株式オプション	● 自社の株式を原資産とするコール・オプション（一定の金額の支払いにより、原資産である自社の株式を取得する権利） ● 新株予約権はこれに該当します
ストック・オプション	● 自社株式オプションのうち、特に企業がその従業員等に、報酬として付与するもの ● ストック・オプションには、権利行使により対象となる株式を取得すること（以下、権利の確定）につき条件が付されているものがあります ● 「権利の確定」の条件（以下、権利確定条件）には、勤務条件や業績条件があります
従業員等	使用人のほか、取締役、会計参与、監査役及び執行役ならびにこれに準ずる者

報　　酬	企業が従業員等から受けた労働や業務執行等のサービスの対価として、従業員等に給付されるもの
行使価格	ストック・オプションの権利行使にあたり、払い込むべきものとして定められたストック・オプションの単位あたりの金額
付与日	● ストック・オプションが付与された日 ● 会社法にいう、募集新株予約権の割当日
権利確定日	● 権利の確定した日 ● 権利確定日が明らかではない場合、原則として、ストック・オプションを付与された従業員等がその権利を行使できる期間の開始日の前日を権利確定日とみなします
権利行使日	ストック・オプションを付与された者が権利行使したことにより、行使価格に基づく金額が払い込まれた日
対象勤務期間	ストック・オプションと報酬関係にあるサービスの提供期間であり、付与日から権利確定日までの期間
勤務条件	ストック・オプションのうち、条件付のものにおいて、従業員等の一定期間の勤務や業務執行に基づく条件
業績条件	ストック・オプションのうち、条件付のものにおいて、一定の業績（株価を含む）の達成または不達成に基づく条件
公正な評価額	● 市場において形成されている取引価格、気配値または指標その他の相場（以下、市場価格）に基づく価額 ● 市場価格がない場合、当該ストック・オプションの原資産である自社の株式の市場価格に基づき、合理的に算定された価額を入手できるときは、その合理的に算定された価額 ● 単位あたりの公正な評価額を「公正な評価単価」といいます
失　　効	● ストック・オプションが付与されたものの、権利行使されないことが確定すること ● 失効には、以下のケースがあります 　➤ 権利確定条件が達成されなかった場合

	➢ 権利行使期間中に行使されなかった場合
条件変更	付与したストック・オプションに係る条件を事後的に変更し、以下のいずれか1つ以上を意図して変動させること ● ストック・オプションの公正な評価単価 ● ストック・オプション数 ● 合理的な費用の計上期間 なお、株式分割、株式併合、または株式の第三者割当増資が行われた場合に、付与されたストック・オプションの実質的内容を維持するための調整として行われた行使価格やストック・オプション数の変更は、当該条件変更にはあたりません（適用指針4項）

6-3 本会計基準の適用範囲

本会計基準は、次の取引に対して適用されます（3項）。

(1) 企業がその従業員等に対しストック・オプションを付与する取引
(2) 企業が財貨またはサービスの取得において、対価として自社株式オプションを付与する取引であって、(1)以外のもの
(3) 企業が財貨またはサービスの取得において、対価として自社の株式を交付する取引

(2)または(3)に該当する取引であっても、企業結合に係る会計基準等、他の会計基準の範囲に含まれる取引については、本会計基準は適用されません（3項）。

6-4 ストック・オプションに関する会計処理

1 権利確定日以前の会計処理

　ストック・オプションを付与し、これに応じて企業が従業員等から取得するサービスは、その取得に応じて費用として計上し、対応する金額を、ストック・オプションの権利の行使または失効が確定するまでの間、貸借対照表の純資産の部に新株予約権として計上します（4項）。

　各会計期間における費用計上額は、ストック・オプションの公正な評価額のうち、対象勤務期間を基礎とする方法その他の合理的な方法に基づき当期に発生したと認められる額です。

　ストック・オプションの公正な評価額は、以下の算式で算定します（5項）。

《公正な評価額》
　　公正な評価額 ＝ 公正な評価単価 × ストック・オプション数

❶ ストック・オプションの公正な評価単価の算定

　ストック・オプションの公正な評価単価の算定は、次のように行います（6項）。

① 付与日現在で算定します。
② 条件変更の場合を除き、その後は見直しません。
③ ストック・オプションは、通常、市場価格を観察することができないため、株式オプションの合理的な価額の見積りに広く受け入れられている算定技法を利用することとなります。

　　株式オプションの算定技法としては、以下のようなものがありま

す（適用指針2項）。

離散時間型モデル	二項モデル
連続時間型モデル	ブラック・ショールズ式

④ 算定技法の利用にあたっては、付与するストック・オプションの特性や条件等を適切に反映するよう必要に応じて調整を加えます。
⑤ 失効の見込みについてはストック・オプション数に反映させるため、公正な評価単価の算定上は考慮しません。

❷ ストック・オプション数の算定及び見直しによる会計処理

ストック・オプション数の算定及びその見直しによる会計処理は、次のように行います（7項）。

① 付与されたストック・オプション数（以下、付与数）から、権利不確定による失効の見積数を控除して算定します。
② 付与日から権利確定日の直前までの間に、権利不確定による失効の見積数に重要な変動が生じた場合（条件変更による場合を除く）には、これに応じてストック・オプション数を見直します。
③ ストック・オプション数を見直した場合には、見直し後のストック・オプション数に基づくストック・オプションの公正な評価額に基づき、その期までに費用として計上すべき額と、これまでに計上した額との差額を見直した期の損益として計上します。
④ 権利確定日には、ストック・オプション数を権利の確定したストック・オプション数（以下、権利確定数）と一致させます。
⑤ これによりストック・オプション数を修正した場合には、修正後のストック・オプション数に基づくストック・オプションの公正な評価額に基づき、権利確定日までに費用として計上すべき額と、これま

でに計上した額との差額を権利確定日の属する期の損益として計上します。

2 権利確定日後の会計処理

ストック・オプションが権利行使され、これに対して新株を発行した場合には、新株予約権として計上した額のうち、当該権利行使に対応する部分を払込資本に振り替えます（8項）。

❶ 新株予約権の行使にともない、自己株式を処分した場合

新株予約権の行使にともない、当該企業が自己株式を処分した場合には、自己株式の取得原価と、新株予約権の帳簿価額及び権利行使にともなう払込金額の合計額との差額は、自己株式処分差額であり、「自己株式及び準備金の額の減少等に関する会計基準」（企業会計基準第1号）により会計処理を行います（8項）。詳しくは、本章第7節をご参照ください。

❷ 権利不行使による失効が生じた場合

権利不行使による失効が生じた場合には、新株予約権として計上した額のうち、当該失効に対応する部分を利益として計上します。この会計処理は、当該失効が確定した期に行います（9項）。

6-5 ストック・オプションに係る条件変更の会計処理

1 ストック・オプションの公正な評価単価を変動させる条件変更

ストック・オプションにつき、行使価格を変更する等の条件変更により、公正な評価単価を変動させた場合には、次のように会計処理します（10項）。

条件変更日（条件変更が行われた日のうち、特に条件変更以後をいう）におけるストック・オプションの公正な評価単価が、付与日における公正な評価単価を上回る場合とそうでない場合で会計処理が異なります。詳細は以下のとおりです。

ストック・オプションの公正な評価単価を変動させる条件変更

評価単価の関係	会計処理
条件変更日の公正な評価単価＞付与日の公正な評価単価	① 付与日におけるストック・オプションの公正な評価単価に基づく公正な評価額による費用計上を継続して行います ② ①に加え、条件変更日におけるストック・オプションの公正な評価単価が付与日における公正な評価単価を上回る部分に見合う、ストック・オプションの公正な評価額の増加額につき、以後追加的に費用計上を行います
条件変更日の公正な評価単価＜付与日の公正な評価単価	付与日におけるストック・オプションの公正な評価単価に基づく公正な評価額による費用計上を継続します

なお、新たな条件のストック・オプションの付与と引き換えに、当初付与したストック・オプションを取り消す場合には、実質的に当初付与したストック・オプションの条件変更と同じ経済実態を有すると考えられる限

り、ストック・オプションの条件変更とみなして会計処理を行います（10項）。

2 ストック・オプション数を変動させる条件変更

ストック・オプションにつき、権利確定条件を変更する等の条件変更により、ストック・オプション数を変動させた場合には、条件変更前から行われてきた費用計上を継続して行うことに加え、条件変更によるストック・オプション数の変動に見合う、ストック・オプションの公正な評価額の変動額を、以後、合理的な方法に基づき、残存期間にわたって計上します（11項）。

3 費用の合理的な計上期間を変動させる条件変更

ストック・オプションにつき、対象勤務期間の延長または短縮に結びつく勤務条件の変更等により、費用の合理的な計上期間を変動させた場合には、当該条件変更前の残存期間に計上すると見込んでいた金額を、以後、合理的な方法に基づき、新たな残存期間にわたって費用計上します（12項）。

6-6 未公開企業における取扱い

未公開企業については、ストック・オプションの公正な評価単価に代え、ストック・オプションの単位当たりの本源的価値の見積りに基づいて会計処理を行うことができます。

この場合、本会計基準の他の項で「公正な評価単価」を、「単位当たりの本源的価値」と読み替えてこれを適用します。この結果、付与日現在でストック・オプションの単位当たりの本源的価値を見積もり、その後は見

直さないこととなります。

　ここで、「単位当たりの本源的価値」とは、算定時点においてストック・オプションが権利行使されると仮定した場合の単位当たりの価値であり、当該時点におけるストック・オプションの原資産である自社の株式の評価額と行使価格との差額をいいます（13項）。

《未公開企業における取扱い》
　ストック・オプションの公正な評価単価に代えて、ストック・オプションの単位当たり本源的価値（※）の見積りに基づいて会計処理できます。
　※　本源的価値 ＝ 自社の株式評価額 － 行使価格

6-7 親会社が自社株式オプションを子会社従業員等に付与した場合

　親会社が、自社株式オプションを子会社の従業員等に付与した場合、以下の会計処理を行います（適用指針22項）。

項　　目	会計処理
親会社の個別財務諸表	親会社が自社株式オプションを付与した結果、これに対応して、親会社が子会社において享受したサービスの消費を費用（「株式報酬費用」等）として計上
子会社の個別財務諸表	①　子会社の従業員等に対する当該親会社株式オプションの付与が子会社の報酬体系に組み込まれている等、子会社においても自社の従業員等に対する報酬として位置づけられている場合 ● その付与と引換えに従業員等から提供された上記サービスの消費を費用（「給与手当」等）として計上 ● 同時に、報酬の負担を免れたことによる利益を特別利益

	（「株式報酬受入益」等）として計上
	② 子会社の報酬として位置づけられていない場合
	● 会計処理不要

6-8 財貨またはサービスの取得の対価として自社株式オプションまたは自社の株式を付与または交付する取引の会計処理

前項までの会計処理は、財貨またはサービスの取得の対価が自社株式オプションまたは自社の株式を用いる取引一般にも適用されます。ただし、次の点に留意する必要があります。

取得の対価	会計処理
自社株式オプション（14項）	(1) 取得した財貨またはサービスが、他の会計基準に基づき資産とされる場合には、当該他の会計基準に基づき会計処理を行います (2) 取得した財貨またはサービスの取得価額は、対価として用いられた自社株式オプションの公正な評価額もしくは取得した財貨またはサービスの公正な評価額のうち、いずれかより高い信頼性をもって測定可能な評価額で算定します (3) 自社株式オプションの付与日における公正な評価単価の算定につき、市場価格が観察できる場合には、当該市場価格によります
自社の株式（15項）	(1) 取得した財貨またはサービスを資産または費用として計上し、対応額を払込資本として計上します (2) 取得した財貨またはサービスの取得価額は、対価として用いられた自社の株式の契約日における公正な評価額もしくは取得した財貨またはサービスの公正な評価額のうち、いずれかより高い信頼性をもって測定可能な評価額で算定します

6-9 税効果会計に関する会計処理

　ストック・オプションに係る費用計上を行った場合、当該ストック・オプションが税制適格か税制非適格かにより税効果会計上の取扱いが異なります（日本公認会計士協会　会計制度委員会「税効果会計に関するQ&A」Q2(2)）。

(1)　税制適格ストック・オプション（措法29の2）

　従業員等の個人において給与所得等が非課税となり、法人において当該役務提供に係る費用の額が損金に算入されませんので（法法54②）、将来減算一時差異に該当せず、税効果会計の対象とはなりません。

(2)　税制非適格ストック・オプション

　従業員等の個人が給与所得等として課税されるときは、給与等課税事由が生じた日（権利行使日）に、法人において、当該役務提供に係る費用の額が損金に算入されますので（法法54①）、ストック・オプションの付与時において将来減算一時差異に該当し、税効果会計の対象となります。

6-10 開　示

　次の事項を注記します（16項）。

(1)　本会計基準の適用による財務諸表への影響額
(2)　各会計期間において存在したストック・オプションの内容、規模（付与数等）及びその変動状況（行使数や失効数等）
　　なお、対象となるストック・オプションには、本会計基準適用開始より前に付与されたものを含みます。
(3)　ストック・オプションの公正な評価単価の見積方法

> (4) ストック・オプションの権利確定数の見積方法
> (5) ストック・オプションの単位あたりの本源的価値による算定を行う場合には、当該ストック・オプションの各期末における本源的価値の合計額及び各会計期間中に権利行使されたストック・オプションの権利行使日における本源的価値の合計額
> (6) ストック・オプションの条件変更の状況
> (7) 自社株式オプションまたは自社の株式に対価性がない場合には、その旨及びそのように判断した根拠

財貨またはサービスの対価として自社株式オプションまたは自社の株式を用いる取引（ストック・オプションを付与する取引を除く）についても、ストック・オプションを付与する取引に準じて、該当する事項を注記します。

6-11 適用時期等

本会計基準は、平成23年3月期以前から適用されています（17項）。

第7節

企業会計基準第1号
自己株式及び準備金の額の減少等に関する会計基準

決算書作成実務に与える影響

決算手続の流れ

期 首

期 中
- 自己株式の取得、処分、消却の会計処理
- 資本金・準備金の額の減少の会計処理

四半期決算
- その他資本剰余金の振替え

期 中
- 自己株式の取得、処分、消却の会計処理
- 資本金・準備金の額の減少の会計処理

年度末

個別決算手続
- その他資本剰余金の振替え

連結決算手続
- 子会社及び関連会社が保有する親会社株式等と売却損益
- 子会社及び関連会社が保有する自己株式に関する連結財務諸表の取扱い

開示書類作成
- 消却手続未了の自己株式の注記
- 無償で取得した自己株式数の注記

POINT

1. 本会計基準では以下の会計処理を定めています。
   (1) 自己株式の取得、保有、処分及び消却の会計処理
   (2) 自己株式の取得及び処分の認識時点
   (3) 自己株式の取得原価の算定
   (4) 資本金、資本準備金及び利益準備金の額の減少
   (5) 子会社・関連会社が保有する親会社株式等と売却損益の取扱い
   (6) 子会社・関連会社が保有する当該会社の自己株式の連結財務諸表における取扱い
   (7) 持分法適用子会社及び関連会社が保有する当該持分法適用会社の自己株式に関する取扱い
   (8) 消却手続未了の自己株式の注記
2. 平成23年3月期以前から適用されています。

7-1 本会計基準の目的

本会計基準は、以下の会計処理を定めることを目的としています（1項）。
(1) 自己株式の取得、保有、処分及び消却
(2) 資本金、資本準備金及び利益準備金の額の減少

本会計基準の適用にあたって参照する必要がある「自己株式及び準備金の額の減少等に関する会計基準の適用指針」（企業会計基準適用指針第2号。以下、本節において適用指針）では、以下の会計処理も定めています（適用指針3項）。
(1) 自己株式の取得の対価が金銭以外の場合
(2) 配当財産が金銭以外の場合の分配側の会計処理

7-2 自己株式処分損益

自己株式の処分の対価から自己株式の帳簿価額を控除した額を「自己株式処分差額」といい、当該処分差額が正の値の場合を「自己株式処分差益」、負の値の場合を「自己株式処分差損」といいます（4～6項）

7-3 自己株式の取得・保有・処分・消却の会計処理及び表示

自己株式の取得・保有・処分・消却時の会計処理及び表示は次頁の図表のとおりです。

自己株式	会計処理
取得（7項）	取得原価で純資産の部の株主資本から控除します
保有（8項）	期末に保有する自己株式は純資産の部の株主資本の末尾に自己株式として一括控除する形式で表示します
処分（9、10項）	自己株式処分差額が 　　正の値（差益）：その他資本剰余金に計上します 　　負の値（差損）：その他資本剰余金から減額します
消却（11項）	消却手続完了時に、消却の対象となった自己株式の帳簿価額をその他資本剰余金から減額します
上記に係る付随費用（14項）	取得、処分及び消却に関する付随費用は営業外費用に計上します

1 その他資本剰余金の残高が負の値になった場合の取扱い

　自己株式の処分及び消却の会計処理の結果、その他資本剰余金の残高が負の値になった場合、会計期間末において、その他資本剰余金をゼロとし、当該負の値をその他利益剰余金（繰越利益剰余金）から減額します（12項）。

2 自己株式の処分及び消却時の帳簿価額の算定

　自己株式の処分及び消却時の帳簿価額は、移動平均法等の計算方法については特に限定せず、会社の定めた計算方法に従って、株式の種類ごとに算定することになります（13、49項）。

3 自己株式の取得及び処分の認識時点

自己株式の取得及び処分の認識時点は以下のとおりです(適用指針5項)。

取得及び処分		認識時点
自己株式の取得	対価が金銭	対価を支払うべき日
	対価が金銭以外	対価が引き渡された日
募集株式の発行等の手続きによる自己株式の処分		対価の払込期日 払込期日前日までに受領した自己株式の処分の対価相当額は、対価の払込期日までは、純資産の部の株主資本の控除項目である「自己株式」の直後に「自己株式申込証拠金」の科目をもって表示します(適用指針6項)

4 自己株式の取得原価の算定(対価が金銭以外の場合)

自己株式の取得の対価が金銭以外の場合の自己株式の取得原価の取扱いは以下のとおりです。

項　目	自己株式の取得原価
企業集団内の企業から取得する場合(適用指針7項)	移転された資産及び負債の適正な帳簿価額により算定します
自社の他の種類の株式を交付する場合(適用指針8項)	① 他種類の新株を発行する場合 　自己株式の取得価額はゼロとします ② 他種類の自己株式を処分する場合 　処分した自己株式の帳簿価額とします

その他の場合（適用指針9項）	① 取得の対価となる財（金銭以外の財産）の時価と取得した自己株式の時価のうち、より高い信頼性をもって測定可能な時価で算定します ② 自己株式に市場価格がある場合には、一般的に当該価格を用いて自己株式の取得価額を算定します ③ 取得の対価となる財及び取得した自己株式に市場価格がないこと等により公正な評価額を合理的に算定することが困難と認められる場合、移転された資産及び負債の適正な帳簿価額とします

　なお、上記「その他の場合」の取得の対価となる財または取得した自己株式に市場価格がある場合の時価の算定時点は以下のとおりです（適用指針9項）。

項　　目	時価の算定時点
原　　則	当該取引の合意日の時価により算定します
容　　認	取引合意日の時価と株式の受渡日の時価が大きく異ならない場合 ⇒　株式の受渡日の時価によることができます。なお、時価が大きく異ならない場合とは、その価格の差異から生じる取得原価の差額が財務諸表に重要な影響を与えないと認められる場合をいいます

　自己株式の取得原価と取得の対価となる財の帳簿価額の差額は、取得の対価となる財の種類等に応じた表示区分の損益に計上することになります（適用指針9項）。

5 自己株式の無償取得の会計処理

　自己株式を無償で取得した場合、自己株式の数のみの増加として処理し

（適用指針14項）、無償で取得した自己株式の数に重要性がある場合は、その旨及び株式数を連結財務諸表及び個別財務諸表に注記します（適用指針15項）。

7-4 現物配当を行う会社の会計処理

配当財産が金銭以外の財産である場合の会計処理は以下のとおりです（適用指針10項）。

項　目	会計処理
原　則	① 配当財産の時価と適正な帳簿価額の差額を損益処理 ⇒ 配当の効力発生日における配当財産の時価と適正な帳簿価額との差額は、配当の効力発生日の属する期の損益として、配当財産の種類等に応じた表示区分に計上します ② 配当財産の時価で、その他資本剰余金またはその他利益剰余金（繰越利益剰余金）を減額
例　外	以下の場合、配当の効力発生日における配当財産の適正な帳簿価額をもって、その他資本剰余金またはその他利益剰余金（繰越利益剰余金）を減額します ① 分割型の会社分割（按分型） ② 保有する子会社株式のすべてを株式数に応じて比例的に配当（按分型の配当）する場合 ③ 企業集団内の企業へ配当する場合
	④ 市場価格がないことにより、公正な評価額を合理的に算定することが困難と認められる場合

7-5 資本金及び準備金の額の減少の会計処理

資本金及び準備金の額の減少の会計処理は以下のとおりです。

項　目	会計処理
資本剰余金と利益剰余金の混同禁止（19項）	資本剰余金の利益剰余金への振替は原則として認められません
資本金及び資本準備金の額の減少によって生じる剰余金（20項）	減少の法的効力が発生したときに、その他資本剰余金に計上します
利益準備金の額の減少によって生じる剰余金（21項）	減少の法的効力が発生したときに、その他利益剰余金（繰越利益剰余金）に計上します

7-6 連結財務諸表の取扱い

1 子会社及び関連会社が保有する親会社株式等と売却損益の取扱い

子会社及び関連会社が保有する親会社株式等と売却損益の取扱いは次頁の図表のとおりです。

会社区分	項目	取扱い
連結子会社	保有する親会社株式（15項）	① 親会社が保有している自己株式と合わせ、純資産の部の株主資本に対する控除項目として表示します ② 株主資本から控除する金額は親会社株式の親会社持分相当額とし、少数株主持分から控除する金額は少数株主持分相当額とします
	親会社株式の売却損益（16項）	① 親会社における自己株式処分差額の会計処理と同様です ② 少数株主持分相当額は少数株主利益（損失）に加減します
持分法適用子会社及び関連会社	保有する親会社株式等（17項）	親会社等（子会社においては親会社、関連会社においては当該会社に持分法を適用する投資会社）の持分相当額を自己株式として純資産の部の株主資本から控除し、当該会社に対する投資勘定を同額減額します
	親会社株式等の売却損益（18項）	親会社における自己株式処分差額の会計処理と同様とし、また、当該会社に対する投資勘定を同額加減します

なお、連結子会社、持分法適用子会社及び関連会社の親会社株式等の売却損益は、関連する法人税、住民税及び事業税を控除後のものとします（適用指針16項）。

2 連結子会社が保有する当該連結子会社の自己株式に関する連結財務諸表における取扱い

連結子会社が保有する当該連結子会社の自己株式に関する取扱いは次頁のとおりです。

項　目	取扱い
少数株主からの取得及び少数株主への処分（適用指針17～19項）	それぞれ親会社による子会社株式の追加取得及び一部売却に準じて処理します ① 親会社による子会社株式の追加取得に準じて処理する場合 　⇒ 自己株式の取得の対価と少数株主持分の減少額との差額をのれん（または負ののれん）として処理します ② 親会社による子会社株式の一部売却に準じて処理する場合 　⇒ 連結子会社による少数株主への第三者割当増資に準じて処理します
連結子会社による自己株式の消却（適用指針20項）	連結貸借対照表上、資産の部、負債の部及び純資産の部に変動は生じません

3 持分法適用子会社及び関連会社が保有する当該持分法適用会社の自己株式に関する取扱い

持分法適用子会社及び関連会社が保有する当該持分法適用会社の自己株式に関する取扱いは以下のとおりです。

項　目	取扱い
親会社等以外からの取得及び親会社等以外への処分（適用指針21項）	連結子会社の場合と同様、それぞれ親会社等による持分法適用会社の株式の追加取得及び一部売却に準じて処理します
持分法適用会社による自己株式の消却（適用指針22項）	持分法上の会計処理は生じません

7-7 開　示

　以下の項目をすべて満たす場合、財務諸表に対する補足情報として重要な意味があるものと考えられるため、その自己株式の帳簿価額、種類及び株式数を、連結貸借対照表及び個別貸借対照表に注記することになります（22、64項）。

(1) 取締役会等による会社の意思決定によって自己株式を消却する場合
(2) 貸借対照表日に決議後消却手続が未了の自己株式がある
(3) 当該自己株式の帳簿価額または株式数に重要性がある

7-8 適用時期等

　本会計基準は、平成23年3月期以前から適用されています（23項）。

第8節

企業会計基準第3号
『退職給付に係る会計基準』の一部改正

決算書作成実務に与える影響

決算手続の流れ

- 期　首
- 期　中
- 四半期決算
- 期　中
- 年度末

  個別決算手続
  > 以下の理由により、年金資産が退職給付債務を超えた場合も当該数理計算上の差異または過去勤務債務は、企業の採用する処理年数及び処理方法に従い、費用の減額として処理
  - 実際運用収益が期待運用収益を超過した等により発生した数理計算上の差異の発生
  - 給付水準を引き下げたことにより発生した過去勤務債務の発生

  連結決算手続

  開示書類作成

POINT

1. 「退職給付に係る会計基準」では、以下の(1)、(2)の理由により、年金資産が退職給付債務を超えることとなった場合、当該超過額を資産または利益として認識してはならないという特別の制限を設けていましたが、本会計基準は、この特別の制限を廃止しています。すなわち、当該数理計算上の差異または過去勤務債務は、企業の採用する処理年数及び処理方法に従い、費用の減額として処理する改正が行われています。
   (1) 実際運用収益が期待運用収益を超過したこと等による数理計算上の差異の発生
   (2) 給付水準を引き下げたことにより、年金資産が企業年金制度に係る退職給付債務を超えることとなる過去勤務債務の発生
2. 平成23年3月期以前から適用されています。

8-1 本会計基準の目的

本会計基準は、「退職給付に係る会計基準」(「退職給付に係る会計基準注解」を含む) の一部について、改正することを目的としています (1項)。

8-2 改正点——年金資産が退職給付債務を超える場合の処理

実際運用収益が期待運用収益を超過したこと等による数理計算上の差異の発生または給付水準を引き下げたことによる過去勤務債務の発生により、年金資産が企業年金制度に係る退職給付債務を超えることとなった場合、「退職給付に係る会計基準注解」(注1) 1では、「当該超過額を資産及び利益として認識してはならない」と特別の制限を定めていましたが、このような処理は行わず、数理計算上の差異または過去勤務債務は、企業の採用する処理年数及び処理方法に従い、費用の減額として処理することに改正されています (2、3項)。

特別の制限を定めていたのは以下の理由からでした (11項)。
(1) 当該超過額 (未認識年金資産) を実質的に資産処理することになるが、外部に積み立てられている年金資産を企業の資産として認識することは妥当でない。
(2) 一般的に年金資産の払戻しには制限があることから、企業への当該超過額 (未認識年金資産) の払戻しが行われない限り、これを利益として認識することは適当でない。

ところが、その後、退職給付を巡る環境は著しく変化し、退職給付信託による拠出や厚生年金の代行返上、企業年金制度の柔軟化による当初の制

約がおおむね解消したことから、特別の制限を設ける必要がなくなり、原則どおり、当該理由で発生した数理計算上の差異または過去勤務債務についても、規則的に費用処理することが適当と考えられるようになったためです（12項）。

8-3 適用時期等

本会計基準は、平成23年3月期以前から適用されています（4項）。

第9節

企業会計基準第14号『退職給付に係る会計基準』の一部改正（その2）

決算書作成実務に与える影響

決算手続の流れ

- 期　首
- 期　中
- 四半期決算
- 期　中
- 年度末
  - 個別決算手続
  - 連結決算手続
  - 開示書類作成
    - ➢ 複数の事業主により設立された企業年金制度を採用している場合の注記
      - ・当該年金制度全体の積立状況（年金資産の額、年金財政計算上の給付債務の額及びその差引額）
      - ・制度全体の掛金等に占める自社の割合
      - ・上記に関する補足説明

P O I N T

1. 「退職給付に係る会計基準」では、複数事業主の企業年金制度を採用している場合で、自社の拠出に対応する年金資産の額を合理的に計算することができない場合、当該年金基金への要拠出額を退職給付費用として処理するとともに、掛金拠出割合等により計算した年金資産額を注記することになっていましたが、本会計基準では以下の改正を行っています。

   (1) 年金基金への要拠出額の会計処理

   変更ありません。

   自社の拠出に対応する年金資産の額を合理的に計算することができないときは、従来どおり、当該年金制度への要拠出額を退職給付費用として処理します。

   (2) 注記事項

   注記内容が改正されています。

   重要性が乏しい場合を除き、当該年金制度全体の積立状況（年金資産の額、年金財政計算上の給付債務の額及びその差引額）及び制度全体の掛金等に占める自社の割合ならびにこれらに関する補足説明を注記することに変更されています。

2. 平成23年3月期以前から適用されています。

9-1 本会計基準の目的

本会計基準は、「退職給付に係る会計基準」(「退職給付に係る会計基準注解」を含む)のうち、同注解(注12)「複数事業主制度の企業年金について」を改正することを目的としています(1項)。

9-2 改正点——複数事業主の企業年金制度の注記

複数の事業主により設立された企業年金制度を採用している場合における取扱いについて、「退職給付に係る会計基準注解」(注12)の定めを次の図表のとおり改正しています(2項)。

改正前	改正後
総合設立の厚生年金基金を採用している場合のように、自社の拠出に対応する年金資産の額を合理的に計算することができないときには、当該年金基金への要拠出額を退職給付費用として処理する。この場合においては、掛金拠出割合等により計算した年金資産の額を注記するものとする	自社の拠出に対応する年金資産の額を合理的に計算することができないときには、当該年金制度への要拠出額を退職給付費用として処理する。この場合においては、重要性が乏しいときを除き、当該年金制度全体の直近の積立状況(年金資産の額、年金財政計算上の給付債務の額及びその差引額)及び制度全体の掛金等に占める自社の割合並びにこれらに関する補足説明を注記するものとする

この場合、特にポイントとなるのは上記図表の下線のところで、改正後の「制度全体の掛金等に占める自社の割合」については、掛金拠出割合のほかに、制度の加入人数または制度の給与総額に占める自社の割合も含ま

れます。これらは、当該複数事業主制度に対する自社の関与度合の推測に資する指標のひとつとして開示されます（10項）。

この改正は、複数事業主制度の企業年金に係る将来の負担額の見込みに関してより有用な情報を提供することを目的として、開示の拡充を図ることを目的としています（8項）。

9-3 開示例

複数事業主制度の企業年金についての注記事例は以下のとおりです。

A社の注記例（平成22年3月期有価証券報告書より）

当連結会計年度
(1) 制度全体の積立状況に関する事項（平成21年3月31日現在）

	日本自動車部品工業 厚生年金基金	その他
年金資産の額（百万円）	124,469	304,117
年金財政計算上の給付債務の額（百万円）	180,010	475,360
差引額（百万円）	△55,541	△171,242

(2) 制度全体に占める当社グループの掛金拠出割合（自平成21年3月1日 至平成21年3月31日）

	日本自動車部品工業 厚生年金基金	その他
掛金拠出割合（％）	1.41	3.48（加重平均値）

9-4 適用時期等

本会計基準は、平成 23 年 3 月期以前から適用されています（3 項）。

第10節

企業会計基準第19号
『退職給付に係る会計基準』の一部改正（その3）

決算書作成実務に与える影響

決算手続の流れ

期　首
- 退職給付債務の割引率は期末における利回りを基礎に算定

期　中

四半期決算

期　中

年度末

　個別決算手続
　- 退職給付債務の割引率は期末における利回りを基礎に算定

　連結決算手続

　開示書類作成

> **POINT**
>
> 1. 「退職給付に係る会計基準」では、退職給付債務の計算における割引率として、安全性の高い長期の債券の利回りについて、一定期間の債券の利回りの変動を考慮して決定できましたが、本会計基準では、期末における利回りを基礎として算定することを明示しています。
> 2. 平成23年3月期以前から適用されています。

10-1 本会計基準の目的

本会計基準は、「退職給付に係る会計基準」(「退職給付に係る会計基準注解」を含む)のうち、同注解(注6)「安全性の高い長期の債券について」を改正することを目的としています(1項)。

10-2 改正点——退職給付債務の割引率

退職給付債務の計算における割引率の取扱いについて、「退職給付に係る会計基準注解」(注6)の定めを次の図表の下線部のとおり改正しています(2項)。

改正前	改正後
●安全性の高い長期の債券について ⇒ 割引率の基礎とする安全性の高い長期の債券の利回りとは、長期の国債、政府機関債及び優良社債の利回りをいう。なお、割引率は、一定期間の債券の利回りの変動を考慮して決定することができる	●安全性の高い長期の債券について ⇒ 割引率の基礎とする安全性の高い長期の債券の利回りとは、<u>期末における</u>長期の国債、政府機関債及び優良社債の利回りをいう

10-3 改正の理由

改正前においても、退職給付債務の割引率は原則として期末におけるものと考えられていましたが、相当長期間にわたって割り引かれる性質を持

つ退職給付債務に関して、期末一時点の市場利回りで割り引くことが必ずしも適切とはいえない場合があることを考慮して「一定期間の変動を考慮できる」こととされていました。

しかしながら、以下の理由から原則的な考え方をより重視して、「退職給付に係る会計基準注解」(注6) にあったなお書きを削除し、割引率は期末における利回りを基礎とすることを明示しています (11項)。

(1) 過去5年間の債券の利回りの平均値が割引率として広く用いられている現行の実務に対して、本来の趣旨に合致していないという意見があること
(2) 国際的な会計基準とのコンバージェンスを推進する観点も踏まえ、一定期間の利回りの変動を考慮して決定される割引率が期末における市場利回りを基礎として決定される割引率よりも信頼性があると合理的に説明することは通常困難であると考えられること

10-4 適用時期等

本会計基準は、平成23年3月期以前から適用されています (3項)。

第11節

企業会計基準第4号
役員賞与に関する会計基準

決算書作成実務に与える影響

決算手続の流れ

期 首

期 中
- 役員賞与は発生した期の費用として処理

四半期決算

期 中
- 役員賞与は発生した期の費用として処理

年度末

個別決算手続
- 役員賞与見込額を引当金または未払役員報酬等の科目で計上

連結決算手続

開示書類作成

POINT

1. 本会計基準は、役員賞与について、発生した会計期間の費用として処理することを定めています。
2. 役員には、取締役、会計参与、監査役及び執行役が含まれます。
3. 会計年度末で役員賞与が未払いの場合、以下の場合に応じて引当計上または未払計上することを定めています。

    (1) 役員賞与の支給が株主総会の決議事項である場合

    役員賞与の支給見込額を原則として、引当金として計上します。なお、子会社が支給する役員賞与や、議決権の過半数を有する株主について役員賞与を支給する意思が確認できる場合等、株主総会の決議はなされていない場合でも、実質的に確定債務と認められる場合は、未払役員報酬等として計上することができます。

    (2) 役員賞与の支給が株主総会の決議事項でない（役員報酬に含めて事前に決議されている）場合

    役員賞与の支給見込額を未払役員報酬等として計上します。

4. 平成23年3月期以前から適用されています。

11-1 本会計基準の目的

　本会計基準は、取締役、会計参与、監査役及び執行役（以下、合わせて役員）に対する賞与（以下、役員賞与）の会計処理を定めることを目的としています。

　役員賞与の会計処理について、既存の会計基準において本会計基準と異なる取扱いを定めている場合でも、本会計基準の取扱いが優先されます。（1項）。

11-2 役員賞与の会計処理

　役員賞与は、発生した会計期間の費用として処理されます（3項）。役員賞与が発生した会計期間の費用として処理される理由は以下のとおりです（12項）。

(1) 役員賞与と役員報酬の類似性

　　役員報酬は、確定報酬として支給される場合と業績連動型報酬として支給される場合がありますが、職務執行の対価として支給されることにかわりはなく、会計上は、いずれも費用として処理されます。役員賞与は、経済的実態としては費用として処理される業績連動型報酬と同様の性格であると考えられるため、費用として処理することが適当と考えられます。

(2) 役員賞与と役員報酬の支給手続

　　役員賞与と役員報酬は職務執行の対価として支給されますが、職務執行の対価としての性格は、本来、支給手続の相違により影響を受けるものではないと考えられるため、その性格に従い、費用として

処理することが適当と考えられます。

11-3 役員賞与の支給決定方法

役員賞与の支給決定方法としては、次の2通りがあります。
(1) 「役員賞与支給の件」という個別議案をもって株主総会の決議事項とする方法
(2) 役員賞与を役員報酬等の限度額に含める旨を示したうえで「役員の報酬等総額決定の件」という議案を株主総会の決議事項とし、役員報酬を含め、役員賞与がその限度額内に収まる場合には、役員賞与を個別に株主総会における決議を要しない方法

11-4 未払役員賞与の会計処理

当事業年度の職務に係る役員賞与が事業年度末で未払いとなっている場合の事業年度末の会計処理は以下のとおりです。

役員賞与の支給決定方法	会計処理
(1) 株主総会の決議事項である場合（13項）	●役員給与の決議事項とする額またはその見込額（当事業年度の職務に係る額に限る）を、原則として引当金に計上します ●子会社が支給する役員賞与のように、株主総会の決議はなされていないが、実質的に確定債務と認められる場合は、未払役員報酬等の適当な科目をもって計上することができます

| (2) 株主総会の決議を要しない場合 | 未払役員報酬等の適当な科目で計上します |

11-5 適用時期等

本会計基準は、平成23年3月期以前から適用されています（4項）。

索引

あ

IFRS　6
　——への対応　6
アスベスト　49
アダプション　6
後入先出法　120
安全性の高い長期の債権　383

い

1計算書方式　74, 134
一部売却　92
一般基準　87
一般原則　86
一般債権　338
移転損益　181

う

受取手形　334
売掛金　334

え

営業損益　95
影響力基準　102

お

オペレーティング・リース取引　294
親会社　85
　——及び子会社の会計処理の原則及び
　　手続　88
　——及び法人主要株主等　322
　——株式　368

か

買掛金　334
会計基準等の改正に伴う
　会計方針の変更　211
会計参与　387
会計上の変更　209, 210
会計上の見積りの変更　209, 210, 220
会計方針の変更　209, 211
過去勤務債務　374
貸倒懸念債権　338
貸倒見積高　338
貸付金　334
株式交換　154, 159
株式資本等変動計算書　248
株式分割　241
株式併合　241
借入金　334
為替換算調整勘定等　201
簡易鑑定　268
監査役　387

簡便的な会計処理　138
関連会社　102
　　──株式　334
関連会社等　322
関連情報の開示　32
関連当事者　309

金融負債　331
金利スワップの特例処理　342

く

組替調整額　69
繰越利益剰余金　364
繰延ヘッジ会計　341
繰延ヘッジ損益　201

き

企業　84, 102, 149, 171
企業会計基準委員会（ASBJ）　4
企業会計原則　3
企業会計審議会　3
企業結合　149
　　──年度　150
　　──日　150
期首からの累計期間　133
期待運用収益　374
期中平均株式数　233
希薄化効果　234
逆取得　152, 159
旧借地法　51
吸収合併　159
業績条件　350
業績連動型報酬　387
兄弟会社等　322
共通支配下の取引　151, 161
共同支配　150
共同支配企業　150
　　──の形成　150, 159
共同支配投資企業　150
金銭債権　331
金銭の信託　337
緊密な者　85, 86
勤務条件　350
金融資産　331

け

経済的耐用年数基準　294
経常損益　96
結合企業　150, 172
結合後企業　150, 172
結合当事企業　150, 172
原価差異　126
原価比例法　283
研究開発費　111
現在価値基準　294
建設リサイクル法　49
現物出資　159
現物配当　367
権利確定条件　349
権利確定数　353
権利確定日　350
権利行使日　350
権利の確定　349

こ

交換損益　195
行使価格　350
工事契約　280
工事原価　280

工事収益　280
工事進行基準　281
工事損失引当金　289
公正な評価額　350, 352
公正な評価単価　350
後配株式　230
購買市場　118
合理的に見積もることができない
　場合　51
子会社　85
　──株式　334
　──の資産及び負債の評価　90
国際会計基準審査会（IASB）　6
誤謬　209, 210, 222
個別法　119
コンバージェンス　6

さ

最高経営意思決定機関　19
最終仕入原価法　119
差異調整　31
再調達原価　118
財務会計基準機構（FASF）　4
財務諸表の組替え　210
再リース　294
先入先出法　119

し

時価　117, 150, 331
時価発行増資等　92
時価ヘッジ会計　341
敷金　57
識別可能資産及び負債　156
事業　149, 171

──セグメント　18
──分離　172
──分離日　172
自己株式　363
　──処分差益　363
　──処分差額　363
　──処分差損　363
　──申込証拠金　365
資産除去債務　45
資産の部　94
自社株式オプション　349
市場価格　331, 350
失効　350
執行役　387
実際運用収益　374
実績主義　135
実務上不可能な場合　214
支配　149
　──している　85
　──力基準　85
支払手形　334
四半期会計期間　133
四半期キャッシュ・フロー計算書　134
四半期財務諸表　133
四半期損益計算書　134
四半期貸借対照表　134
四半期特有の会計処理　135
四半期報告書　133
四半期連結キャッシュ・フロー
　計算書　134
四半期連結損益及び
　包括利益計算書　134
四半期連結損益計算書　134
四半期連結貸借対照表　134
四半期連結包括利益計算書　134
資本金　363

──準備金　363
　　──の部　201
社債　334
従業員等　349
修正再表示　210
集約基準　20
受注制作のソフトウェア　288
取得　150, 151, 364
　　──企業　150
主要な顧客に関する情報　34
純資産の部　95, 201
純損益　96
消却　364
承継会社　173, 193
条件付取得対価　155
条件付発行可能潜在株式　230
条件付発行可能普通株式　230
条件変更　351
少数株主との取引　161
少数株主持分　76, 91
正味売却価額　118
消滅　332
将来キャッシュ・フロー　52
除去　46
処分　364
所有権移転外ファイナンス・リース
　　取引　295
所有権移転条項　295
所有権移転ファイナンス・リース
　　取引　295
新株予約権付社債　343
新設会社　173, 193

す

数理計算上の差異　374

ストック・オプション　349

せ

税制適格ストック・オプション　359
税制非適格ストック・オプション　359
正当な理由　211
製品及びサービスに関する情報　33
セールス・アンド・リースバック
　　取引　302
セグメント情報等　17
施工面積比率　283
前期損益修正項目　223
潜在株式　230
　　──調整後1株当たり
　　　　当期純利益　234, 235
全面時価評価法　90

そ

遡及適用　210
測定方法　27
　　──の開示　29
その他資本剰余金　364
その他の包括利益　67, 76
　　──累計額　76, 203, 251, 254
その他有価証券　334
　　──評価差額金　201
その他利益剰余金　364

た

代行返上　374
対象勤務期間　350
退職給付債務　374, 383
退職給付信託　374

棚卸資産　117
単位当たりの本源的価値　356
段階取得　154

ち

地域に関する情報　33
中途解約　300
直接作業時間比率　283
賃貸等不動産　261

つ

追加取得　92
通常の使用　46
通常の販売目的で保有する
　　棚卸資産　122

て

デリバティブ取引　331, 337
転換社債型新株予約権付社債　343
転換証券　230
転リース取引　302

と

同意している者　85, 86
当期純利益調整額　238
東京合意　6
投資と資本の相殺消去　90
特別仕様物件　296
土壌汚染対策費　48
土地再評価差額金　203
トラッキング・ストック　230
取締役　387

取引高の相殺消去　93
トレーディング目的で保有する
　　棚卸資産　128

に

2計算書方式　74, 134
二項モデル　353
認識の単位　280

ね

年金資産　374

の

のれん　158
ノン・キャンセラブル　293

は

パーチェス法　151
売価還元法　119, 126
売却市場　118
配当優先株式　229
売買目的有価証券　334
破産更生債権等　338
発生　332
ハロン　49

ひ

PCB　50
被結合企業　150, 172
被取得企業　150
1株当たり純資産額　239

評価・換算差額等　201
評価差額　90
表示方法の変更　209, 219
非累積型配当優先株式　232

ふ

ファイナンス・リース取引　293
複合金融商品　343
複数事業主の企業年金制度　378
負債の部　95
付随費用　364
普通株式　229
　——増加数　236, 238
　——と同等の株式　231
普通株主　229
　——に帰属しない金額　232
不動産信託　266
負ののれん　158
部分時価評価法　90
付与数　353
付与日　350
ブラック・ショールズ式　353
フルペイアウト　293
フロン類　48
分割会社　173, 193
分割型の会社分割　173, 193
分離先企業　172

へ

平均株価　236
平均原価法　119
ヘッジ会計　339
ヘッジ対象　340
ヘッジ取引　339

ほ

包括利益　67
報告セグメント　20
報酬　350
法律上の義務に準ずるもの　46
保有　364
本源的価値　356

ま

マトリックス組織　20
マネジメント・アプローチ　19
満期保有目的の債権　334

み

未公開企業　356
未実現損益の消去　93
未収利息　339

も

持分プーリング法　151
持分法　102
　——適用会社に対する持分相当額　78

や

役員　387
　——及び個人主要株主等　322
　——賞与　387
　——報酬　387

ゆ

有価証券　334
有形固定資産　44
優先的ではないが異なる配当請求権を
　有する株式　230
優先配当　230

よ

より高度な管理　288

り

リース資産　44
リース取引　293
リース料　293
利益準備金　363
利息相当額　297
量的基準　21

る

累積型配当優先株式　232

れ

レッサー　293
レッシー　293
連結会社　85
連結株主資本等変動計算書　94
連結キャッシュ・フロー計算書　94
連結決算日　87
連結財務諸表　84
連結損益計算書等　93
連結貸借対照表　89
連結の範囲　87

わ

ワラント　230
割引率　53, 383
割安購入選択権　295

■法人等紹介

新日本有限責任監査法人について

新日本有限責任監査法人は、アーンスト・アンド・ヤングのメンバーファームです。全国に拠点を持ち、日本最大規模の人員を擁する監査法人業界のリーダーです。品質を最優先に、監査および保証業務をはじめ、各種財務関連アドバイザリーサービスなどを提供しています。アーンスト・アンド・ヤングのグローバルネットワークを通じて、日本を取り巻く世界経済、社会における資本市場への信頼を確保し、その機能を向上するため、可能性の実現を追求します。

詳しくは、www.shinnihon.or.jp にて紹介しています。

アーンスト・アンド・ヤングについて

アーンスト・アンド・ヤングは、アシュアランス、税務、トランザクションおよびアドバイザリー・サービスの分野における世界的なリーダーです。全世界の14万1,000人の構成員は、共通のバリュー（価値観）に基づいて、品質において徹底した責任を果たします。私どもは、クライアント、構成員、そして社会の可能性の実現に向けて、プラスの変化をもたらすよう支援します。

「アーンスト・アンド・ヤング」とは、アーンスト・アンド・ヤング・グローバル・リミテッドのメンバーファームで構成されるグローバル・ネットワークを指し、各メンバーファームは法的に独立した組織です。アーンスト・アンド・ヤング・グローバル・リミテッドは、英国の保証有限責任会社であり、顧客サービスは提供していません。詳しくは、www.ey.com にて紹介しています。

本書または本書に含まれる資料（以下、「本書など」）は、一般的な情報提供を目的としており、特定の目的でのご利用、専門的な判断の材料としてのご利用、詳細な調査の代用等のために提供されているものではありません。本書などを利用されることによって発生するいかなる損害に対しても、新日本有限責任監査法人を含むアーンスト・アンド・ヤングのいかなるメンバーも一切責任を負いません。

© 2011 Ernst & Young ShinNihon LLC.　All Rights Reserved.

■監修・執筆者紹介

林 一樹（はやし・かずき）　〈監修・執筆〉
新日本有限責任監査法人パートナー、公認会計士
第Ⅱ監査事業部監査第7部に所属し、卸小売、ソフトウェア、コンテンツ、海運、不動産業等の監査業務に従事するとともに、IFRS導入、IPO、デューデリジェンス業務等、非監査業務に従事。FAAS（財務会計アドバイザリー）担当、IPOパートナー。主要著書に『Q&A ソフトウェア業の会計実務』（共著、清文社）がある。

田中 計士（たなか・けいじ）　〈執　筆〉
新日本有限責任監査法人マネージャー、公認会計士
第Ⅱ監査事業部監査第7部に所属し、化粧品、食品、宝飾品などの消費者製品製造企業を中心とした監査に従事するほか、IPO支援業務、IFRS導入アドバイザリー、内部統制アドバイザリー、デューデリジェンス業務等にも従事。
経理財務専門誌への寄稿、セミナー講師、化粧品業界誌におけるコラム連載等も手がける。

平成23年3月期に完全対応 最新会計基準と決算実務の留意点

2011年2月23日　発行

編著者	新日本有限責任監査法人 Ⓒ
発行者	小泉　定裕
発行所	株式会社　清文社　東京都千代田区内神田1-6-6（MIFビル） 〒101-0047　電話 03(6273)7946　FAX 03(3518)0299 大阪市北区天神橋2丁目北2-6（大和南森町ビル） 〒530-0041　電話 06(6135)4050　FAX 06(6135)4059 URL http://www.skattsei.co.jp/

印刷：美研プリンティング㈱

■著作権法により無断複写複製は禁止されています。落丁本・乱丁本はお取り替えします。
■本書の内容に関するお問い合わせは編集部までFAX（03-3518-8864）でお願いします。

ISBN978-4-433-57150-4

平成23年3月期決算対応
会社法決算書 作成の手引
東陽監査法人 編

会社計算規則に基づいて作成される計算書類、事業報告、及びそれらの附属明細書について、その概要や作成上のポイント等を中心に、豊富な記載例を用いてわかりやすく解説。

■B5判292頁/定価 2,940円(税込)

【電子書籍版】　平成22年版
法人税の決算調整と申告の手引
http://www.tebiki-seibunsha.jp

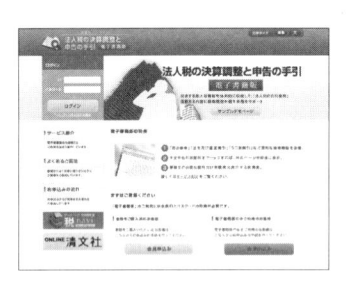

定価3,780円(税込)

法人税に関する法律・政令・省令及び通達を体系的に整理収録した書籍「平成22年版 法人税の決算調整と申告の手引」の内容をすべて電子化!

書籍と同内容のPDFデータに、実務に必要な内容に即座に辿り着けるよう、使いやすい各種検索機能、また電子書籍ならではの閲覧機能を装備。

最新版 [平成22年度版]
データベース 税務問答集 "税navi"

http://www.qa-seibunsha.jp

平成22年度発行の実務問答集[7冊]のすべてを収め横断的に検索し、読みやすいレイアウトでQ&Aを表示。参照問答へのリンク機能や印刷に適した表示ができるなど、各種便利機能を装備。

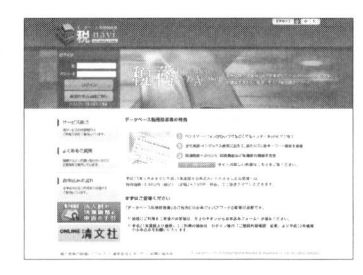

定価24,150円(税込)

「電子書籍版 法人税の決算調整と申告の手引」、「データベース税務問答集 税navi」の詳しい内容は弊社HPへ。➡ http://www.skattsei.co.jp